DU MÊME AUTEUR

Écrits sur l'art

MARCEL DUCHAMP OU LE GRAND FICTIF. Essai de mythographie du Grand Verre, Galilée, 1975.

BONNARD, Screpel, 1975 ; Hazan, 2006.

DUCHAMP ET LA PHOTOGRAPHIE. Essai d'analyse d'un primat technique sur le développement d'une œuvre, Le Chêne, 1978.

HENRI CARTIER-BRESSON, Delpire, 1982.

CHRISTIAN BÉRARD (en collaboration), Herscher, 1987.

LE NU ET LA NORME. Klimt et Picasso en 1907, Gallimard, « L'Art et l'Écrivain », 1988.

BRÈVE DÉFENSE DE L'ART FRANÇAIS. 1945-1968, L'Échoppe, 1989.

DE L'INVENTION SIMULTANÉE DE LA PÉNICILLINE ET DE L'ACTION PAINTING ET DE SON SENS, L'Échoppe, 1990.

CORRESPONDANCE MATISSE-BONNARD (en collaboration avec Antoine Terrasse), Gallimard, « Art et Artistes », 1991.

LE NEZ DE GIACOMETTI. Faces de carême, figures de carnaval, Gallimard, « Art et Artistes », 1992.

BALTHUS : LES MÉTAMORPHOSES D'ÉROS, RMN, 1996.

MALINCONIA. Motifs saturniens dans l'art de l'entre-deux-guerres, Gallimard, « Art et Artistes », 1996.

SAM SZAFRAN, Skira, 1996.

HENRI CARTIER-BRESSON, DES EUROPÉENS, Seuil, 1997.

CINQ NOTES SUR L'ŒUVRE DE LOUISE BOURGEOIS, L'Échoppe, 1999.

SUR MARCEL DUCHAMP ET LA FIN DE L'ART, Gallimard, « Art et Artistes », 2000.

LE RÉSIDU ET LA RESSEMBLANCE. Un souvenir d'enfance d'Alberto Giacometti, L'Échoppe, 2000.

CINQ REPENTIRS DE PABLO PICASSO, L'Échoppe, 2000.

LA BARBARIE ORDINAIRE. Music à Dachau, Gallimard, 2001.

Suite des œuvres de Jean Clair en fin de volume

LE LIVRE DES AMIS

JEAN CLAIR
de l'Académie française

LE LIVRE DES AMIS

nrf

GALLIMARD

« Jamais l'art n'a été si violé que dans notre temps et à force de cette immense nostalgie du "nouveau" on commence à peindre "da da" comme les enfants et à griffonner comme eux. »

Lettre de Baladine Klossowska (Merline) à R. M. Rilke, le 26 février 1921.

Nous remercions les héritiers Baladine pour leur aimable autorisation de reproduction.

À Laura,
l’angelo caduto dal cielo

PIERRE ALECHINSKY

(1927-)

La brûlure de l'encre

Peu de mots ont une origine aussi singulière. *Encre*, encre à écrire ou à aquareller, encre du stylo, encre du pinceau, qui sait que ce fluide obscur a partie liée avec la brûlure ? Avec la perdition ? Avec l'abîme ?

Le mot vient du bas français *enque*, le même qui donna *ink* en anglais, *inchiostro* en italien. Il dérive du latin de basse époque *encautum*, qui désignait chez les Romains l'encre rouge dont usaient les empereurs pour signer. L'*encautum* était une autre forme de l'*encaustum*, c'est-à-dire la peinture à la cire dont Pline l'Ancien, dans son *Histoire naturelle*, nous a décrit les techniques et rappelé l'histoire.

Le mot garde une odeur d'encaustique. Il trahit aussi le cautère et le caustique, l'action brûlante et coruscante. Il évoque en sourdine la marque d'infamie, le tison ardent imprimé dans la chair, la lettre écarlate, l'estampe appliquée dans le support. Le sang, à nouveau, rutile sous la peau, sous le vélin, sous le parchemin, sous le papier. (Le peintre lui-même, avant d'en venir à la couleur, n'est-il pas obligé, sur la toile, dans l'ombre des ocres rubicondes, de préparer les fonds mordorés ?)

L'homme du commun, accablé de soucis, se fait un sang d'encre. L'artiste, à son meilleur, ne se fait-il pas une encre de sang ? Il y faut, sous le noir du liquide dont il use, garder le rougeoiement des artères. Et tout comme un poète a pu parler de la noirceur secrète du lait, on s'émerveillera de ce jeu de langue qui réveille les antagonismes, quand la rougeur secrète de l'encre vient réveiller sa nuit de cire chaude.

Le latin classique, pour parler de l'encre, usait du mot *atramentum*. En ancien français, curieusement, cela a donné les mots d'*airement*, *arrement*, *errement*. Comme on dit d'un navire sur son erre ou d'un oiseau dans son aire, quelque part entre l'errance et le nid, entre la perte et le havre. Une suite d'hésitations, d'incertitudes, d'aveuglements et d'éclairs, qui renvoient au caractère sinistre de l'*ater*, la couleur des esclaves et des enfers, la couleur de mauvais augure, le noir néfaste de la suie, des soucis obsédants.

Le noir n'est encore ici supportable que lorsque sous son lavis rougeoie le rouge, rouge de la vie et du sang aux joues, le *plenum* de la sensualité. Ou bien encore quand la longue errance dans la nuit ramène à la sécurité de l'*atrium*, au logis que noircit la fumée du foyer.

L'encre, dans cette descendance, renvoie ici au hasard et à la destinée, au fait de se perdre et de se retrouver, à un enchaînement d'ordres et d'aventures, de hasards et de nécessités, de catastrophes et de précipitations, de pertes et de gains, d'aléas et de certitudes, de maladresses et de maîtrise, une suite de causes et de faits dont le tracé du pinceau sur le papier s'accompagne, et dont il fait sa pâture.

Enfin, un troisième groupe de mots voit dans l'encre un autre aspect : elle est le liquide qui imbibe le papier et qui se répand dans ses fibres, le phénomène de capillarité qui fait du papier moins une surface polie et unie qu'un tissu vivant de poils, tresse, toison dans laquelle l'encre diffuse comme un baume, comme une humeur, comme une lymphe. De *tincta*, participe passé de *tingere*, « teindre », sont venus ainsi la *tinta* de l'italien et de l'espagnol mais aussi le *Tinte* de l'allemand.

L'encre ici ne renvoie pas seulement à l'abîme de la mer ou du ciel, aux grandes lessives cosmiques qui passent tout au Pot au Noir, mais c'est aussi l'encre de la seiche, de la pieuvre, du poulpe qui crache son jus, et dans lequel, finalement, on le cuit. L'image se fait biologique, physiologique, au plus proche de notre corps et de ses *excreta*, la sueur, le sang, qui sont la suie des organes…

J'ignore si Pierre Alechinsky, quand il s'est voué à l'encre (comme d'autres se vouent à la carrière du rouge et du noir), savait tout ce que le mot couvrait. Il ne fait guère de doute cependant que son art, depuis qu'il le pratique, a été l'exploration systématique des ressources cachées de ce médium inquiétant et familier. Il ne fait guère de doute non plus que le choix de ses images révèle la sourde puissance évocatrice de ce matériau.

C'est ainsi que reviennent avec une belle régularité un certain nombre de thèmes, le volcan et la pieuvre, qui crachent leur noirceur, la mer et le ciel qui la diffusent, la femme-serpent, Mélusine et la fascination infinie de la chimère, de la sirène d'écailles et de chair, la Gorgone aux anneaux entremêlés et la Mort, qui en sont la contrepart sinistre, la roue des résurrections et l'arbre de vie, les ziggourats et les pyramides, autels dressés qui rappellent enfin le triomphe du sang solaire sur le sombre *ater*… Toutes ces images ont été comme engendrées, peu à peu, de la résistance ou de la labilité du matériau.

*

« Il se peut que le Dessin soit la plus obsédante tentation de l'esprit… Les choses nous regardent. Le monde visible est un excitant perpétuel : tout réveille ou nourrit l'instinct de s'approprier la figure ou le modelé de la chose *que construit le regard*… Quelques gouttes d'encre et une feuille de papier, matière qui permet l'addition et la coordination d'instants et d'actes, y suffisent… »

De ces lignes de Paul Valéry (à propos de Degas, mais elles s'appliquent à Alechinsky), retenons deux choses. Retenons le retournement : les choses nous regardent. Ce n'est pas l'artiste qui regarde les choses, pour en faire la copie plus ou moins heureuse ou plus ou moins maladroite. Ce sont les choses qui regardent l'artiste, pour provoquer sa curiosité et sa concupiscence. À lui de trouver le chemin qui, au bout du pinceau, de l'indécis au décisif, s'en ira les saisir.

Retenons encore la définition de la feuille de papier, « matière qui permet l'addition et la coordination d'instants et d'actes » : elle nous éclaire sur la parenté du fait de dessiner et du fait d'écrire. C'est dans l'un et l'autre cas, comme il en est du lettré chinois penché sur son rouleau, une pensée au travail, faite de sauts et de chutes, d'interruptions et de brisés, que la continuité seule du support, ce tissu végétal sous la main qu'est le papier, permet de soutenir et de mener à terme. Chercher ses mots, comme tracer sa ligne, sont ici seule et même chose, « addition et coordination d'instants et d'actes », une seule et même tentation de l'esprit, un *intellectus* occupé au même travail.

« L'attention flottante », cette expression du savoir psychanalytique, ne dit-elle pas cette forme d'intelligence singulière que le peintre met en œuvre quand il utilise, pareil à l'animal marin, l'encre pour s'exprimer ? Non pas l'abandon lâche à la dictée de l'inconscient, à l'écriture automatique, qui le ferait bientôt sombrer, le ferait s'engloutir piteusement sous la montée des eaux, mais au contraire cet état de conscience « excitée » en effet, cet excès de conscience comme l'avait bien vu Valéry, qui le garde entre chien et loup, entre vigile et songe, dans cette disposition propice aux images qu'on appelle hypnagogiques, et le fait se tenir en équilibre sur les flux liquides que son pinceau répand, et soudain délivré, comme un dieu, de toute pesanteur ?

*

Car ces formes que le pinceau inscrit, au premier regard aléatoires, effets d'un accident, ont leur origine, leur histoire, leur logique, leur destin. Apparemment hasardeuses, elles viennent en fait d'un répertoire étonnamment fixé. Livrées à l'aventure, du moins dirait-on, elles sont ordonnées par une impérieuse raison.

Une origine ? Oui, bien sûr, ces bourgeonnements, ces moutonnements, ces enveloppements et ces développements, ces nuées qui boursouflent, qui prolifèrent, qui protubèrent, qui choufleurent, qui vermiculent, qui mitochondrient, qui mitonnent et qui mitosent, ces pullulations, ces hybridations, ces Hydres de Lerne, ces cerbères à cent têtes, ces visages qui se dédoublent, se décuplent, se millifient, ces mascarades où l'on ne sait plus où donner de la tête, ces ris et ces souris où se glisse soudain le rictus atroce de la Mort, tout cela donc, on l'a déjà vu quelque part, sous une forme tout autre et pourtant si semblable.

James Ensor ? On l'a dit de Pierre Alechinsky. Une certaine tradition de la peinture du Nord. Le fantasque et le funèbre. Fantômes ricanants, faisant claquer leur suaire — et c'est la teinture, le *Tinte* — qui remplace ici la sueur glacée des draps. Le blanc et le noir, utilisés seuls, suscitent de ces visions saisissantes. Le grouillement de la vie et le frétillement de la vermine. Foules d'Ensor, groupées devant la cathédrale. Nuées d'Ensor, ballonnant à l'infini dans les cieux et déferlant sur les sables d'Ostende. Fuseaux et vermicelles, où se mêlent les corps et les vers. Cela sans doute, et dès les premières œuvres, *Fourmilières* elles aussi et *Murs d'oiseaux*. L'impondérable, l'aérien, toujours confrontés à la dureté, à l'opacité. Cette capacité, à propos de l'encre, à se faire aussi dense qu'une muraille. « *La nuit s'épaississait, ainsi qu'une cloison…* » Y a-t-il jamais eu plus beau vers dans la langue française ?

Mais aussi, dans une autre peinture d'Alechinsky, devant tel déchaînement de nuages, soudain pourvus de regards et devenus « menaçants », roulant leurs anneaux comme un dieu-serpent, comme une divinité ouranienne, j'ai pu penser à Feininger, autre témoin de la lumière du Nord, dans les nuages qu'il faisait pour faire peur aux enfants, publiés en bandes dessinées, en 1906, pour le *Chicago Tribune*. Un monde naturel anthropomorphisé comme on dit, une nature à faciès humain dirais-je plus volontiers. Inquiétante et rassurante à la fois. Bonhomme et rageuse. Domestique et sauvage. Imprévue et contenue. On a dit : « expressionnisme ». C'était autre chose. Alechinsky s'est aussi, à ce jeu spirituel et léger, délesté des étiquettes.

Tradition de la peinture du Nord, tradition romantique que cette fascination pour les nuages et pour le jeu changeant de leurs formes — dans *The Maid of the Mist*, dans *Le Goût du gouffre*, dans tant d'autres œuvres. N'est-ce pas Goethe, grand explorateur de la *Naturphilosophie* du Nord, dont Alechinsky est un héritier, qui, étudiant les météores, tenta de trouver un peu d'ordre dans tant de hasards ? Il fut des premiers à deviner que le moutonnement fantasque des nuées et de la vapeur d'eau, les tracés fugaces de la buée sur la vitre du ciel, les mains capricieuses et invisibles multipliant ruchés, bouillonnés et plissés d'un vaste couturier céleste, obéissaient à des lois, respectaient des graphiques, s'ordonnaient selon les Nombres. Les nuages si variables inscrivaient sur le bleu du ciel des formes permanentes. Il était possible de classer la diversité apparemment sans fin des phénomènes célestes selon des tables de la Loi. Il y a une typologie des nuages comme il en est des insectes, des êtres animés, des os du squelette.

Dans une série de poèmes écrits en 1820 en hommage au météorologue anglais Luke Howard, auteur des *Essays on Modification of Clouds* (1803), Goethe chanterait ainsi la nature du cirrus, du stratus, du cumulus, du nimbus… On peut y voir l'un des premiers essais de capter, de décrire et de louer des phénomènes célestes relevant de la géométrie des fractales, qu'un siècle et demi plus tard la physique analyserait sous le nom de théorie du chaos ou des catastrophes.

Mais cette fascination pour le jeu des nuages n'est-elle pas semblable à ce qu'avait été, trente ans avant l'époque où Goethe écrivait ses poèmes au nimbus ou au cumulus, la fascination d'Alexander Cozens pour la tache, pour les jeux d'encre, pour le hasard des formations naturelles ? Peu de temps avant que Constable et les romantiques anglais ne s'emparassent de ses idées, Cozens, dans sa *Méthode pour secourir l'invention dans le dessin…*, découvrait la bonne fortune du pâté d'encre noire étalé sur le papier, de la trace hasardeuse du lavis sur la feuille, de la traînée erratique — atrabilaire ? — du pinceau sur le blanc du support. Ces formations de nuages noirs ne dessinaient-elles pas un ciel en négatif ?

*

Mais il y a plus, plus loin, plus amont dans cette tradition romantique du Nord à laquelle Alechinsky sans nul doute appartient. Ses gentils monstres, j'y trouve aussi, ressuscités, réconfortés, renforcés, électrisés d'un galvanisme issu de l'énergie moderne, les entrelacs des grylles gothiques.

Floraisons, rinceaux, plantes parlantes et hommes fleurs, monstres et chimères, l'encre aussi dans les marges a fait naître sous le pinceau un étonnant bestiaire, épris tout à la fois d'ordre et de démesure, vibrionnant et pacifique. Drolleries et grotesques, rinceaux et rincées, plantes grimpantes et bestiaux rampants : du ciron au bouquetin, toute une zoologie fantastique d'un pays de Narquoisie se répand sur la feuille, entremêlant écailles, plumes, antennes, crocs, mandibules, griffes et cornes.

Il est vrai que dans le jeu d'apparition de l'image, Alechinsky parfois se laisse aller à ce jeu de l'imaginaire qui déjà conduisait Léonard à distinguer des bêtes et des batailles dans les fissures d'un mur, des nuées et des monts dans les moisissures d'un papier trempé d'eau, des cavales et des cuirassiers dans les formes changeantes des nuages. Imagination matérielle dont l'encre et le papier sont depuis toujours les sujets fidèles.

Mais ces « arabesques » et ces « mauresques », comme les noms l'indiquent, nous entraînent en effet plus loin, toujours plus loin, vers l'est, vers les pays du soleil levant. C'est vers ces origines-là, les plus originaires de sa vie, qu'Alechinsky retourne : tout un Orient, de la Russie et du Japon, de fables et de formes, auquel il donne, dans les débords de l'encre, une éphémère consistance.

À qui s'étonnerait de ces références, il suffirait de proposer pour exemple la figure du *mandala*, à laquelle il est si souvent revenu. Des plaques d'égout estampées dans le papier (l'*encaustum*) jusqu'aux roues librement tournées à l'acrylique, elles constituent peut-être le centre de son œuvre. Soleils de fonte, posés sur le monde des eaux souterraines (et noires) qui roulent sous nos pas, roues des réincarnations, qui se présentent parfois comme une rose de fenêtres, version cyclique des marges qui entourent le motif central dans d'autres travaux, comme des « maisons » (au sens astrologique du terme), de petits mondes indépendants, on rejoint le jeu magique des régénérations, l'entrelacs infini des formes qui signifient la puissance interminable de la vie.

Roues finalement, roues solaires, roues de Çiva du continent indien et triskèles du monde scandinave, elles déploient leurs rayons et leurs anneaux pour saluer la course de l'astre, comme le petit cabri de paille du *Julebuk* danois qu'on brûle au solstice pour saluer le retour de la lumière, comme la pieuvre qui déploie ses tentacules, comme l'ammonite enroulée, *Fossile de l'instant*, enfouie dans sa craie, et qui est comme le ressort tendu du Temps : du fond des mers et du fond des origines jusqu'au zénith du globe solaire, l'encre raconte une même genèse. Populaire et mythique, elle inscrit une même forme, au cœur de l'œuvre, comme le serpent de Midgard dans la mythologie du Nord, plus ancien que les dieux mêmes, se situe au cœur du monde. Il enserre dans ses anneaux sinueux la houle des océans primordiaux, au milieu desquels flotte le carré de la Terre. Dérives, dérades, rouleaux et déferlantes, marées et démarrées de l'encre, du noir des abysses marins jusqu'à la brûlure de la lumière solaire, il les enroule et les contient, comme il suscite et déroule, dans la constriction de ses anneaux, le flux indéfini des images dont l'art aujourd'hui encore se nourrit.

AVIGDOR ARIKHA

(1929-2010)

La canne d'Avigdor

Quiconque a eu la chance de voir travailler Arikha aura été frappé par deux choses, bien éloignées du silence et de la méditation dont on imagine que l'atelier du peintre est le refuge.

Les bruits d'abord. Qui l'a jamais vu peindre entendait aussi un étrange concert de petits cris, de chuintements, de souffles, des bruits de forge, de chaudière, qui accompagnait chaque geste, comme un sportif qui s'époumone.

Accompagnant les bruits, il y avait l'agitation : on voyait là un homme assis devant son chevalet mais agité de soubresauts, de sursauts nerveux sur son fauteuil, plissant les paupières et fermant les yeux, fronçant les sourcils, agitant fiévreusement les mains, se figeant d'un coup. Il était pareil au fond à un musicien devant son piano, possédé par la transe très singulière de celui qui exécute un morceau. On comprend qu'il ait été tant fasciné par ces interprètes, violonistes, contrebassistes, pianistes, ces artistes fraternels dont il nous a laissé d'admirables portraits.

La même tâche au fond, la même ambition. Mais si l'interprète exécute une musique notée sur un feuillet, quelle notation le peintre interprète-t-il sur sa toile ? Quelle partition déjà écrite, dont il serait l'interprète, engageant tout son corps en même temps que son œil, et maniant son crayon ou son pinceau comme le pianiste la touche, le ton, le vibrato, le silence ?

Exécuter vient du latin *sequire*, « suivre ». Exécuter, c'est poursuivre, achever, mener à son terme, suivre jusqu'au bout, jusqu'à l'exténuation. Cela suppose des bruits, des plaintes, des mouvements, des gestes brusques. Rien de ces voix du silence dont parlait Malraux à propos de l'art, et rien non plus de cette « chose muette » que serait la profession de peindre, selon la formule de Poussin, qu'Arikha pourtant aimait plus que quiconque.

Une exténuation du monde visible donc, mais qui ne sera précisément pas la toile blanche, ou le dernier carré noir, ou le dernier triangle magique d'une abstraction résumant l'être du monde, et qui ne sera pas plus l'exténuation des accidents du visible, jusqu'à la vérité optique, académique, du bouton de guêtre ?

Lui-même, quand il se peignait, jeté en avant, yeux exorbités, bouche entr'ouverte, était la proie d'une indicible angoisse, il se peignait comme un animal pantelant et essoufflé, comme anxieux d'arriver à temps pour être sauvé. Exécuter pour ne pas être exécuté, si j'ose ce méchant jeu de mot…

Sauvé de quoi ? On comprend bien qu'une attitude aussi névrotique dans un art du portrait qui est d'ordinaire mesure, reprise, attention, réflexion — au point qu'on se scandalisait parfois de voir ce peintre exécuter un portrait comme un instrumentiste là encore exécute en quelques dizaines de minutes la perfection d'un concerto ou d'une sonate —, cette approche galvanique du visage, qui allait tellement à l'encontre de toute la tradition de l'art du portrait, fait de retouches et de repentirs, avait sans doute quelque chose à voir avec la mort.

C'était là la parade à une angoisse que cet homme avait dû éprouver tôt et dont il ne s'était jamais tout à fait délivré. On devine quelle en était l'origine, sans trop pouvoir l'imaginer : la présence quotidienne de la mort dans les camps de travaux forcés, où il avait été jeté quand il avait treize et quatorze ans. Cette fréquentation de la mort, à un âge si tendre sous ses aspects les plus brutaux, vous prévient à jamais des tentations des gens civilisés qui cultivent souvent, dit-on, croyant que le temps leur appartient, le goût de la procrastination.

Il n'y a pas un instant à perdre : le travail, dessiner, peindre, exécuter, doit être à chaque moment du jour, cet acte qui éloigne encore un peu, pour un jour, ou deux, la mort imminente.

En fait peindre, dessiner, pour Arikha, se rapprochait plutôt du conte oriental de Schéhérazade : il faut dessiner, peindre, pour échapper à la condamnation à mort que les Puissants du monde prononcent au petit jour.

Un autre souvenir me revient à propos de cela, que je rattache inexplicablement à ce sentiment de l'urgence inapaisable de peindre, et de peindre vite. C'est le premier tableau que j'ai vu de lui. Il se trouvait chez Minda de Gunzburg, accroché à un mur. Il représentait une canne, une pauvre canne noire, pendue à un mur blanc, et de guingois en raison de son poids. Je ne savais pas encore qui en était l'auteur mais je fus immédiatement saisi par cette peinture apparemment si simple et en réalité si belle et si subtile que je ne la quittais plus du regard.

Bien sûr, étudiant d'art cultivé, je pouvais toujours aller susurrer quelques mots savants, dans ces années 1960, comme « minimalisme » ou « objectalité », dans le jargon du temps. Et comme je n'étais pas idiot à ce point, j'étais même tenté de me souvenir, dans cette étrange oblique de la canne noire posée sur un mur blanc, de la sorte d'ironie domestique et émouvante de certains intérieurs hollandais à la Pieter de Hooch où l'on voit un balai de guingois barrant le passage à qui voudrait franchir le seuil du tableau et entrer dans la pièce.

C'était quelque chose de cela, en effet. Une question et un interdit, sous l'apparente banalité du sujet. Un mur blanc, tout blanc, comme un mur de Vermeer, mais aussi une muraille de peinture assez pareille à celle que Balzac décrit dans son *Chef-d'œuvre inconnu* et sous laquelle se cache une femme, la vie, une présence. Il arrive un moment où le pied, le morceau de chair s'abîme, s'abolit, s'emprisonne derrière une sorte de mur sans issue et vous frustre d'un coup du sentiment de la réalité. Et la canne, la canne noire, quelle était-elle, sinon la canne de l'aveugle qui, à tâtons dans la nuit du corps, heurte le mur de l'abstraction, de toutes les abstractions de notre temps et, le faisant résonner, cherche l'entrée cachée par où retrouver la réalité perdue, cette chair du monde qui est d'origine divine. Pour sauver le monde, pour sauver du moins les apparences du monde, il n'y a pas en effet une minute à perdre.

L'urgence, l'imminence, l'angoisse de cette peinture, née d'un drame collectif, s'achevait ainsi sur une interrogation secrète qui nourrirait toute son œuvre.

Anne, son épouse, m'avait confié un jour qu'il lui était très difficile d'arracher Arikha à son atelier, pour aller ailleurs quelque temps, voyager, se reposer, vivre. L'idée de s'éloigner du chevalet lui était insupportable. Le sentiment l'habitait d'une imminence telle qu'il lui était interdit de se soustraire à la nécessité de travailler, n'aurait-ce été que quelques jours.

Ce sentiment d'une urgence inapaisable, non pas la frénésie d'en finir au plus vite avec le tableau en cours, mais au contraire la crainte que l'œuvre entière pourrait s'arrêter sans recours si jamais elle devait s'interrompre, ne fût-ce qu'un instant, on la retrouvait, me semble-t-il, au cœur du labeur même, elle alimentait cette démarche fiévreuse, inquiète, sonore et grimaçante, à la limite hallucinée que j'ai évoquée, qui faisait qu'il ne revenait jamais sur ce qu'il avait fait. Tout devait être dit, tout de suite, sans regarder en arrière, sans se retourner, comme dans la fable antique où il est interdit à Orphée de se retourner sur la femme si belle qu'il est venu rechercher aux Enfers. Une sorte de projection en avant qui faisait qu'on avait parfois comparé cette vitesse et cette précision de l'exécution à une sorte d'exercice de la discipline zen — alors qu'il me semble qu'elle en était tout l'opposé. Arikha ne tirait pas des flèches et ne visait pas un objet ni un être humain. Il tentait de saisir un être vivant avec une telle vitesse que l'être continuerait d'être vivant, frémissant, et chaud après la prise.

On connaît la phrase de Valéry, il faut toujours s'excuser de parler peinture. Avec Arikha, parler peinture devenait un projet plus vain encore ou plus désespéré non seulement parce que c'était se trouver face à quelqu'un qui en savait tellement plus que vous. Mais aussi parce que parler de sa peinture, c'est parler de quoi au juste ?

Je comprends les raisons de ce mutisme. L'historien d'art parle de peinture, et même d'abondance, quand elle a partie liée — ce qui constitue presque tout le fond de son existence — avec la religion, la mythologie, l'histoire des hommes, voire la simple anecdote, et même le simple sujet. Mais quand il n'y a plus rien, ou presque rien, non pas un bouquet à la Redon ou à la Fantin-Latour, mais une seule fleur, ou bien un pinceau, un crayon, une machine à écrire, un visage dont on ne sait rien du possesseur ? Le degré zéro de l'iconologie, qu'est-ce qu'on peut en dire, si l'on ne veut pas tomber dans le verbiage des exégèses teintées, dans l'art moderne, de spiritisme ou de marxisme ?

Longtemps j'ai été embarrassé par la peinture d'Arikha. À la plénitude que me procurait sa vue répondait mon incapacité à trouver mes mots. C'est une peinture qui dit tout, rien que tout, mais tout du tout qui se présente aux yeux, et à laquelle il est donc impossible, sans commettre une incorrection ou une impudeur, de rajouter un commentaire.

Le dernier soir où j'ai dîné avec le peintre et son épouse, je veux dire non celui où je l'ai vu encore vivant, mais celui où il avait encore la force, et le plaisir, de manger et de boire un peu d'un bordeaux qu'il trouva excellent, nous en vînmes à parler d'asperges. Je songeais au merveilleux petit tableau de la botte d'asperges, pendu au mur, qu'il a toujours gardé, enveloppé dans ce papier bleu nuit qu'on ne trouve plus guère que sur le marché du Rialto à Venise, où il sert à envelopper, non pas des asperges, peu fréquentes en ce lieu, mais de magnifiques bouquets de pois de senteur dont la couleur s'accorde à merveille à la couleur de ce papier.

Nous en sommes venus à parler de la fameuse anecdote entre Manet et Ephrussi. Elle tourne autour de l'impossibilité de fixer le prix d'une botte d'asperges — une fois qu'elle a été peinte : Ephrussi lui en donne mille francs. Manet refuse : il en demande huit cents. Ephrussi insiste et lui met les mille francs en main. Peu de temps après, Manet envoie à son généreux collectionneur le petit tableau d'une asperge toute seule, comme un commerçant, à la dernière minute, sur le marché, ajoute une tomate ou une pomme au panier de la ménagère.

Une asperge est sans prix, une fois qu'en elle, à travers le talent du peintre, s'est résumé tout le réel, tout le possible du réel que la peinture peut encore offrir, le réel, rien que le réel, mais tout le réel, en dehors de toute anecdote ou de tout récit, le réel-là, rendu, restitué, sauvé, sauvegardé...

Et je me disais que le génie d'Arikha, c'est de restituer et la saveur et la raison du réel, avec la même précision et la même sensualité que les maîtres de chais réussissent à décrire si justement dans leur langue singulière les propriétés qu'on dit organoleptiques d'un vin. Avec la même savante et savoureuse capacité de dire sa couleur, sa robe, son goût et son arrière-goût, son parfum, sa transparence ou son trouble, son goût de fruité et de boisé et son revenez-y... Avigdor excellait à décrire ce soir-là le vin qu'il buvait, avec la même maîtrise qu'il mettait à peindre des asperges. Et j'enviais, moi qui essaie d'écrire, cette esthétique de la vérité des sens, si précise et si sensuelle à la fois.

Le peintre a plus d'une fois pris le vin comme motif : une bouteille sur la table, ou simplement un verre empli d'un liquide sombre. Liquide ou couleur ? L'un de ses plus étonnants tableaux est un carton, ouvert, vu de l'arrière : on voit les bouteilles empilées, couche sur couche, laissant voir le liquide dont elles sont pleines. Le sujet serait vulgaire, trivial. Et pourtant, il oppose à l'œil une noblesse, un cachet, qui ne relève pas seulement de la cave et de la réserve, mais aussi de l'apparat et de la distinction. J'ai pensé en découvrant ce sujet si domestique à Géricault, à ses croupes de chevaux alignées. J'ai chassé l'image, que je trouvais incongrue. Comment comparer ces animaux de race et ces vases de cuisine ? La seule couleur, si pareille, les oranges, les roux, les bruns, les bleus sombres. Mais non : la langue, dans sa justesse, avait déjà tiré la superbe appartenance de ces aspects du visible : on dit « la robe », du vin comme du pelage, et puis « le cul » de la bouteille, si semblable au cul du cheval. Harmonie, accords, unité secrète du visible, quand il se fonde dans la saveur, le goût, la distinction, le plaisir des sens, une fois affiné. On touche ici à la source des sensations.

Plusieurs tableaux d'Arikha jouent de cette juxtaposition, de cette accumulation d'éléments semblables et différents, tous évoquant une même activité, et l'accomplissant chacun à sa façon. Unité et diversité du visible, ou plutôt, délectable déclinaison des aspects du visible : les tubes de couleur, rangés, tassés plutôt dans leur tiroir, les livres, empilés sur des rayons, que l'on voit par la tranche. Chacun, le même et l'autre à la fois, la même enveloppe d'aluminium souple ou de papier, la même fonction, et chaque fois, la singularité de l'aspect qui permet de les distinguer. Les objets inanimés sont ici traités comme les êtres animés, les chevaux d'une écurie — ou les humains.

Je dis le vin ou bien l'asperge, on comprend bien qu'en parlant du fruit ou de la boisson — que je voudrais pouvoir, à mon tour, décrire avec la même précision et la même passion que l'œnologue décrit sa boisson — je parle en réalité des faces, des portraits, des visages qu'Arikha a peints.

On ne peut — je ne peux — rien dire de la peinture d'Arikha, rien parce qu'elle est toute en ce qu'elle est et qu'en ce sens, elle se suffit à elle-même. On ne peut rien lui ajouter, commentaire, explication ou analyse parce qu'elle ne laisse rien échapper d'elle qui, fort avantageusement pour le critique, permettrait de la tirer vers l'historique, le mythologique, le religieux, ou le politique. Elle ne montre pas des visages de puissants, de grands de ce monde ou d'importants, qui ont des fonctions, des titres, des responsabilités, quand même elle l'a fait à l'occasion, mais ce sont d'abord et toujours des visages, anonymes pour le spectateur, à qui il a conféré la dignité la plus grande, l'unicité, la singularité de la personne. Le visage seul et unique, comme la botte d'asperges et le verre de vin, avec toutes ses qualités, et rien que ses qualités, sauf que ce sont des hommes et non pas des choses. L'asperge se laisse replanter et le verre de vin se remplir. L'homme, en tant que personne, ne se remplace pas. Il n'est pas interchangeable ni renouvelable. Il ne se remplit pas une seconde fois, même lorsqu'il a perdu, comme dit si justement la langue, sa contenance. Il est unique chaque fois et c'est bien là le grand mystère auquel le peintre doive s'affronter, et qui suffit à occuper toutes ses forces.

Je ne connais guère de peintres contemporains qui aient su à ce point rendre ce sentiment, en vérité poignant, de l'unicité d'un être, de tout être, du nourrisson qui naît — et Arikha est un des très rares peintres à avoir su, comme Bonnard, peindre des nourrissons — au grand vieillard qui va mourir. On dit « sauver les apparences », ou « sauver la face », et on le dit en souriant un peu ironiquement. Et pourtant dénommer, appeler, rappeler les apparences, c'est sauver l'homme de la mort.

Dénommer et non pas dénombrer. Dire et peindre, c'est rappeler les êtres à la vie, c'est le contraire de les précipiter dans le nombre.

Il faudra un jour essayer de comprendre pourquoi le grand retour à la figure, dans la peinture d'après-guerre, a d'abord été le fait de peintres issus d'une tradition religieuse que dominait l'interdit de la figuration de l'être animé, en tout cas de son image taillée. C'est toute une famille de peintres — je pense à ceux dont il fut proche, et qui avaient même origine, Kitaj par exemple, ou bien Lucian Freud — qui ont rappelé qu'un visage était sans prix. Ils ont été les témoins, et aussi souvent les victimes, d'une époque où, mu par une idéologie démente, on s'était mis à immatriculer les gens. Des gens qu'on dénombrait, et dont on inscrivait le chiffre sur la peau à l'encre indélébile, un numéro d'ordre. Des fois qu'on n'arrive plus, au Jugement dernier, à les reconnaître et à les distinguer ? Ce fut l'entreprise la plus meurtrière que l'homme ait affrontée. Le peintre y répondra comme il peut : les gens se reconnaissent, non pas à leur numéro d'abattage comme les bêtes, mais à leur visage, à leurs traits. Et les nommer, les peindre un par un, les transformer en personne, c'est les tirer de la mort.

AVIGDOR ARIKHA

(1929-2010)

Les asperges d'Arikha

Avigdor Arikha vient de disparaître. J'ai longtemps été embarrassé par sa peinture. Je veux dire embarrassé à l'idée de devoir en parler. À la plénitude que me procure sa vue répond mon incapacité à trouver mes mots. C'est une peinture qui dit tout — rien que tout, mais tout du tout qui se présente aux yeux —, à laquelle il est donc impossible de rajouter un commentaire. Lui-même a toujours dit qu'il lui était impossible d'inventer. Il ne peint que ce qu'il a sous les yeux. C'est un projet impossible, sans commettre une incorrection ou une impudeur, de rajouter un commentaire.

Il a peint une merveilleuse botte d'asperges, plus belle encore à mes yeux que celle que Manet a peinte. En la voyant, je me disais que le génie du peintre, c'est de restituer et la saveur et la raison du réel, avec la même précision et la même sensualité avec lesquelles les maîtres de chais réussissent à dire si justement, dans leur langue, les propriétés qu'on dit organoleptiques d'un vin, les subtiles variations à travers lesquelles le liquide a la capacité de faire impression sur les organes des sens, la couleur, la robe, le goût, l'arrière-goût, le parfum, la transparence ou le trouble...

On devrait, si l'on prétend écrire, pouvoir s'en tenir à cette précision savante et savoureuse des goûteurs de vin, sans se laisser aller à la facilité de faire appel à la fiction, à la feinte, à l'artifice du roman, du récit, de la légende ou de l'histoire.

Cette esthétique d'une peinture qui se limiterait à appeler les choses par leur nom, directement, sévèrement, sans rien ajouter, suppose cependant que les choses aient un nom, comme Adam dans la Bible donne un nom à tous les animaux. Ou bien qu'elles aient la capacité de se nommer elles-mêmes, de dire : « Je suis ceci », « Je suis cela », une fleur, une asperge, une machine à écrire, et ma couleur est bleu sombre, mon goût est amer, etc. Mais on voit que cette dernière affirmation n'est possible qu'expliquée ou tempérée par des comparaisons : bleu sombre comme la mer, une fin d'après-midi de septembre par exemple, acide comme un citron vert, ou amer comme l'amande, ou rouge, comme la violette, comme le lilas, comme la flamme, ou mieux encore, comme le vin de Bordeaux.

Pour me limiter au papier bleu qui enveloppe les asperges d'Arikha, comment peindre la vérité singulière de ce bleu éteint, un peu gris, qui a la couleur des papiers bleus d'après-guerre qui recouvraient les livres de classe ? Autour de ce bleu unique, que de bleus ! Bleu ciel, bleu nuit, bleu horizon, bleu faïence, pervenche, turquoise, bleu ardoise, bleu canard, bleu marin, bleu Nattier, bleu pétrole, lavande, bleu roi, saphir, bleu lessive… Proust s'était désolé de ne pouvoir dire la qualité singulière du ciel de Combray, un certain jour d'été, à une certaine heure.

Colbert, en 1669, publie l'*Instruction pour les teintures*, où les bleus sont classés : bleu blanc, bleu naissant, bleu pâle, bleu mourant, bleu mignon, bleu céleste, bleu de reine, bleu turquin, bleu de roy, fleur de guesde, bleu pers, bleu aldego et bleu d'enfer…

Ou bien faut-il retourner la proposition et dire que la seule grâce qu'on souhaite que Dieu accorde aux peintres comme aux écrivains, c'est de pouvoir restituer leur sens aux mots, je veux dire aux formes et aux couleurs, dans un temps où la peinture a été dévastée ? Au lieu de cela, me voici déjà entré, subrepticement, dans le champ incertain de la métaphore ; au lieu de dire : « ceci » ou « cela », je dis : c'est « comme ceci » ou « comme cela »... Les choses ne disent pas leur nom d'elles-mêmes et il faut chaque fois les rebaptiser pour les décrire. Si les choses veulent dire quelque chose, elles ne disent pas la chose qu'elles sont. De proche en proche, par des glissements successifs, des déplacements subtils, c'est tout le visible qui se déroule comme une tapisserie qui aurait des gradations insensibles, des variations imperceptibles, et finissant au bout du compte par dresser devant l'œil un tissu continu mais flou où le sens de l'objet finit par disparaître.

Ainsi de ce verre en argent et, près de lui, de cette petite tasse de faïence rouge : tous deux sont posés sur une frontière immatérielle et comme en équilibre sur un fil tendu entre le plein et le vide. Les tons de la tasse se reflètent en se courbant sur le ventre allongé du pot et réchauffent son éclat blanc tandis que la découpe d'une fenêtre se pose sur la panse de la tasse. Un perpétuel échange de propriétés, de secrets, de nuances, de composition s'opère sous nos yeux pour confirmer la parfaite unité et continuité du monde sous l'apparente profusion de ses formes. Continuité du visible, sans échappée (refus de la perspective, cette maîtresse en illusions qui fait fuir la présence) et sans trou (le ton mal posé, discordant, qui troue la toile et la vide).

Arikha avait conservé dans ses carnets cette émouvante confession de Bach : « *Ich schreibe jeden Tag eine kleine Fuge für den lieben Gott…* », « Chaque jour j'écris une petite fugue pour honorer le Dieu bien-aimé. » C'est, pour un peintre, une variante du « *Nulla dies sine linea* », mais qui, du dessin comme de la parole, souligne moins la nécessité technique ou esthétique que la nécessité du religieux, du lien, du fil d'un dialogue continu avec le transcendant. Dessiner une ligne comme un rituel quotidien qui s'apparente à la prière, qui conjure la malignité de la Parque, et qui permet de tisser jour après jour la trame qui constitue le tissu du visible, tel que Dieu, instant par instant, en préserve l'intégrité. Certains mystiques disent que si Dieu ne lui accordait pas son attention à chaque instant, le monde disparaîtrait.

*

La peinture d'une botte d'asperges est fascinante en soi : elle nous fait admirer des végétaux qu'autrement nous ne regarderions guère. Cette représentation fidèle et appliquée, avec une humilité de servante, me paraît plus belle que sa prétention à représenter, non la botte des asperges, mais les pouvoirs mimétiques de la peinture en soi, délivrée de la servitude de représenter des fruits, des légumes, des poissons ou n'importe quel autre objet de la vie domestique.

L'asperge peinte est sans prix. Non pas hors de prix comme des fraises qu'on achète en hiver, mais sans prix assignable. L'anecdote de Manet et d'Ephrussi tourne autour de cette impossibilité.

Comment apprécier l'asperge, sa pointe rose et violette, ses délicats cuticules, l'asperge qui, dans sa blancheur de racine que la terre a protégée de la lumière, est le subjectile parfait sur lequel, une fois qu'elle est venue au jour, le peintre, comme sur l'écharpe d'Iris le soleil, va disperser en un certain ordre les couleurs ? Une asperge est sans prix, une fois qu'en elle, à travers le talent de l'artiste, s'est dépeint le réel, tout le possible du réel que la peinture peut encore offrir, le réel, rien que le réel, mais tout le réel, en dehors de toute anecdote ou de tout récit, le réel — ici-bas, rendu, sauvé, sauvegardé...

Un parapluie tiré de sa housse, un verre de whisky sur le rebord d'une table, un balai suspendu sur un mur, un couteau sur la table en équilibre précaire. Il y a une ironie particulière des objets chez Arikha : on sent en eux la main qui les a non pas rangés, mais laissés à leur sort. On parlait jadis de natures mortes « composées » ou de natures mortes « disposées ». Arikha a inventé la nature morte abandonnée.

Arikha a peint souvent des instruments de musique : violons, violoncelles, contrebasses, courbes et contrecourbes de bois poli et luisant qui semblent avoir atteint d'un coup leur perfection sonore et formelle à l'époque où ils furent créés, il y a quelques siècles, sans qu'il soit besoin de les changer pour en améliorer la qualité. Beauté absolue : Arikha trouvait en eux l'illustration d'une esthétique qui ne suppose pas un perpétuel et épuisant dépassement.

Il y a autre chose aussi : si le peintre est à l'aise avec les fruits, les objets naturels et plus généralement les objets de vieille et belle facture, il réussit aussi à faire entrer dans son univers des matériaux et des objets de la modernité la plus agressive. Une machine à écrire, des bidons de métal, des tubes de plomb : cela ne va pas de soi de les faire entrer sur la palette. Bonnard s'était posé le problème sans trop bien le résoudre : comment peindre une automobile, quand ni son métal, ni ses coloris artificiels, ni sa fabrication industrielle et de série, ne peuvent *a priori* entrer dans l'univers du peintre. Il réussit pourtant l'exploit, dans son taxi de la Place Clichy par exemple, arrêté devant le Wepler. Ainsi fait Arikha, qui fond littéralement, au sens presque alchimique du terme, ces matériaux hétérogènes dans le bain de sa peinture.

*

Je dis « le vin », « l'asperge » ou « la machine à écrire », mais on comprend bien qu'en parlant de la boisson, du légume ou de l'outil, je parle en réalité des portraits dont la peinture s'occupe avant tout, tout entière occupée à cette visée du visage. On ne peut rien lui ajouter, commentaire, explication ou analyse, parce qu'elle ne laisse rien échapper d'elle qui, si avantageusement pour le critique, permettrait de tirer le modèle vers l'historique, le mythologique, le religieux ou le politique, qui seraient des métaphores, là encore, des transpositions, des images.

Le visage seul et unique, comme la botte d'asperges et le verre de vin, avec toutes leurs qualités, et rien que leurs qualités, sauf que ce sont des hommes et non pas des choses. L'asperge se laisse replanter et le verre de vin se remplir. L'homme, en tant que personne, ne se remplace pas. Il n'est pas interchangeable ni renouvelable, il est unique à chaque fois et c'est bien là le grand mystère auquel le peintre doit s'affronter, et qui suffit à occuper toutes ses forces.

Sans doute la peinture montre-t-elle assez souvent des visages de grands de ce monde que nous reconnaissons encore, des rois, des princes, des savants, des écrivains, des musiciens, qui ont des missions, des fonctions, des titres, des responsabilités. Arikha est l'un des rares peintres de notre temps qui aient eu le pouvoir de répondre à des commandes de portraits d'apparat qui eussent honoré les galeries d'une *National Portrait Gallery*, si jamais la France avait eu pareille institution. Mais l'important est ailleurs : elle montre des visages qui sont en général anonymes au spectateur de passage qui n'a jamais connu le modèle, mais dont il a l'impression qu'ils sont ceux de quelqu'un qui fut unique. Ce phénomène d'une fausse reconnaissance est semblable à celle qui fait que, dans tel tableau de groupe, une théorie de martyrs ou de saints, une confrérie religieuse ou politique, dans la masse des visages assemblés, on distingue soudain l'un d'eux qui se détache avec une telle véracité qu'on pense qu'il ne peut s'agir là que du visage d'un homme particulier, peut-être le peintre qui a réalisé l'œuvre, ou bien le donateur, avec ce sentiment qui nous traverse soudain : « Je connais ce visage », alors même que nous ne l'avons jamais vu.

Il est peu de peintres contemporains, à vrai dire, qui aient, comme Arikha, su rendre ce sentiment, en vérité poignant, de l'unicité d'un être, du nourrisson qui vient de naître au grand vieillard qui va mourir. On dit « sauver les apparences », « sauver la face » ou « garder contenance », et on le dit alors en souriant, un peu ironiquement. Et pourtant dénommer, appeler, rappeler les apparences, c'est sauver l'homme de la mort. Dénommer et non pas dénombrer, désigner et non pas mesurer ou quantifier. Dire et peindre, c'est rappeler les êtres à la vie, c'est le contraire de les précipiter dans le nombre.

Perdre un ami, ce n'est pas seulement ne plus voir son visage, la couleur de ses yeux ou la singularité de ses gestes, c'est aussi ne plus entendre le son de sa voix. Elle avait été à aucune autre pareille, voix dont on reconnaissait en une seconde le timbre, l'inflexion, la hauteur, l'attaque. Quand elle sonnait au bout du fil, on ne la confondait pas avec une autre et aucune autre ne la remplacerait. Cette configuration sonore parmi des millions d'autres, ce son singulier d'une voix, était en un sens un achèvement dans l'existence comparable aux monuments de la civilisation, et la perte en est ressentie avec une tristesse comparable, comme si l'individuel et l'universel, en cette occasion, se confondaient. Cette sensibilité sonore est inséparable de la finesse plastique. Arikha aimait la compagnie des musiciens comme il aimait celle des poètes.

*

La mort : l'usage a longtemps été — aussi longtemps qu'on a cru en l'art comme on avait foi en un dieu —, quand survenait un deuil dans une maison, de recouvrir d'un crêpe de soie noir tous les miroirs et tous les tableaux, afin que, s'échappant du corps, l'âme du défunt ne soit déroutée ni par son propre reflet, ni par les représentations peintes des visages, des paysages et des fruits de la terre qu'il fallait quitter. Nous ne prêtons plus guère attention à ces pouvoirs magiques qui redoublent la réalité. Aujourd'hui, la règle serait plutôt d'exposer les peintures dans les musées après les avoir décapées par des restaurations pour en disposer les dépouilles sous l'éclairage des projecteurs pareils à des scialytiques, qui dissolvent les ombres, comme dit leur nom, et dénaturent les tons, la beauté d'un tableau ne pouvant plus sans doute être dévoilée à notre époque que pour révéler l'horreur d'un corps d'écorché. Arikha détestait les musées, leur éclairage cruel et meurtrier.

Je compte au nombre des chefs-d'œuvre de la peinture les autoportraits qu'Arikha a faits dans ses derniers mois, quand il était à l'hôpital. Ils rejoignent les autoportraits les plus poignants laissés au cours des siècles par des peintres dans leur vieillesse. Le problème n'a jamais été de « dépasser » les artistes du passé, il est de les rejoindre et de trouver sa place parmi eux.

FRANCIS BACON

(1909-1992)

Deux rencontres, 1971-1991

Grand Palais, Paris 25 octobre 1971[1]

L'art et la mort

« Quand on est près de la tombe, il faut accélérer le travail. »

Jean Clair : Francis Bacon, dans votre entretien avec David Sylvester, vous dites deux choses très saisissantes : « Comment puis-je prendre un intérêt à mon travail alors que je ne l'aime pas ? » ; puis, un peu plus loin, vous dites redouter de travailler face à votre modèle parce que vous craignez qu'il ne ressente la sorte de blessure que vous êtes en train de lui infliger[2]...

1. Cette interview a été réalisée dans les studios d'enregistrement des galeries du Grand Palais le 25 octobre 1971. Outre Jean Clair, y participaient Maurice Eschapasse du Centre National d'Art Contemporain et Peter Malchus de la 1re chaîne de la Télévision Allemande. Elle a été réalisée en deux temps : dans la première partie Francis Bacon s'exprime directement en français ; dans la seconde, il s'exprime en anglais, en glissant parfois des expressions françaises (en italique dans le texte). Certains propos qu'il tient sur le temps, sur la mort et sur l'amitié prennent un relief singulièrement émouvant si l'on sait — ce que les interviewers ignoraient alors — que l'entretien se déroulait le lendemain même de la mort de George Dyer. *(Toutes les notes du chapitre « Deux rencontres » ont été rédigées par Patrice Cotensin.)*

2. Il s'agit du premier entretien de D. Sylvester avec Bacon, en 1962, dont

Francis Bacon : Vous savez, ces deux choses, je les ai dites il y a six ans ou plus. J'ai changé depuis, j'ai changé d'idée. C'est vrai que souvent je n'aime pas du tout mes tableaux, mais il y en a que j'aime quand même.

J.C. : Pourtant vous en avez détruit un grand nombre.

F.B. : Oui, beaucoup.

J.C. : Et, d'autre part, cette attitude fondamentale vis-à-vis de votre modèle, cette espèce d'iconoclasme figuratif que vous pratiquez n'a pas changé non plus. Ce qu'on peut alors se demander c'est : comment peut-on travailler, comment peut-on peindre — et particulièrement des êtres vivants — à partir d'un mouvement qui est un mouvement de recul, de refus, de négation, un mouvement, dirait-on, d'hostilité ?

F.B. : Il n'y a rien d'hostile là-dedans. Simplement, je peins les gens que je connais très bien, les amis que j'ai connus pendant des années et dont je connais très bien la structure du visage. J'aime mieux travailler sans qu'ils soient là parce que, quand je fais un portrait, je ne cherche pas à faire une illustration, je cherche à faire quelque chose qui soit complètement hors de l'illustration. Je commence de la même façon qu'un artiste abstrait — bien que je n'aime pas l'abstrait, pas du tout —, c'est-à-dire que je commence à faire des taches, des marques et si, tout d'un coup une tache me semble offrir une suggestion, alors je peux commencer de

---

une partie avait été publiée dans *Derrière le miroir*, n° 162, novembre 1966, Galerie Maeght, Paris. Il était repris dans *Le Petit Journal de l'exposition Bacon* au Grand Palais.

bâtir sur elle l'apparence du sujet que je voudrais saisir. Je voudrais faire des portraits à partir d'éléments qui ne soient pas du tout illustratifs. C'est pour cela que je ne veux pas que les modèles soient présents. Souvent, ce sont des amis à moi qui ne sont pas du tout intéressés par la peinture et qui croient qu'on se livre à leur égard à une sorte d'hostilité. Vous savez, les gens sont très vaniteux, ils croient qu'on veut les enlaidir. Mais ce que je veux faire, c'est restituer le sujet dans le système nerveux, c'est le rendre aussi fort qu'on le trouve dans la vie.

J.C. : Vous voulez dire que tout se passe comme si vous retrouviez la véritable présence d'un être à partir d'accidents ? Un peu comme dans la vie quand, par hasard, une chose arrive, le souvenir d'un trait, d'une expression, qui vous fait saisir la réalité vivante d'un être plus fortement que ne le ferait une représentation purement figurative et conventionnelle de cet être ?

F.B. : Oui, mais je voudrais quand même que ce soit un portrait de mon modèle. Mais c'est ce qui est difficile à faire, peut-être même impossible. Je crois pourtant que je suis arrivé, parfois, à faire vraiment des ressemblances, mais d'une manière tout à fait autre qu'une illustration.

Maurice Eschapasse : On a l'impression, lors de l'exécution de vos tableaux, qu'il y a deux temps. Le premier où vous êtes au bord d'une ressemblance proche de la figuration normale. Puis que vous revenez sur cette apparence qui vous semble trop ressemblante et qu'il y a, à ce moment-là, une lutte entre ce que vous avez évoqué…

F.B. : Non. C'est la question de donner au personnage l'image de la ressemblance sans son ennui… On voudrait que la chose soit là et pas là, en même temps…

J.C. : Il y a une phrase de Valéry, à ce propos, que vous aimez citer : « Donner la sensation sans l'ennui que suscite le fait de la transmettre »… ce que disait aussi Lewis Carroll : « *The grin without the cat*[1]… »

F.B. : Oui, il s'agit là d'une sorte de sténographie. Pensez à l'art paléolithique qu'on trouve dans certaines grottes au nord de l'Espagne. Alors là, on trouve le mouvement, exprimé simplement par certaines lignes. On n'a rien fait de mieux sur le mouvement depuis cela, depuis peut-être des milliers d'années. On n'a pas amélioré. Les Futuristes s'y sont un peu essayé, mais ça n'a pas marché. Duchamp l'a fait de façon intéressante dans son *Nu descendant un escalier*, mais ce n'est pas aussi fort que les peintures paléolithiques.

M.E. : Quel est votre rythme de travail, de création ? On a dit que vous avez eu de longues périodes au cours desquelles vous n'avez rien produit…

F.B. : J'ai eu de longues périodes où je ne pouvais pas travailler, alors je passais mon temps dans les bars ou dans les salles de jeu. Mais c'était simplement que je ne pouvais pas travailler.

M.E. : Et, à présent, le travail vous absorbe ?

1. « Le sourire sans le chat. »

F.B. : Oui, quand on est près de la tombe, il faut accélérer le travail[1]. Je suis peut-être ambitieux, mais j'ai toujours envie de faire quelque chose d'extraordinaire.

J.C. : J'aimerais revenir sur ce problème du mouvement. Une chose paradoxale, me semble-t-il dans votre œuvre, c'est que vos figures en mouvement vous ont souvent été inspirées par des photographies, et plus précisément des chronophotographies, Muybridge par exemple…

F.B. : Pas vraiment. Le mouvement est traduit *dans* la peinture, *dans* la matière.

J.C. : Ce que je veux dire, c'est que les instantanés photographiques de mouvements sont les choses les plus immobiles qui soient, les plus irréelles aussi…

F.B. : Oui. Mais, vous savez, je n'emploie les photographies que comme des documents à consulter.

J.C. : Mais ces documents vous donnent, de la réalité, des images qu'en fait nous ne voyons jamais. L'objectif photographique peut saisir d'un visage des mouvements dont, en fait, nous ne sommes jamais conscients parce que trop rapides, trop fuyants…

F.B. : Bien sûr, mais c'est la même chose lorsque je vous regarde parler. Je ne sais pas ce que c'est. Je vois une sorte de figure, mais tout le temps ça change : le mouvement de

1. Évidemment la mort de son ami George Dyer est présente à l'esprit de Bacon. Il faut rappeler aussi que sa mère est morte en Afrique du Sud en avril 1971.

votre bouche, de la tête, un peu ; ça change tout le temps. J'ai essayé d'attraper cette chose dans les portraits.

M.E. : Mais la photo fige arbitrairement un mouvement et vous, vous partez justement d'instantanés…

F.B. : Vous savez, il ne faut *pas* parler de photographie avec moi. Tout le monde me dit ça. J'emploie la photographie simplement comme un document. Il faut bien partir de quelque part. Mais c'est *dans* la technique que tout se passe. Vous savez pourquoi l'art, actuellement, est tellement ennuyeux ? C'est parce qu'il y a un très grand manque d'imagination dans la technique. Il faut réinventer une technique d'une façon telle qu'on puisse partir à nouveau du système nerveux avec la même force qu'on trouve dans la nature, dans la vie. L'art conceptuel est tellement ennuyeux. C'est un manque d'imagination technique. Je comprends très bien qu'il soit plus facile d'arracher un morceau de terre et le mettre quelque part[1]. Mais c'est revenir à Millet, ce n'est rien.

J.C. : Les artistes conceptuels croient que la peinture, comme activité humaine, est finie…

F.B. : Ah, bien sûr. Mais quand on veut user d'un autre médium, il faut une imagination technique qu'ils n'ont pas. Ce n'est pas la peine d'arracher un arbre pour l'abandonner dans une galerie ou n'importe où. Ce n'est pas intéressant. Ce qui est intéressant, c'est de trouver une façon tout à fait

1. Allusion probable à l'*Earth Room* de Walter De Maria, qui en 1968 emplit de terre le sol de la galerie Heiner Friedrich à Munich.

nouvelle de refaire l'arbre, de le revoir d'une manière tout à fait nouvelle.

J.C. : Est-ce encore possible de peindre un arbre ?

F.B. : Presque pas. C'est impossible maintenant. Mais il faut réinventer la façon de le faire.

J.C. : Quand Vélasquez peignait Innocent X, il avait le sentiment de faire un enregistrement de la réalité sur le vif. Lorsque vous, vous peignez d'après l'image de Vélasquez qu'est-ce que vous enregistrez exactement ?

F.B. : Je n'enregistre rien. Parce que cela n'a pas réussi. Quand j'ai commencé cela, j'étais entré dans la couleur. J'étais même très absorbé par cette peinture et sa couleur rouge. J'étais aussi intéressé par la couleur de la bouche ouverte, par les dents, la salive et je pensais vraiment faire un Monet avec la bouche.

J.C. : C'était donc un problème essentiellement plastique ?

F.B. : Totalement plastique, pas du tout expressionniste. Mais je sais que c'est un sujet que j'ai abandonné parce que cela n'a pas marché.

J.C. : Pourtant dans cette rétrospective du Grand Palais, on trouve une seconde version, faite tout récemment, du *Pape en rouge*[1] ?

1. *Study from Innocent X* (Étude d'après Innocent X) souvent appelé le *Red Pope*, tableau de 1962 (catalogue raisonné, Martin Harrison, 62.02), col-

F.B. : Oui, parce qu'on voulait un de ces papes. Et celui-ci, qui était peut-être le meilleur, son propriétaire ne voulait pas le prêter. Alors, j'en ai fait un autre.

J.C. : C'est-à-dire que bien que vous ayez considéré cette entreprise comme un échec, c'était un échec, qui méritait néanmoins une réplique ?

F.B. : Oui... Je l'ai fait pour obliger les organisateurs de l'exposition.

J.C. : Une autre question, complémentaire de la précédente : lorsque Vélasquez, ou Rembrandt — pour qui vous avez une grande admiration — peignaient des portraits, ils se référaient implicitement à une certaine conception religieuse ou métaphysique de l'homme...

F.B. : On ne sait pas. Surtout avec Rembrandt, on ne sait pas. [...] À la fin de sa vie, les portraits de Rembrandt sont faits d'une manière très curieuse. Ils ne sont pas du tout illustratifs. On se demande comment il a bien pu faire ce nez, et la bouche, et même les orbites. C'est une chose extraordinaire. Même si Philippe IV était difforme dans la réalité, il n'est pas possible qu'il ait été aussi déformé que Vélasquez l'a laissé dans ses tableaux.

M.E. : Chez vous aussi, on a l'impression d'une touche qui s'improvise à chaque seconde et qui compose...

---

lection privée. Le second tableau, peint en avril 1971, est *Study for Red Pope* (c.r.71-04), collection privée, notablement différent par l'ajout d'un second personnage arrivant par la droite.

F.B. : Oui, parce que je travaille avec mon système nerveux et ça, je ne peux pas l'expliquer. C'est pour ça qu'il est impossible de parler de peinture. On peut simplement parler autour de la peinture.

J.C. : Vous parlez souvent de « système nerveux ». Qu'entendez-vous par là ?

F.B. : Excusez-moi, je fais la peinture pour moi-même. Je n'ai pas d'idée *a priori*. Je ne pense pas aux autres parce que je ne peux pas et parce que je n'ai pas idée des autres. Chaque système nerveux est différent. Je fais seulement de la peinture pour espérer m'exciter.

J.C. : Vous connaissez sans doute ces portraits de Rembrandt où il s'est peint en train de grimacer dans un miroir ?

F.B. : Oui, je n'aime pas beaucoup ça. Je n'aime pas les grimaces.

J.C. : On a l'impression que Rembrandt s'est surpris lui-même et qu'il a voulu ressaisir cet instant où il ne s'est pas reconnu.

F.B. : Il a fait un autoportrait, c'est vrai, quand il était très jeune, qui est fort beau. Mais je n'aime pas tellement le Rembrandt de cette époque ; je l'aime beaucoup mieux à la fin de sa vie.

M.E. : Vous parliez tout à l'heure de Duchamp et des Futuristes. Dans vos portraits, on trouve parfois des superpositions de visages, ou l'ombre portée d'un visage, comme plusieurs aspects confondus. Ont-ils eu, en cela, une influence sur vous ?

F.B. : C'est très difficile à dire parce que j'ai tout regardé. Mais il ne s'agit pas pour moi d'illustrer le mouvement, mais de l'incarner dans la matière : c'est le mouvement de la matière même qui donne le mouvement du sujet. C'est pour cela que la peinture à l'huile est très importante pour moi. Tout le monde dit que c'est fini, mais pour moi, ça commence. L'huile est une chose tellement subtile qu'on ne peut pas vraiment comprendre. Voilà aussi : que veut-on dire quand on parle d'apparence ? Prenez les esquisses à l'huile de Seurat : elles sont faites très librement mais, si on les analyse, on ne peut pas comprendre comment elles sont, en même temps, très réalistes. C'est le mystère de la peinture.

M.E. : L'exécution d'un tableau vous demande beaucoup de temps ?

F.B. : Si ça marche, c'est très vite. Si ça ne marche pas, je recommence une autre toile, à zéro. Je ne retravaille pas une toile. J'aime les choses classiques mais en même temps spontanées.

J.C. : Vous faites une différence entre esquisse et œuvre achevée ?

F.B. : Non, je ne fais pas d'esquisse. Je n'ai jamais non plus dessiné. Je peins directement le tableau avec de très grands pinceaux chargés de peinture parce qu'on ne sait jamais exactement ce qui va arriver avec eux : il y a toutes sortes d'accidents, la peinture s'accroche sur la toile, etc.

J.C. : Vous n'avez jamais pensé à utiliser des *media* plus rapides, comme l'acrylique ?

F.B. : Non. J'ai pensé faire de la sculpture, mais je ne sais pas si je vais le faire ou non. J'ai toutes sortes d'idées pour la sculpture.

J.C. : Aurez-vous avec elle cette rapidité, cette spontanéité ?

F.B. : Non. Mais je vois la sculpture tout à fait d'une autre façon.

M.E. : Pas du tout la façon de Daumier, pas du tout le modelage ?

F.B. : Non, pas du tout. Je la vois tout à fait autrement. Je la vois mais je n'arrive pas à l'expliquer.

J.C. : Vous avez bien connu Giacometti, je crois ?

F.B. : Seulement un court moment, malheureusement, car je ne l'ai approché que deux ans environ avant sa mort. Je le regrette énormément. C'était l'une des personnes les plus étonnantes que j'ai rencontrées ; il avait une merveilleuse clarté d'esprit. Il voyait toujours le côté opposé de toute chose. Au moment même où il énonçait quelque chose de très précis, il en voyait aussitôt l'aspect contraire. C'était l'être humain pour moi le plus merveilleux, Giacometti. L'un des hommes les plus remarquables que j'ai vus.

J.C. : Il avait l'habitude, lui aussi, de détruire beaucoup son travail…

F.B. : C'était un artiste étonnant pour moi, et le plus grand dessinateur du XXe siècle.

J.C. : Dessinateur ?

F.B. : J'aime un grand nombre de ses sculptures, bien sûr, mais comme dessinateur, il est le plus grand.

*

Peter Malchus : Vous avez dit, Francis Bacon, que vous aimiez la vie. Pourquoi la peindre sous les aspects de la destruction ?

F.B. : La vie, après tout, de la naissance à la mort, est une longue destruction. Je ne la saisis pas d'une manière plus destructive qu'elle est. Je ne pense pas la montrer en quoi que ce soit d'une manière destructive. On naît et on meurt, et l'on meurt bien tôt après être né.

P.M. : C'est de la mythologie, ça.

F.B. : Comment de la mythologie ? C'est la vie. On est toujours conscient, après tout, qu'elle n'est qu'un moment qui passe entre sa naissance et sa mort.

P.M. : Pourquoi dites-vous renaissance ?

F.B. : Je n'ai pas dit renaissance.

P.M. : Vous avez dit tout à l'heure que vous étiez né de nouveau.

F.B. : Je n'ai jamais rien dit de tel. Je ne songerais jamais à dire une chose si horrible. Assurément jamais. J'espère que vous n'êtes pas en train d'introduire du mysticisme à l'allemande dans ce que je dis, parce que *ça, je déteste.* J'aime la nature, mais la nature n'a rien à voir avec ça. Elle n'a rien à voir avec l'éternel retour, rien à voir avec. Je ne rends pas la vie plus extraordinaire qu'elle est. Regardez simplement à quoi elle ressemble. Pensez simplement à elle, un instant. Allez-vous prétendre que dans mon travail j'ai exagéré ce qui arrive partout dans le monde, ce qui vous arrive à vous, soit ici, soit quand vous faites quelque chose, mangez quelque chose, ou quoi que vous fassiez… Voilà tout.

P.M. : C'est une sorte d'obsession pour vous, n'est-ce pas ?

F.B. : La vie est une obsession. C'est pourquoi je l'aime.

P.M. : Vous avez dit que vous sentiez le besoin d'accélérer votre travail. Avez-vous un pressentiment de la mort ?

F.B. : Tout le monde l'a… Chacun a conscience de la mort. Après tout, c'est comme l'ombre qui vous suit dans le soleil. Je ne veux pas dire qu'on fait l'effort conscient de se la représenter, mais simplement qu'elle est là. D'ailleurs vous savez combien la vie peut être violente en elle-même. Et je n'ai pu ni essayé de la rendre plus violente qu'elle est. On ne peut pas.

P.M. : Vous pensez donc que vous avez atteint la vie dans ses limites extrêmes ?

F.B. : Non, pas un instant je ne dirais cela. J'essaie de rendre mes tableaux aussi réalistes que possible, c'est tout ce que je peux faire. J'essaie de trouver une technique grâce à laquelle je pourrais rendre la vie dans toute sa force. Mais, somme toute, l'art est chose fabriquée. L'art est quelque chose de totalement artificiel et si vous tentez d'enregistrer quelque chose dans la vie qui, en art, deviendra une chose totalement différente, il vous faut, techniquement, ré-inventer. Il vous faut ré-inventer la technique par laquelle ce sera transmis, à travers le système nerveux. Cela arrive au fond pour chaque génération. Van Gogh a dû ré-inventer une façon de faire des paysages. Et personne avant lui n'avait jamais fait un paysage exactement comme il l'a fait. Pouvez-vous me dire pourquoi ses coups de brosse brisés ont transmis la réalité de l'image avec plus de puissance, plus de puissance pour vous, et rendu la vie plus claire ? Alors que, en fait, tout cela est complètement irréel, illusoire… j'entends d'un point de vue littéral ? Et cependant cela vous ramène droit au cœur de la vie.

J.C. : Entre la naissance et la mort, où placez-vous la réalité de l'amour ?

F.B. : Qu'est-ce que la réalité de l'amour ? On a des moments d'amour, mais cela dépend de ce qu'on entend par amour. C'est devenu un mot très commun de nos jours. N'importe quel hippie parle d'amour mais, pour moi, ça me semble ridicule car l'amour est une chose très spécifique. Je veux dire qu'il y a l'amour sexuel et puis il y a l'amour de toutes sortes de choses, et puis l'amour de la vie, dans toute son horreur.

P.M. : Mais pour vous, puisque c'est si spécifique ?

F.B. : Pour moi, c'est soit l'obsession de... C'est l'obsession de quelque chose. Ce peut être l'obsession d'une personne. Ce peut être l'obsession de certaines des grandes images du passé. Ce peut être l'obsession... Je pense que l'amour est une obsession...

P.M. : Pourquoi alors toujours l'achever, le finir ?

F.B. : Que voulez-vous dire ? Je ne comprends pas.

P.M. : Quand il vous faut le terminer.

F.B. : Vous ne l'achevez pas ; il en vient à s'achever. Et les seules choses qui, peut-être, ne se terminent pas sont l'amour pour quelques œuvres d'art, parce qu'elles continuent. [...] La vie, après tout, est très mince, excepté pour ce que l'homme en fait. Peu de choses demeurent à travers le tamis du temps, et si peu nous est laissé. L'une des choses intéressantes est qu'aucun artiste ne saura jamais si son art est bon ou non, parce qu'il sera mort avant que le temps ait décidé.

P.M. : Vous essayez d'être immortel quand vous peignez ?

F.B. : Non, pas du tout. J'essaie de me donner de l'excitation et aussi de faire une œuvre aussi résistante que possible parce que j'aime les choses puissantes et résistantes. Je n'aime pas l'art qui soit très fragile. [...] Même Cocteau, un jour, a dit quelque chose de beau ; il a dit : « Chaque jour j'observe la mort à l'œuvre dans le miroir. » C'est l'une des rares belles choses qu'il ait jamais dites.

P.M. : Croyez-vous à la liberté personnelle ou individuelle ?

F.B. : Je crois à la liberté, mais seulement à la liberté en prison, si vous saisissez ce que je veux dire. Je ne crois pas en une liberté réelle parce que cela ne mène qu'à l'absurde. Je crois à la liberté emprisonnée, qu'elle soit comme une discipline de... là où la liberté est une discipline pour la raison. C'est le seul genre de liberté en lequel je crois. À quoi la liberté vous mène-t-elle ? À quelques *layabouts*. Savez-vous ce qu'est un *layabout* en anglais ? C'est quelqu'un *qui ne fait rien du tout, qui passe le temps*. Les hippies, par exemple, essaient désespérément d'avoir une vraie liberté, mais que font-ils ? Rien. Ils accroissent la race, c'est vrai, ce dont personne ne veut, et c'est à peu près tout. Leur seule création est de faire plus d'enfants. Autrement, ils se contentent de traîner.

P.M. : Vous êtes dur pour eux.

F.B. : Je ne suis pas dur, je pense qu'ils sont très ennuyeux.

P.M. : À la Renaissance, le peintre ne pouvait réaliser son œuvre qu'en accord avec certaines données : la taille du tableau, les spécifications du client qui voulait que sa femme soit représentée sous les traits de la Vierge... Réalisait-il sa liberté ?

F.B. : Bien sûr. Après tout, l'un des plus grands arts qui ait peut-être jamais été produit a été la sculpture égyptienne primitive. Et elle fut faite selon certaines lois, réalisée par des artisans qui travaillaient selon certaines règles. Et néanmoins, il est probable que ces ouvriers permettaient à leur propre liberté d'instinct de jouer à l'intérieur même des lois qu'ils étaient supposés suivre.

P.M. : Cela ne rend pas compte d'une liberté totale.

F.B. : Mais qu'est-ce que vous voulez dire par liberté personnelle ? Vous pouvez aller chier dans la rue si vous voulez, mais ce n'est pas spécialement de la liberté, à moins que vous n'appeliez liberté le fait d'aller chier dans la rue. C'est une liberté d'un certain genre peut-être mais dès que tout le monde en usera, ce ne sera plus une liberté particulière. Ce sera juste un événement quotidien et ordinaire, que n'importe quel promeneur pourra réaliser.

P.M. : Pourquoi, pensez-vous, les gens ne le font-ils pas ?

F.B. : Parce qu'on se fait encore une certaine idée de ce qu'est une rue et que les gens sont élevés d'une certaine façon. Et puis, en général, on ne se trouve pas très attirant dans cette position. Quelques-uns peut-être, mais pas la plupart.

J.C. : Justement, vous avez peint un homme dans cette position[1]...

1. Volet droit du triptyque *Three Figures in a Room* (Trois personnages dans une pièce), 1964 (c.r. 64-10), exposé à la Galerie Maeght en 1966, acquis par le CNAC en 1968, puis passé en 1976 au MNAM-Centre G. Pompidou.

F.B. : Oui, mais c'est très joli.

J.C. : Pourquoi ?

F.B. : Parce que j'aime la porcelaine, et le corps.

J.C. : Et l'acte même ?

F.B. : L'acte même ? On le connaît tellement bien. Ça devient ennuyeux.

J.C. : À propos de situations particulières, deux fois vous avez peint un homme avec une seringue dans le bras...

F.B. : Il s'agissait simplement de clouer la réalité. J'ai plongé la seringue dans le bras. Je ne pouvais pas plonger un clou, ça aurait été trop stupide de plonger un clou ; par conséquent, j'ai plongé une seringue et celle-ci a riveté la figure au lit en la rendant, m'a-t-il semblé, plus réelle. Il n'y a pas d'autre raison. Ce n'était pas qu'ils prenaient des drogues mais simplement cela : une réalité clouée.

Londres, 3 août 1991

Le pathos et la mort

Francis Bacon : Je sais que j'ai été très influencé par Picasso, surtout quand j'étais jeune — mais aujourd'hui on est tellement submergé par les reproductions qu'en fin de compte, on sait à peine par quoi on est influencé.

Jean Clair : Oui, mais après la guerre, dans les années 1940, ce n'était pas déjà comme ça ?

F.B. : Oh non, ce n'était pas comme ça. À l'époque, c'était certainement l'influence de Picasso. Vous savez, pour moi, le plus grand artiste de ce siècle, c'est lui.

J.C. : Est-ce qu'il vous est arrivé de le rencontrer ?

F.B. : Non, je n'ai jamais rencontré quelqu'un de cette qualité, à part Giacometti. C'était sans aucun doute un homme absolument merveilleux. Je ne crois pas qu'on gagne quoi que ce soit à rencontrer quelqu'un.

J.C. : Sauf à des occasions très particulières.

F.B. : Oui, exactement. Je veux dire que si on les connaît très bien et qu'ils vous critiquent, en disant « faites ceci », « ne faites pas cela », ça peut vraiment vous aider.

J.C. : Et, à propos de Picasso : étiez-vous plus intéressé par ses sculptures ou par ses peintures ?

F.B. : J'aime beaucoup les peintures. Mais j'aime aussi les sculptures. C'était un artiste tellement complet. Il a fait tellement de choses merveilleuses. Et même si dans tout ce qu'il a fait très tard, en matière de peinture, il y a beaucoup de choses que je n'apprécie pas beaucoup ; dans la dernière partie de sa vie, il y a beaucoup de dessins merveilleux, n'est-ce pas ?

J.C. : Surtout les autoportraits.

F.B. : Oui, ils sont extraordinaires. Et je me souviens, je ne sais pas comment c'est venu, je me souviens d'avoir discuté un jour avec Michel Leiris, et Michel Leiris parlait du surréalisme. Et puis je ne sais comment, j'ai dit que oui, bien sûr, Picasso était le meilleur peintre surréaliste. Et il m'a répondu, bien sûr, qu'il n'avait *rien* à voir avec le surréalisme. Ce qui est sans doute vrai — il n'appartenait pas au « parti » des surréalistes — mais peut-être qu'après tout les Espagnols sont foncièrement surréalistes. Peut-être que ça fait partie de — vous comprenez ce que je veux dire ? — de ce qu'on appelle le surréalisme.

J.C. : À cause de sa manière paroxystique de traiter la figure ? De sa proximité avec la mort ?

F.B. : Ça va toujours de pair chez tous les grands artistes.

J.C. : Vous avez déjà vu la *Crucifixion* de Picasso, de 1930[1] ?

F.B. : Vous savez, je ne l'ai jamais vue. Je n'ai vu qu'une reproduction. Chaque fois que je vais au musée Picasso, il y a toujours… vous devez tellement prêter que c'est toujours… Je ne l'ai jamais vue — voilà. Mais les dessins ! Il y a quelques très beaux dessins autour de la *Crucifixion*.

J.C. : Oui, nous avons environ treize dessins de 1932, qu'il semble avoir faits d'après Grünewald, à Colmar.

F.B. : J'aime particulièrement celui où l'on voit un morceau de tissu, avec simplement une épingle à nourrice, ou quelque chose comme ça. Je trouve qu'il y en a de beaux parmi ceux-là. Il y a énormément de choses de Picasso que je n'aime pas du tout. Comme par exemple ses versions de *Las Meninas*, que je n'aime pas du tout.

J.C. : Pourquoi ? Vous pensez qu'elles sont trop formelles ?

F.B. : Je pense que… Bon, on pourrait dire que c'est toujours un jeu entre… Je trouve que c'est une chose tellement parfaite, qu'on n'aurait rien dû faire avec *Las Meninas*.

1. *Crucifixion*, 1930, musée Picasso, Paris.

J.C. : On ne peut rien ajouter ? Transformer ?

F.B. : Exactement. C'est comme les choses stupides que j'ai essayé de faire moi-même un jour, à partir de ce grand pape de Vélasquez[1]. Et c'était vraiment très stupide, parce qu'on ne peut rien ajouter à quelque chose d'aussi parfait. Je regrette encore beaucoup d'avoir fait ces tableaux. Je les déteste[2].

J.C. : Ils sont considérés comme vos chefs-d'œuvre.

F.B. : Eh bien, je n'aime pas... Je ne pense pas qu'ils fonctionnent — pour *moi*. Je regrette toujours beaucoup de les avoir faits, je dois dire.

J.C. : Pourquoi ?

F.B. : Eh bien, vous voyez, je crois que c'est tellement un chef-d'œuvre en soi, qu'on ne peut absolument rien faire. En fait, si quelqu'un essaie — c'est simplement parce que c'est si remarquable, je suppose que si on essaie de faire quelque chose avec, d'aller plus loin, c'est impossible, bien entendu.

J.C. : Pour revenir à la Crucifixion, pensez-vous que vous pourriez ajouter quelque chose à une scène que l'on représente depuis, je ne sais pas, presque deux mille ans ?

1. *Portrait du pape Innocent X*, 1650, Rome, Galleria Doria Pamphilj.
2. Le catalogue raisonné de F. Bacon recense trois *Study after Velázquez* (1950-1953), onze *Pope* (1953-1960), sept *Study for a Pope* (1955-1961) et trois *Study from Innocent X by Velázquez* (1959-1965).

F.B. : Je pense que c'est stupide de faire ça, mais il y a une des images de la *Crucifixion*, la figure sur la croix, qui est exposée au musée Guggenheim ; que j'aime toujours — le panneau…

J.C. : Vous pensez au premier panneau ?

F.B. : Non, au troisième, en fait.

J.C. : Ah, oui, le volet de droite.

F.B. : Je ne sais pas si vous voyez celui que je veux dire… J'ai bien aimé celui-là [*il montre la reproduction*[1]].

J.C. : Mais nous nous éloignons de la Crucifixion elle-même avec ce troisième panneau. C'est plus qu'une crucifixion, c'est presque un massacre, une boucherie, de la viande et de la chair pilée.

F.B. : Bon, mais c'est ça la Crucifixion, après tout ?

J.C. : Je ne sais pas.

F.B. : Alors, ce n'était pas ça d'après vous ?

J.C. : Pendant longtemps, non, parce que c'était une image si doucereuse, oui doucereuse — je ne trouve aucun autre mot.

1. *Three Studies for a Crucifixion* (Trois études pour une Crucifixion), 1962 (c.r. 62-04), The Solomon R. Guggenheim Museum, New York, achat en 1964.

F.B. : Vous pensez que c'est doux ?

J.C. : En fait, non, mais tant qu'on n'a pas fait soi-même des expériences très violentes, on ne peut pas comprendre ce qu'est cet homme sur la croix autrement que comme une figure abstraite. C'est une chose très banale, on porte ça sur la poitrine, sur le corps, comme un bibelot, par exemple, un bijou.

F.B. : Exactement. C'est tout à fait vrai. Et donc, d'une certaine manière, bien sûr... Avez-vous été élevé comme un catholique ? Bien entendu, vous comprenez, il est inévitable qu'on voie les choses sous cet angle, vous ne croyez pas ? Vous comprenez, d'après la manière dont on a été élevé. On y pense de cette façon, mais en fait, on ne peut rien imaginer qui soit plus barbare que la Crucifixion, que cette manière précise de tuer quelqu'un.

J.C. : Est-ce que le fait d'être irlandais a eu une influence pour vous ?

F.B. : En fait, je ne suis pas irlandais. Je suis né à Dublin, mais mon père et ma mère étaient anglais tous les deux. Mon père a vécu là-bas parce qu'il était entraîneur de chevaux de course. Ça revenait bien moins cher de travailler là-bas plutôt qu'en Angleterre, c'est la seule raison. En réalité, je ne suis pas irlandais. Ça m'est égal d'être anglais ou irlandais, mais ce qu'il y a, évidemment, c'est que, comme je suis resté là-bas jusqu'à quinze ou seize ans, ça déteint beaucoup — toute l'atmosphère irlandaise. C'est un pays de littérature, pas de peinture. Pas du tout. Mais c'est à cause de l'Église, bien sûr, que des gens comme Joyce et, pour une grande partie de son temps, Yeats aussi, ont dû vivre en dehors de l'Irlande parce que...

J.C. : Pour survivre ?

F.B. : Oui. Et il y a un livre très intéressant qui est sorti après la mort d'Eliot avec la correction des originaux, et puis les corrections faites par Ezra Pound. Ezra Pound en avait fait quelque chose de dix fois mieux. Et bien sûr, si on avait ça en peinture, ce serait absolument merveilleux... si on avait quelqu'un qu'on puisse aller voir, quelqu'un qui nous dirait « ne fais pas ci, jette ça » et plein de choses du même genre. Mais il n'y a personne — je n'ai jamais eu la chance de connaître quelqu'un.

J.C. : Pourquoi avez-vous tellement de réticences au sujet de votre propre peinture de la Crucifixion ?

F.B. : Mmm ?

J.C. : Pourquoi avez-vous tellement de reculs à parler de vos toutes premières Crucifixions ? Je pensais à la première, qui a été reproduite dans le livre d'Herbert Read[1].

F.B. : Mais je pense que celles qui m'ont vraiment le plus fait connaître sont celles qui étaient très influencées par Picasso, celles de la Tate Gallery[2]. Je pense que ce sont

1. *Art Now. An Introduction to the Theory of Modern Painting and Sculpture*, Londres, Faber & Faber Ltd, 1933.

2. *Three Studies for Figures at the Base of a Crucifixion*, 1944, Tate Gallery.

celles-là qui, d'une certaine façon, étaient le *plus* influencées par… Les tableaux qu'il a faits, autour de — entre 1926 et environ 1932 n'est-ce pas ? Ce sont parmi les œuvres de Picasso que j'aime toujours le plus.

J.C. : Vous pensez aux figures qui crient ?

F.B. : Non, pas tellement aux figures qui crient… Il y en a une merveilleuse, une figure qui ouvre une sorte de porte[1].

J.C. : Une femme sur la plage ?

F.B. : Oui, c'est ça, sur une plage. J'aime ces choses-là.

J.C. : Avec une énorme clé qui essaie d'ouvrir la porte.

F.B. : Oui, oui. Ils sont merveilleux, ces tableaux, je trouve.

J.C. : Pourquoi ?

F.B. : Je ne sais pas pourquoi. Vous comprenez, on ne peut pas savoir. On ne peut pas parler de la peinture, parce que parler ou écrire et peindre sont deux choses différentes — c'est un autre langage, vous ne trouvez pas ?

J.C. : Mais pensez-vous que vous avez été frappé par l'image elle-même ?

F.B. : J'ai été frappé par l'image, c'est vrai.

1. *Baigneuse ouvrant une cabine*, Dinard, 9 août 1928, Musée Picasso, Paris.

J.C. : Cette femme qui essaie d'ouvrir la porte avec une énorme clé.

F.B. : On est frappé par l'image, oui. Mais je veux dire que c'est là qu'elles sont réellement poignantes, ces images de Picasso.

J.C. : Très dramatiques, oui. Ce sont les pires années qu'il ait connues avec sa femme, Olga[1].

F.B. : Vraiment ?

J.C. : Oui, il essayait d'obtenir le divorce mais il n'y arrivait pas.

F.B. : Je vois.

J.C. : Elle le poursuivait comme la Furie poursuit le Crime, les Érinyes chassant Oreste.

F.B. : Oui.

J.C. : C'était une époque très difficile.

F.B. : Beaucoup de ces œuvres ont été faites à Dinard, n'est-ce pas ?

J.C. : Oui !

1. Olga Khokhlova (1891-1955), danseuse des Ballets russes, épouse Picasso en 1918.

F.B. : Ces choses-là étaient absolument merveilleuses. Je veux dire que pour moi, ce sont parmi les œuvres les plus excitantes de Picasso. Plus excitantes que des choses comme *Guernica*. Je les trouve plus humaines et plus poignantes, vous voyez, plus au cœur des choses, des sentiments, d'une certaine manière.

J.C. : Y compris les couleurs, ou vous voulez parler du graphisme ?

F.B. : Même les colorées. Même les très belles, juste avec la plage. Le bleu et la couleur du sable.

J.C. : Oui. Ce sont tout simplement les images les plus directes, spontanées, qu'il ait tirées de son drame personnel, qui n'avait pas encore à voir avec la guerre. C'était un drame réellement personnel.

F.B. : Et c'était vraiment un drame pour lui à l'époque ?

J.C. : Oh oui. Parce que Olga le poursuivait partout — jour après jour — criant et pleurant.

F.B. : Mais avec les différentes femmes que Picasso a eues — est-ce qu'il les aimait bien ou est-ce juste parce qu'elles étaient — parce qu'il les aimait physiquement, et qu'il pouvait les utiliser dans son travail ? Ou bien est-ce qu'il leur était très attaché ?

J.C. : C'est très difficile à dire. Il est très frappant que chaque fois qu'il changeait de femme, il changeait immédiatement de style.

F.B. : Eh bien, ces belles choses, ces belles têtes et les choses qu'il a faites après avoir rencontré cette fille qui s'appelait Marie-Thérèse Walter. J'ai toujours pensé qu'elles étaient très belles, ces choses… C'était un visage très étrange.

J.C. : Une atmosphère très tranquille. Une tranquillité et une sérénité. Il a inventé ce type avec elle et pour elle, en fait.

F.B. : Et pourtant, elles n'étaient pas vraiment sereines, n'est-ce pas ? Parce qu'elles renvoyaient à des choses très anciennes — à la Grèce antique ou à l'Égypte, dans un sens. Je pense que pour moi, l'art que je préfère, c'est vraiment l'art égyptien. Je ne sais pas pourquoi. Je n'arrive tout simplement pas à croire à la mort telle qu'on la percevait en Égypte. Je crois qu'on naît et qu'on meurt, et c'est tout. Mais néanmoins, à partir de leur obsession de la mort, les Égyptiens ont créé les images les plus extraordinaires.

J.C. : Mais on ne peut pas trouver un exemple de *pathos* dans l'art égyptien.

F.B. : De *pathos* ?

J.C. : Oui, de *pathos*. On ne peut pas trouver d'exemple de souffrance et de douleur, au contraire de notre art occidental, où le *pathos* est partout.

F.B. : Non, on ne peut pas. C'est absolument vrai. Mais si on admire cette attitude des Égyptiens envers la mort, après tout la mort, dans un sens — on ne sait pas à quel point ils craignaient la mort — mais bien sûr ça ne se traduisait pas, en tout cas, dans les choses visuelles qu'ils faisaient — dans leur peinture ou leur sculpture.

J.C. : Oui. C'est pour ça que vous aimez tant cet art-là ?

F.B. : Non, ce n'est pas pour ça… J'aime bien le résultat. Mais je ne peux pas partager cette croyance. Je ne peux pas croire comme les Égyptiens. Mais le *pathos* aujourd'hui aussi. Je veux dire qu'il existe même si on n'a pas de croyance envers la mort. C'est-à-dire que même si on sait que c'est la fin quand on meurt — durant la vie, le *pathos* existe toujours. Je suis sûr que Picasso n'avait pas de croyance, mais dans ces œuvres, par exemple, de Marie-Thérèse Walter, ces têtes, il y a beaucoup de *pathos*.

J.C. : Et pourtant elle était très tendre, et très douce, sereine et voluptueuse.

F.B. : Ah, alors, peut-être que je comprends le mot d'une autre manière que vous, parce que pour moi, *pathos* veut dire « tendre ».

J.C. : La tendresse ?

F.B. : Oui. Ce n'est pas comme ça que vous l'avez employé. *Pathos* veut dire la nostalgie, oui, la nostalgie et le sentiment que des choses merveilleuses sont possibles mais qu'elles ne se produisent pas vraiment. C'est un mot très curieux, *pathos*, en anglais. Je suppose que ça veut dire la même chose en français, n'est-ce pas ? C'est comment en français ?

J.C. : *Pathos*.

F.B. : *Pathos*. C'est un mot très fort en anglais. Cela signifie en fait un désir non satisfait. Le *pathos*, c'est désirer quelque chose qui ne peut pas se produire.

J.C. : Je pensais à votre intérêt pour William Blake. Vous avez fait deux fois le portrait de Blake.

F.B. : Je ne m'intéresse pas du tout à William Blake. Quelqu'un m'a demandé de faire ces portraits, c'est tout[1].

J.C. : Mais ça vous intéressait de les faire ?

F.B. : Pas vraiment.

J.C. : Non ? [*rire*]

F.B. : Ça m'intéressait plutôt de faire les têtes. Quelqu'un m'a donné un moulage de son masque mortuaire, c'est tout. Mais je n'aime pas vraiment… Je déteste le travail de Blake.

J.C. : Vous voulez dire ses poèmes ou ses aquarelles ?

F.B. : Non, pas ses poèmes — mais ses dessins et toutes ces choses-là — je les déteste. Je veux dire que je les déteste

1. Le catalogue raisonné de F. Bacon recense cinq *Study for a Portrait (after the Life Mask of William Blake)*, 1955-1956. C'est le compositeur Gerard Schürmann qui avait sollicité Bacon en janvier 1955 pour peindre le portrait de Blake d'après des photographies du masque mortuaire. Le moulage avait été offert à Bacon par Lawrence Gowing. Le *Study II* a été montré en 1982 au Centre Pompidou par Jean Clair dans l'exposition consacrée à la revue *La Délirante*.

intensément. Je les déteste de la même manière que je déteste les œuvres préraphaélites.

J.C. : Ça je peux l'imaginer, plus facilement. Mais pour revenir au triptyque de 44, vous l'avez appelé une *Base pour la Crucifixion*[1].

F.B. : Bon, je vais vous dire quelle était l'idée… Je n'ai jamais fait la Crucifixion — l'idée était que j'allais mettre ces images autour de la base et puis je n'ai jamais fait la Crucifixion — alors…

J.C. : Parce que la base suffisait ?

F.B. : Non, ce n'est pas ça. Je ne sais pas ce qui s'est passé. Je n'ai jamais continué, c'est tout — j'ai juste essayé de faire autre chose. Je n'ai jamais continué — et dans mon idée elles devaient se placer autour de la base — et la Crucifixion serait venue par-dessus. Et puis je n'ai jamais fait la Crucifixion.

J.C. : Non. Sauf les deux premières.

F.B. : Bon, la première — oui.

J.C. : La toute première.

F.B. : Mais celle-là je l'avais faite avant — j'avais fait la petite figure — j'avais fait ces figures. Parce que, vous comprenez, ces figures qui étaient tellement influencées par

1. *Three Studies for Figures at the Base of a Crucifixion.*

Picasso — par les dessins de Picasso de 1926 à 1928 — tous les dessins et les tableaux de cette période.

J.C. : Oui.

F.B. : En fait, Picasso était un homme extraordinaire. Pour moi, c'est le plus grand génie de ce siècle. Je me trompe sans doute complètement à ce sujet, mais vous savez… quand je pense à Matisse et à Giacometti et à des gens comme ça, je ne peux pas les comparer — je pense qu'ils sont très en dessous — j'ai peut-être tort — en dessous des qualités de Picasso, parce que je pense que Picasso a un sens tellement universel des choses. Et un sens très fort de la tragédie.

J.C. : Vous aussi, vous avez un sens de la tragédie.

F.B. : Ce serait naturel pour moi. Après tout, je suis né en 1909 — au début de la première… Je me souviens, quand j'avais cinq ans, mon père m'a parlé du début de la Première Guerre mondiale. Et à l'époque, nous étions en Irlande pendant tout le temps de ce qu'on avait l'habitude d'appeler « les troubles » de ce temps-là. Et puis la Deuxième Guerre mondiale. C'est ça, la raison. Alors ce n'est pas tant… ce sont juste les circonstances de l'époque durant laquelle on a vécu.

J.C. : Mais pensez-vous que la vie dans les années 1930, la vie quotidienne était beaucoup plus — comment dirais-je ?… pas plus terrible mais… Est-ce qu'il n'y avait pas plus de détails horribles dans les journaux chaque jour — plus qu'aujourd'hui ? On est devenu plus civilisé, d'une certaine manière, plus hypocrite, aussi.

F.B. : En fait, on est devenu plus civilisé pour se rapprocher de l'horreur [*rire*]. Ce que je veux dire, c'est qu'aujourd'hui, on l'accepte comme quelque chose de quotidien. On en est nourri, d'une certaine façon.

J.C. : Quand on regarde les journaux de l'époque, ils sont remplis de crimes et d'horreurs de toutes sortes. Les crimes des jumeaux Kray, par exemple[1]...

F.B. : Mais c'est toujours le cas.

J.C. : Vous ne voyez aucune différence ?

F.B. : Pas tellement, non. On ne voit pas ce qui s'est passé... Bien sûr, on ne voit pas aujourd'hui ce qui s'est passé en Allemagne avec Hitler, mais on sent qu'un désastre se prépare — un autre désastre. On ne peut rien y faire, parce que je crois que la vie est comme ça. Je pense qu'on a juste la chance, parfois, de traverser des périodes où on peut être heureux. Mais, ce que je veux dire, ce qui se passe, c'est que quand je dis ça, je suis très, très... je suis très optimiste de nature, mais là-dessus je ne suis pas optimiste du tout. Il n'y a pas de quoi être optimiste. Après tout, on naît pour mourir. Il n'y a pas de quoi être optimiste — jamais.

J.C. : Mais vous n'accepteriez pas de vivre éternellement. Quel cauchemar !

1. Célèbres gangsters londoniens de l'East End, actifs dans les années 1950 et 1960, arrêtés en 1968. Ce milieu fascinait Bacon.

F.B. : Bien sûr, ce serait un cauchemar, mais on ne voit pas les choses comme ça. Les gens pensent que ce serait merveilleux de continuer à vivre.

J.C. : Jour après jour. Chaque jour un jour nouveau.

F.B. : Oui. En fait je suis toujours content, même à mon âge, de me réveiller le matin.

J.C. : Même, s'il pleut et que vous n'avez pas le cœur à l'ouvrage ?

F.B. : Bien sûr, oui. Après tout, qu'avons-nous d'autre à part la vie ? À moins d'avoir la foi… si ça vient automatiquement avec l'humanisme. Vous pensez que ça vient automatiquement avec l'humanisme ? Quand je dis humanisme, sans aucune croyance — en rien — sauf en notre existence — bon, je suppose en soi — si on croit au moins à ça. Mais je ne pense pas que ça fasse une différence, vous savez. Je ne vois pas pourquoi on ne pourrait pas… Soit on traite bien ses amis, soit on ne les traite pas bien.

J.C. : Diriez-vous que la mythologie grecque est plus proche de nos peurs que le christianisme ?

F.B. : Elle est plus vraie, elle est plus vraie que le christianisme.

J.C. : L'idée du *fatum* qui pèse sur l'humanité, sans aucun espoir.

F.B. : Exactement, c'est ça, oui.

J.C. : Sans aucune rédemption.

F.B. : Je pense qu'elle est plus près de la vérité que le christianisme. Vous voyez, c'est absolument extraordinaire, que chaque jour ici — je suis sûr que c'est pareil en France — mais si vous écoutez la radio, chaque jour il y a un sermon, quelque chose sur l'espérance d'une vie dans l'au-delà. Je veux dire, c'est un peu… ça a quelque chose de tellement ridicule. Mais les gens y croient toujours. Bon, si on pense à Eschyle, si on pense à *L'Orestie*. Qu'est-ce qui pourrait être plus barbare et plus terrible que ça, vraiment ? Surtout Agamemnon. Eh bien, Picasso redoutait la mort, n'est-ce pas ?

J.C. : Je le pense, oui. Si on regarde les derniers autoportraits, alors on peut voir…

F.B. : Oui, on peut voir à quel point la mort le dégoûtait.

BALTHUS

(1908-2001)

Balthus et Rilke : une enfance

« Pour écrire un seul vers, il faut avoir vu beaucoup de villes, d'hommes et de choses, il faut connaître les animaux, il faut sentir comment volent les oiseaux et savoir quel mouvement font les petites fleurs en s'ouvrant le matin. Il faut pouvoir repenser à des chemins dans des régions inconnues, à des rencontres inattendues, à des départs que l'on voyait longtemps approcher, à des jours d'enfance dont le mystère ne s'est pas encore éclairci, à ses parents qu'il fallait qu'on froissât lorsqu'ils vous apportaient une joie et qu'on ne la comprenait pas... À des maladies d'enfance qui commençaient si singulièrement par tant de profondes et graves transformations, à des jours passés dans des chambres calmes et contenues... »

Ainsi s'exprime le jeune Malte Laurids Brigge quand il débarque à Paris en 1904[1]. Ainsi sans doute pensait le jeune Balthus, arrivant à son tour dans la capitale en mai 1924, plein de l'enseignement de celui qui, pendant cinq ans, avait veillé sur ses années d'apprentissage. L'œuvre à accomplir

1. Rainer Maria Rilke, *Les Cahiers de Malte Laurids Brigge*, trad. de Maurice Betz, Paris, Émile Paul, 1947, p. 21.

est le fruit de l'enfance que l'on a su garder en soi. Balthus n'avait-il pas déclaré, deux ans auparavant — il avait quatorze ans : « Dieu sait combien je serais heureux de demeurer toujours un enfant » ?

Il est temps de constater que cette peinture, si unique en ce siècle, qui s'inscrit dans la descendance de David et de Courbet, n'aura été si singulière qu'à croître à la lumière de deux des plus grands poètes de ce temps.

Rilke avait donc été, entre 1920 et 1927, son père spirituel. Mais, tout aussitôt après sa mort, et sans discontinuité, Pierre Jean Jouve lui succède dans cette *sacra conversazione*. Entre ces trois êtres, le peintre et les deux écrivains, rencontres, coïncidences, correspondances se multiplièrent, trop précis pour ne pas penser que, mus par le magnétisme mystérieux des affinités électives, les aspirations de certains humains, comme des métaux ou des plantes, se rencontrent en des points de l'espace et du temps définis par la plus rigoureuse nécessité.

Genève, entre la Suisse et la France, Soglio, dans la haute Engadine, Beatenberg, au-dessus du lac de Thoune, Muzot en Valais furent de ces lieux. Et, entre 1919 et 1926, quelques dates allumèrent les points d'un zodiaque qui dessinait un destin. En s'effaçant — le 29 décembre 1926 —, Rilke, le poète bohémien qui avait conduit les premiers pas du jeune peintre, confierait au poète baudelairien de *Sueur de sang* le souci de lui inspirer les œuvres de la maturité. « J'ai connu Balthus, dira Jouve, au temps de la mort de Rainer Maria Rilke qui avait exercé sur lui une très noble influence. Balthus était alors un jeune homme doué d'une singulière gravité, et comme armé d'une expérience qui ne lui appartenait pas en propre. »

Baudelaire et Delacroix, Apollinaire et Picasso, c'est

entendu, nous connaissons de ces rencontres illustres. Mais il y a peu d'exemples — y en a-t-il même encore ? — dans une histoire récente, plutôt livrée au chaos, d'une fraternité d'esprit de trois Européens dans le creuset d'une même œuvre.

*

Tout avait commencé le 11 juin 1919. Rilke, venant de Munich, arrive en Suisse, invité à faire une tournée de conférences. Son amie, la comtesse Dobrcenski-Wenkheim, lui a offert l'hospitalité dans son chalet de Nyon, au bord du Léman. Après un court séjour, il se rend à Genève, descendant comme toujours à l'hôtel des Bergues, sur les bords du lac, chambre 18. Avant le cataclysme de 1914 et l'effondrement des quatre empires qui la composent, grands-ducs de toutes les Russies, rois de Prusse, Louis Ier et II de Bavière, princes de Naples ou de Savoie, toute l'aristocratie de l'Europe descend dans ce haut lieu de style néoclassique.

Rilke y revoit une jeune femme qu'il avait rencontrée à Paris plusieurs années auparavant, mariée à un peintre et historien d'art, Erich Klossowski de Rola. Celui-ci, de très petite noblesse polonaise, est originaire de la Silésie. De cette union, elle avait eu, écrira-t-elle au poète, « deux ravissants fils », Pierre et Balthus Klossowski. L'aîné seul aurait eu, selon la coutume, le droit d'hériter du titre. Mais Pierre Klossowski, on le sait, méprisa toujours ce privilège. Le cadet, en revanche, revendiqua, malgré les sarcasmes de plusieurs de ses proches, les armes de la famille, refusant, après 1962, d'ouvrir le courrier qui ne serait pas adressé au comte de Rola. C'est là un exemple qui montre que, contrairement à l'essai polémique du néo-darwinien Frank Sulloway[1], les derniers-nés sont parfois plus conservateurs que les premiers.

Le couple Klossowski s'était séparé au début de l'année 1917. Erich Klossowski, réfugié en France, y finira ses jours dans la petite communauté d'artistes étrangers qui s'était rassemblée à Sanary-sur-Mer[2]. Rilke devait, à plusieurs reprises, revoir celle qui signait son œuvre de peintre — car elle était peintre elle aussi — du nom de Baladine, et qui, sous le nom de Merline, échangerait bientôt avec lui une abondante correspondance[3]. Le 3 septembre 1920, toujours à l'hôtel des Bergues, eut lieu, au soir, la première rencontre d'importance. Merline était venue chercher Rilke à la gare. Il avait prévu de rester vingt-quatre heures. Il demeura huit jours. Merline, beaucoup plus tard, rappellerait ces journées : « Mes fils étaient mon école et mon plaisir — *und ich war ihre Gespielin. Als dann Rilke dazukam, waren wir alle vier wie glückliche Kinder*[4]. »

« Tous les quatre réunis comme des enfants heureux... » : Balthus avait donc onze ans quand l'auteur des *Cahiers de Malte* entra dans la vie de la famille Klossowski pour y jouer le rôle du père de substitution, amant d'une Merline plus infantile peut-être que ses deux fils. Elle était en tout cas, dit-elle, leur meilleure camarade de jeu. Quinze jours après cette rencontre, l'aîné des deux fils attendait encore le retour d'une figure devenue familière : « Hier soir encore, *à*

1. Frank J. Sulloway, *Born to Rebel. Birth Order, Family Dynamics and Creative Lives*, New York, Pantheon, 1996.

2. Voir Manfred Flügge, *Amer Azur. Artistes et écrivains à Sanary*, Paris, Éditions du Félin, 2007, p. 90-91.

3. *Rainer Maria Rilke et Merline, Correspondance. 1920-1926*, présentée par Dieter Bassermann, Zurich, Max Niehans, 1954.

4. Cité in *Ibid.*, p. 38.

peu près à l'heure de l'arrivée du train, Pierre regardait autour de lui et dit : "C'est comme une fête ici." Tout était dans une attente[1]... »

Le fait est que Rilke fut étonnamment présent auprès de sa famille d'adoption, lui d'ordinaire si soucieux de préserver sa solitude. Il prit soin de la scolarité des deux enfants, s'occupa de s'entremettre, de leur trouver des subsides financiers, de s'inquiéter chaque semaine de leur sort.

Surtout — la correspondance avec sa mère en témoigne, où le nom de Balthus, encore orthographié Baltus, est souvent cité[2] —, il distingua la précocité du jeune peintre. Il lui écrit aussi directement, pas moins de huit longues lettres entre novembre 1920 et juin 1926, à quelques semaines de sa mort[3]. En 1921, il s'arrange pour faire éditer, chez Rotapfel, les premiers dessins à l'encre de *Mitsou* — l'histoire en images d'un chat et d'un jeune enfant. Il l'honore d'une merveilleuse préface. Puis, jusqu'à sa mort, il s'inquiétera, veillera, échangera avec le petit Balthus, puis l'adolescent, le jeune homme enfin, conseils et cadeaux. Ils s'envoient des livres : sans doute la première monographie de Longhi sur Piero della Francesca, qui fut à l'origine de la redécouverte du peintre d'Arezzo et dont la lecture prépare le fameux voyage d'Italie de Balthus, en 1926. Le jeune peintre offre à son tour au poète son petit tableau du Narcisse, copié du Poussin du Louvre.

Surtout, on sent dès les premières œuvres, en 1928, une influence très directe, souvent littérale, du poète, qui vient de disparaître. Les thèmes du jardin du Luxembourg, des

1. Lettre de Merline du 18 septembre 1920.

2. Lettres des 16 et 20 octobre ; 12, 15, 27 et 30 novembre ; 3 et 25 décembre 1920 ; 6 février 1921, etc.

3. Rainer Maria Rilke, *Lettres à un jeune poète*, Paris, Archimbaud, s.d.

enfants jouant au cerceau, du jet d'eau qui s'immobilise, de la balle suspendue dans l'air, des communiantes, développés dans l'œuvre poétique de Rilke, renaîtront dans l'œuvre plastique du jeune peintre.

Ainsi, des vers tirés du *Livre d'images*, et composés à Paris en 1903 comme :

> *En voiles blancs, les Communiantes*[1]
> *S'enfoncent dans le vert neuf des jardins.*
> *Voici surmontée leur enfance*
> *et différent sera tout ce qui vient*[2]

évoquent irrésistiblement les premiers tableaux, figurant des communiantes se promenant dans les allées du Luxembourg.

D'autres tableaux de la même année rappellent aussi des peintures de Pierre Bonnard, l'autre grand ami de la famille Klossowski, des années 1901-1902, inspirées du Grand Lemps, ou des squares parisiens, peuplés d'enfants jouant au cerceau, à la balle ou au croquet, ou traversés de communiantes encore, si proches en image et en esprit des poésies de Rilke. Balthus sans doute les connaissait, qui accompagnait sa mère visiter Bonnard dans sa maison de Vernonnet, à côté de Giverny.

D'autres œuvres des *Nouvelles Poésies*, comme *Dans un parc étranger* (le Luxembourg), ou encore *Le Carrousel*, évo-

1. Et non pas « Les communiants » dans la traduction des *Œuvres poétiques* de Rilke dans la « Bibliothèque de la Pléiade », où le traducteur semble ignorer que, au début du siècle, les petites fille seules portaient des aubes blanches qui les faisaient ressembler à de petites mariées.

2. Sauf indication contraire, nous donnons la traduction de Maurice Betz, à notre sens inégalée.

quant les chevaux bariolés qui tournent et les équipages d'enfants en habits blancs, semblent décrire les futurs tableautins du jeune Balthus :

Tout cela passe et va, se hâte vers sa fin
et tourne, et vire, sans but et sans répit.
Poussés, chassés, un rouge, un vert, un gris,
un petit profil à peine ébauché.

Tous ces instantanés pris sous les frondaisons du jardin du Luxembourg des gestes suspendus de l'enfance, dans lesquels sonne sourdement le deuil de leur imminente disparition, se retrouvent encore dans le poème intitulé *Avant la pluie d'été* :

De tout ce vert du parc, on ne sait quoi
est soudain retiré, et on le sent,
silencieux s'approcher des fenêtres.
Dans les buissons, fort et insistant,
résonne un chant de pluvier gris.
[...]
Sur les tapisseries fanées se mire
de telle après-midi la lumière indécise,
où nous étions enfants et où nous avions peur.

C'est encore dans *Le Livre des images* qu'un poème comme *Enfance* semble s'illustrer d'un ensemble de tableaux de Balthus, parmi lesquels, comme des transpositions littérales, *Le Bassin du Luxembourg sous la pluie* et *L'Orage au Luxembourg*. Datés de 1928, ils semblent tous deux un souvenir de son mentor qui venait de mourir :

La peur et les heures interminables de l'école
[…]
Et jouer comme suit : balle, anneaux et cerceau,
dans un jardin qui tendrement s'estompe,
puis frôler çà et là des adultes,
aveuglé, ensauvagé par la hâte d'attraper,
mais le soir en silence, à pas menus et raides,
rentrer à la maison, saisi d'une main ferme —,
Ô tout cela que l'on comprend à peine maintenant,
Ô cette angoisse, ô ce fardeau.

Et des heures durant, près du grand bassin gris,
rester à genoux près du petit voilier ;
l'oublier, parce que d'autres encore croisent
avec les mêmes voiles ou plus belles, dans les ronds,
ne pouvoir effacer cette petite face
blême qui sombre et remonte au fond du bassin —,
Enfance, ô ces images qui m'échappent et glissent
vers où ? vers où[1] *?*

La poésie, entendue comme capacité d'appréhender « l'Ouvert », la puissance créatrice de l'enfance, telle qu'on la découvre dans les *Cahiers de Malte*, dans *Les Sonnets à Orphée*, dans les *Élégies*, se retrouveront transposées de manière miraculeuse dans les premiers chefs-d'œuvre des années 1930 de Balthus, les jeunes filles rêveuses, la nudité glorieuse de corps encore incertains d'eux-mêmes, les postures abandonnées ou gauches des enfants dans la *Kinderstube*, occupés à lire, à rêvasser, à filer au fil « des heures

1. Rainer Maria Rilke, *Œuvres poétiques et théâtrales*, trad. par Jean-Claude Crespy, Paris, Gallimard, « Bibliothèque de la Pléiade », 1997, p. 203-204.

passées à attendre, à retourner de vagues choses[1] », durant l'interminable semaine des quatre jeudis. Tout ici évoque la grande latence de l'adolescence, la lente maturation des formes, les passages et leurs rites étranges et confondants, les découvertes de la chair et ses émois, les jeux de masques et de travestis dans les greniers, avec leurs terreurs et leurs délices — et au loin, peut-être, l'appréhension, confuse encore, de la grande mort.

Jusqu'à quel point le hiératisme des plus grands tableaux de Balthus, ces personnages en catalepsie, occupés à célébrer un rite dont le sens nous échappe, comme *Le Passage du Commerce* ou *La Chambre* ou *Le Rêve*, ne lui fut-il pas dicté par un certain sens qu'avait Rilke du sacré et de l'érotisme, tel qu'on le sent dans la description qu'il avait faite des tapisseries de *La Dame à la licorne* ? « Mais une fête vient encore ; personne n'y est invité. L'attente n'y joue aucun rôle. Tout est là, tout pour toujours. Le lion se retourne, presque menaçant : personne n'a le droit de venir. Nous ne l'avons jamais vue lasse ; est-elle lasse ? Ou ne s'est-elle reposée que parce qu'elle tient un objet lourd ? [...] C'est un miroir qu'elle tient. Vois-tu : elle montre son image à la licorne[2]... »

L'un des lieux élus de ces rencontres sera Beatenberg, au-dessus du lac de Thoune. Baladine s'y installe à plusieurs reprises, avec ses deux fils. Balthus y fera ses premières armes : des peintures murales pour le temple du village, à thème religieux, mais dont les modèles sont de robustes paysans du coin. Choquantes aux yeux du pas-

1. Rainer Maria Rilke, « Enfance », *Le Livre des images*, in *Ibid.*
2. *Les Cahiers de Malte Laurids Brigge*, *op. cit.*, p. 128.

teur, elles seront bientôt effacées. Plus tard Balthus, en 1933, fera de ce paysage alpin le motif élu de *La Montagne*, le chef-d'œuvre de sa jeunesse. La peinture demeure aujourd'hui encore énigmatique, qui rassemble les personnages d'un drame parmi lesquels se reconnaît Elizabeth de Watteville, sa future femme, tandis que le peintre, petite silhouette à flanc de colline, tourne le dos et s'éloigne.

Le 18 août 1920, c'est de Beatenberg que Merline écrit à Rilke : « Ici, on fait un certain culte de vous. Vous figurez au mur, on a tous vos livres et on vous aime [...]. Couchée dans l'herbe, me sentant comme enracinée dans cette terre un peu humide et tiède, j'ai lu votre *Stundenbuch*. J'ai lu à haute voix et plus je lisais plus ma voix devenait tremblante [...]. Aussi, *glaube ich, dass der Berg ein Zauberberg ist. Soll ich mit dem Berg sprechen, dass er Sie herzaubert.* »

Ce n'est que fin août 1922 cependant que Rilke rejoindra sa famille adoptive au Beatenberg, cette « montagne magique » dont il paraît être le dieu. Il y retournera un an plus tard, en août 1923, dix ans avant que Balthus n'en fasse le sujet de sa grande peinture.

Le lieu, au centre de la Suisse, est comme un pôle magnétique de l'Europe, à égale distance de l'Allemagne, de l'Italie, de l'Autriche et de la France, du Midi et du Nord, de l'Est et de l'Ouest, à la frontière des cultures de l'olivier et du blé. On y jouit de ce cosmopolitisme équilibré qui marquera peut-être essentiellement l'art de Balthus.

Ainsi, dans la correspondance entre Rilke et Baladine, dès les premières lignes, passe-t-on indifféremment, on vient de le noter, du français à l'allemand sans même en avoir conscience : « *Kennen Sie mich denn*, René ? Comment c'était ? me demandez-vous. C'est moi, je crois, qui me suis penchée folle d'amour sur votre main en l'embrassant. Je n'ai presque plus de souvenir, je sais que quelque chose est *hinausgetreten aus mir*[1]... »

Ainsi la demeure de Baladine Klossowska, si l'on en croit Jean Cassou dans ses Mémoires[2], d'abord rue Férou, puis 11, rue Malebranche, devait-elle devenir un salon littéraire où l'on parlait indifféremment français, italien, espagnol et allemand. S'y rencontraient Rilke et Valéry, Verhaeren et Julius Meier-Graefe, Charles Du Bos et Wilhelm Uhde, Gide et Ortega y Gasset, les Maritain et le jeune Pierre Leyris... C'est dans ce milieu lettré que grandit Balthus. On ne comprendrait rien à son art si l'on n'avait présente à l'esprit cette dimension européenne. Longtemps elle le rendit incompréhensible à un milieu français trop chauvin, trop replié sur lui-même.

S'il fallait brièvement résumer son cosmopolitisme, il y a d'abord les très anciennes racines polonaises. Du côté de la mère, du grand-père maternel, chantre à la synagogue de Breslau, Balthus gardera un sentiment judaïque du Livre et de l'instance de la Loi qui le rapproche parfois étrangement, dans certains de ses dessins les plus érotiques et cruels, de ceux de son compatriote Bruno Schulz, le dessinateur des jeux pervers du *Livre idolâtre*, l'auteur par ailleurs du *Traité des mannequins*. Il y a ensuite, du côté du père, l'apport prussien et poméranien : une culture germanique impeccable, d'où ne manquent ni le fonds populaire des illustrés du *Struwwelpeter* ou des garnements de Wilhelm Bush ni, du côté lettré, la fascination du théâtre des marionnettes de Heinrich von Kleist. Le côté mitteleuropéen, que Rilke avait nourri, peut aussi faire com-

1. Lettre de Merline à Rilke du 2 septembre 1920.
2. Jean Cassou, *Une vie pour la liberté*, Paris, Laffont, 1981, p. 83.

prendre combien les dessins aigus et inquiétants des *Hauts de Hurlevent* évoquent parfois Alfred Kubin et tout un graphisme dont les sources baroques seraient à rechercher entre la Bohême et la Moravie. Viendra la France — Paul Valéry et Gide, puis les peintres, Pierre Bonnard, l'ami fidèle, Derain, le maître vénéré. Vient enfin l'Italie en 1926, et les leçons du Quattrocento, puis Rome à partir de 1962. Au milieu de tout cela, comme un point d'équilibre géographique et mental, cette Lotharingie spirituelle vers laquelle il retourne à plusieurs reprises, en 1920, Beatenberg, puis Genève durant la guerre, la Gruyère enfin, après 1975, le pays d'En Haut, le Grand Chalet de Rossinière.

*

Le 24 juillet 1919, durant son périple en Suisse, Rilke arrive à Soglio. C'est un petit village escarpé de l'Engadine, tourné vers l'Italie. Quand on vient de Saint-Moritz, il faut d'abord parcourir le haut plateau de Silvaplana, bordé de glaciers et de pics étincelants, creusé de grands lacs immobiles, en direction du col du Maloja. Au fur et à mesure que l'on descend, subjugué par un paysage d'une admirable perfection, dont la végétation semble hésiter entre le Nord des sapins et des mélèzes, et le Sud des châtaigniers et des noyers, tout comme son architecture de palais et d'églises hésite entre l'Italie baroque et l'Allemagne romantique, on prend conscience que ce fut un lieu essentiel de l'Europe avant le déclenchement de la Première Guerre et l'effondrement des empires dont les chefs se retrouvaient aux Bergues.

On y rencontre d'abord Nietzsche, bien sûr, à Sils-Maria,

entre la petite maison qui est devenue son musée et le bois de sapins sur le lac, où il reçut la vision du Zarathoustra. Mais on sait moins que, dix ans après lui, au même endroit, Marcel Proust, âgé de vingt ans, y vécut un amour dont il a laissé le souvenir émerveillé dans l'un des premiers et des plus beaux textes des *Plaisirs et des jours*[1].

En poursuivant la route, on s'engage dans la Val Bregaglia que du côté suisse on appelle le Bergell Tal. Ainsi, comme dans le nom de Sils-Maria, écrivait le jeune Marcel, à la frontière des deux mondes, « les noms sont deux fois doux, où le rêve des sonorités allemandes s'y meurt dans la volupté des syllabes italiennes[2] ». On arrive alors à Stampa. À gauche de la route, il y a, inchangé, l'épais chalet de bois de la famille Giacometti. De cette famille d'artistes, grandis dans l'ombre de Hodler, Alberto, le second des trois fils, deviendrait l'ami le plus proche de Balthus dans les années 1950, au moment où le peintre habitait Chassy-en-Morvan. À droite, il y a toujours le café que tenait la famille Varlin, qui donna à la Suisse son meilleur peintre expressionniste. Plus bas encore, on arrive sur le grand plateau désolé où Giovanni Segantini a réalisé l'essentiel de son œuvre — le grand triptyque de *La Nature – La Vie – La Mort* et les tableaux consacrés au cycle des *Mauvaises mères* — et où il trouva la mort.

On atteint Soglio par une petite route escarpée sur la droite, vertigineuse à maints endroits. Haut perché, étagé, le village est un étroit balcon tourné vers la lumière du Midi et fait face aux cinq dents rocheuses des Scioria. Il y a en

1. Marcel Proust, « Présence réelle », in *Les Plaisirs et les jours*, XXII, Paris, Calmann Lévy, 1896.
2. *Ibid.*, p. 122.

lui un mélange étonnant de douceur et de tragédie, de tendresse et de violence.

C'est Rilke qui avait fait connaître Soglio à la famille Klossowski. Est-ce le hasard qui indiqua son chemin à Jouve, en 1933, comme il est dit dans sa biographie ? Ou bien, dans une correspondance encore inconnue, Rilke lui-même ? Toujours est-il qu'un an plus tard, Jouve découvrait, stupéfait, la peinture de Balthus, quand elle fut exposée galerie Pierre. Il en deviendrait dès lors, avec Antonin Artaud, le plus juste et pénétrant de ses commentateurs. Ce fut le début d'une longue et étroite amitié, qui dura jusque dans les années 1950, quand une brouille les sépara. J'ai moi-même, lors de l'exposition du Centre Georges-Pompidou, en 1983, établi les correspondances qui éclairaient la figure de *La Victime*, dans l'œuvre de Balthus et dans la nouvelle éponyme de Jouve.

Le poète devint aussi, de longues années, le propriétaire du tableau le plus inquiétant peut-être que Balthus ait peint, *Alice*, dont le modèle avait été l'épouse de Pierre Leyris, Betty. (Il faudra un jour étudier comment cette société cosmopolite fut une société de passeurs de frontières, de traducteurs : Pierre Leyris, Pierre Klossowski, Jouve lui même…) Longtemps, *Alice* fut accrochée dans la chambre du poète, 8, rue de Tournon. Et il lui consacra un texte étonnant. Mais toutes ces choses commencent d'être connues.

Demeure l'énigme de Soglio, de ce lieu dérobé, difficile d'accès comme il en est généralement des lieux décrits dans *Le Cabinet des fées*. Jouve, à partir de 1933, ne cessa d'y revenir presque chaque été. Il en fera le décor d'un des plus beaux récits que la littérature de ce siècle nous a donnés, *Dans les années profondes*. Son héroïne, Hélène, est comme l'émanation sensuelle du paysage qui l'entoure et où elle vit. Créature maniériste composée de la matière des montagnes, des forêts et de la lumière autant qu'être fait de chair, de toisons et de muqueuses, Hélène est, dans sa double nature minérale et organique, rocher et chevelure, matérielle et solaire, une créature mythique, bien proche des hautes statures féminines, envoûtantes elles aussi dans leur double nature angélique et luciférienne, que Balthus devait peindre dans les années 1940.

Le nom de Soglio devient, dans le récit de Jouve, reconnaissable sous le nom de Sogno, tout comme le nom des Salis, qui domine toute la région — de la Casa Salis d'en haut au Palais Salis de la vallée —, se retrouve dans le nom des Sannis du roman.

Mais Jouve entre-temps avait déjà avoué sa fascination pour la mère de Balthus et de Pierre. Le roman du *Monde désert* avait paru en 1927, c'est-à-dire « au temps de la mort de Rilke », selon ses propres paroles, et l'année de sa rencontre avec Balthus. Au détour d'une page surgit la figure d'une femme nommée, comme la mère de Balthus et de Pierre Klossowski, Baladine. « La personne de Baladine a un caractère provocant. Si l'on a remarqué certains mouvements que son grand corps peut faire, on n'arrive plus à en détacher son regard. Un qualificatif assez juste serait "oiseau féminin". Des jambes hautes et fortes, agréables à voir, un pied cambré, hanches et poitrine présentes, mais la taille douce [...], le visage large et charmeur d'un chat, les minces lèvres passées au rouge, le regard cendré. Quant à ses cheveux, ils sont aussi provocants, un peu sombres, sensuels[1]. »

1. Pierre Jean Jouve, *Le Monde désert*, Paris, Mercure de France, 1960, p. 40.

Si l'on se réfère aux photographies que l'on garde de Baladine Klossowska, celle en particulier où elle figure en compagnie de Rilke et du jeune Balthus, on pourra mesurer la vérité de la description.

La première partie du récit se passe dans le massif de la Bella Tola, qui culmine à trois mille mètres, vaste belvédère triangulaire d'où l'on découvre, en direction du Midi, un défilé admirable de sommets, du mont Cervin, ou Matterhorn, au Monte Rosa, au confluent des langues française, germanique et italienne. La suite du roman se déroule dans le Valais, à la hauteur de Sierre, c'est-à-dire non loin du lieu où Rilke, à Muzot, avait vécu ses dernières années, et du petit cimetière de Rarogne où l'on trouve sa tombe.

BALTHUS

(1908-2001)

Les métamorphoses d'Éros

> « Le peintre qui surgit de nos jours (dans une époque convulsionnaire hostile à la trop calme peinture, mais exigeant aussi partout un renouvellement total), qui se propose la réincarnation de la peinture dans son être propre, dans son être complet, se trouve seul devant un monde perdu et travaille à tâtons dans les ténèbres de la recherche. Ce peintre est une rareté désagréable, car personne n'aime le sacrifice. Ce peintre est exposé à la confusion des jugements puisque sa restauration patiente de la forme le ramène parfois vers le passé. Plus il avancera, et moins il sera facile de discerner l'esprit révolutionnaire qui l'anime, qui circule sous les formes pour leur conférer l'inquiétude et la création. »
>
> Pierre Jean Jouve, *Balthus*, 1944

Le quotidien, l'éternel, le suspens

Que pouvait donc signifier cette œuvre magistrale, telle qu'elle sortait tout armée et résolue du cerveau de la peinture, en ce milieu des années 1930, quand on la présenta chez Pierre Loeb ? Apparemment, elle ne devait rien à personne ; pourtant elle appartenait tout entière à son temps.

On commençait beaucoup à parler de « querelle du réalisme ». Mais si querelle il y avait, c'était moins entre les bruyants protagonistes que l'on sait que sourdement, sournoisement, entre quelques rares esprits. Giacometti venait de subir la riposte acidulée de Breton quand le sculpteur lui avait dit sa décision de tourner le dos aux fantasmagories surréalistes pour revenir au travail d'après nature. « Une tête ! Tout le monde sait ce que c'est qu'une tête[1] ! » lui avait lancé l'auteur de *Nadja*... Or, une tête, savait-on si bien ce que c'est ? Sartre, apparemment, commençait d'en douter. Plongé en ces années dans l'écriture d'un manuscrit qu'en raison de son amour pour Dürer, il avait nommé *Melancholia*, il y décrivait, avec un luxe de détails du naturalisme le plus inattendu, les impuissances d'un jeune homme, Roquentin, à précisément concevoir ce que pouvait être une tête. Ou, pire, les rapports qui peuvent s'établir, par exemple, entre une tête et ce qu'elle regarde. « Les objets, cela ne devrait pas toucher puisque cela ne vit pas. On s'en sert, on les remet en place, on vit au milieu d'eux : ils sont utiles, rien de plus. Et moi, ils me touchent, c'est insupportable[2]... » Cette étrangeté radicale de l'objet renvoyant l'homme à la solitude de sa condition ou à l'absurdité de son existence connaîtrait, après guerre, le succès que l'on sait. Le roman s'achevait sur ces lignes : « Maintenant, je savais : les choses sont tout entières ce qu'elles paraissent, et derrière elles... il n'y a rien[3]. »

Rien ? Était-on si sûr ? Entre le jeu surréaliste qui l'avait réduit à n'être guère plus qu'un songe éveillé et l'appréhen-

1. Simone de Beauvoir, *La Force de l'âge*, Paris, Gallimard, 1960, p. 501.
2. Jean-Paul Sartre, *La Nausée*, Paris, Gallimard, 1938, p. 22.
3. *Ibid.*, p. 137, 138.

sion sartrienne qui n'en faisait que l'enjeu d'une pure instrumentalité, n'y avait-il rien d'autre à voir dans le visible ? Un court passage du livre laissait pressentir que, si le réel n'était jamais donné, ni être objectif ni représentation subjective, il pouvait bien être quelque chose comme un va-et-vient entre l'un et l'autre, une promesse d'être et, somme toute, une annonciation. Alors que le héros se promène sur la jetée du Havre, il voit soudain le phare s'allumer : « Un petit garçon s'arrêta près de moi et murmura d'un air d'extase : "Oh ! Le phare !" Alors je sentis mon cœur gonflé d'un grand sentiment d'aventure[1]... »

Si les choses ne sont « rien », ou bien si « tout le monde sait ce que c'est qu'une tête », il demeure donc des moments singuliers dans la vie d'un être où le réel, qu'il soit un visage ou un paysage, semble, comme le phare au bout de la jetée, fulgurer, rayonner et dévoiler pour une seconde les liens consubstantiels qu'il n'a jamais cessé d'entretenir avec nous. Si le réel *existe*, d'une existence qui le rendrait extérieur à nous et comme indifférent, il est des intermittences durant lesquelles il semble au contraire qu'il *insiste*, fait signe, comme pour nous rappeler à lui. L'enfant est coutumier de ces sursauts. Et le peintre s'essaie à les susciter.

En ce milieu des années 1930, la « querelle du réalisme » était moins celle qui posait le problème du réalisme naïf de l'objet, que celle de savoir si l'on allait continuer de quêter les signes par lesquels le réel rappelait sa présence, persistait et s'imposait, ou bien s'il convenait décidément de s'abandonner à l'absurdité d'un monde que le sens aurait déserté. Breton, en 1933, et malgré ce qu'il avait lancé à Giacometti, Sartre, en dépit de la conclusion qu'il donne-

1. *Ibid.*, p. 80.

rait à son roman, cultivaient encore la passion d'un monde qui se voulait enchanté. Le surréalisme, puisqu'il faut bien décliner son nom, fut ainsi le dernier mouvement d'idées en Europe qui, à la suite du romantisme et de la *Naturphilosophie*, tenta de ressaisir la substance spirituelle du conte, de la fable ou du mythe. L'inconscient et ses mécanismes, nouvellement découverts, offraient un substitut aux ressorts traditionnels mais rouillés de l'imaginaire : lapsus, rencontres de hasard, faux pas et pas perdus avaient remplacé la quête de la fleur bleue.

Avec Breton, avec Aragon, mais aussi avec tous ceux qui gravitaient autour et qui en furent influencés pour le meilleur et pour le pire, photographes comme Henri Cartier-Bresson, Brassaï, Kertesz, cinéastes, poètes ou écrivains, souvent en querelle avec le dogme mais tous impressionnés, une poétique de la ville se dessina, d'un charme inégalé, inquiétant et bonhomme et à jamais perdu. Elle comportait ses lieux privilégiés, comme la brasserie Vézelise, le passage des Panoramas, le restaurant Lemeunier, l'Hôtel du Nord ou la porte Saint-Martin, ses arrêts obligés, ses héros misérables ou glorieux. Pierre Jean Jouve dans *Vagadu* et dans les courts récits de ses *Histoires sanglantes*, Balthus dans *La Rue* en seraient les derniers et les plus purs héritiers. Le surréalisme et la psychanalyse ne furent pour eux que le point de départ de leur œuvre, qu'ils surent très vite et bienheureusement rejeter, à la façon dont on repousse une barque du pied, une fois qu'on a franchi le fleuve.

(De même qu'une géographie parisienne se définit page après page dans *Les Cahiers de Malte Laurids Brigge* jusqu'à devenir une ascèse spirituelle dont le cœur serait le jardin du

Luxembourg et les frontières les murs sévères des hôpitaux et des prisons, à la limite du VIe et du XIIIe arrondissements, de même que, chez Jouve, une toponymie secrète court de la rue Férou à la rue de l'Université, de même l'œuvre de Balthus, jusqu'au milieu des années 1950, dessine une géographie particulière, un canton qui est aussi un lieu spirituel bien déterminé. Limité à l'est par la place Saint-André-des-Arts, au nord par le quai des Grands Augustins, au sud par la place de l'Odéon et à l'ouest par la rue de Seine, ce quadrilatère de rues étroites et sombres, aux beaux hôtels Louis XV, de venelles et de passages dérobés, garde plus que tout autre les souvenirs de la Révolution et de la Terreur. Les Septembriseurs, Marat et Camille Desmoulins sont proches encore ; c'est la cour du Commerce qui vit naître la guillotine et la rue Bourbon-le-Château s'est longtemps appelée la rue de Lucrèce vengée ; au n° 52 de la rue Saint-André-des-Arts, l'inscription de pierre fut en 1789 rabotée pour faire disparaître le mot Saint. Et tout comme il y a un sens à ce que Pierre Jean Jouve ait en 1944 exalté Danton dans son opuscule *De la Révolution comme sacrifice*, il y a un sens à ce que, dans ces mêmes années, la silhouette de Balthus ait si souvent croisé l'ombre de David.)

L'après-guerre cependant — le roman de Sartre avait entre-temps paru sous son titre actuel —, fut le temps du désenchantement. Et vingt ans après *La Rue*, quand Balthus en reprendra le thème dans *Le Passage du Commerce-Saint-André*, on pourrait juger combien cette poétique urbaine avait viré de sens. Ce qui dans *La Rue* était présage, rencontre et déchiffrement des signes, allait devenir dans *Le Passage* incommunication et indifférence. Les personnages de ce théâtre d'ombres se croisent sans se voir, à la façon dont les figures que Giacometti dresse au même moment dans sa *Place* se repoussent les unes les autres. Une lumière grise et grave s'est substituée au halo doré qui baignait *La Rue*. Les boutiques ont fermé leurs volets, et le peintre au fond s'éloigne le dos tourné et semble dire adieu à son enfance. Mais en vingt ans aussi, le charme de Paris s'était évaporé ; la ville commençait de basculer dans la fureur automobile, le gigantisme et la laideur, et son art dans le culte du dérisoire et de l'absurde.

Peu de « réalisme » en notre temps n'aura été donc plus singulier que celui de Balthus, qui enregistre à grande profondeur les modifications à peine sensibles de l'atmosphère d'un lieu. C'est ce caractère qui le rend irréfutable et qui lui permet du même coup de se libérer des circonstances communes qui lui ont donné naissance. Aucune œuvre autant que la sienne n'aura peut-être été aussi fidèle à ce que Baudelaire réclamait de la modernité. « Chaque époque, disait l'ami de Manet, a son port, son regard, son sourire[1]... », et c'est le devoir du peintre d'observer ces particularités qui forment « un tout d'une complète vitalité ». La modernité, dit-il encore, « c'est le transitoire, le fugitif, le contingent », elle consiste à dégager « dans la mode ce qu'elle peut contenir de poétique dans l'historique ». Pourtant, ajoute-t-il aussitôt, cette saisie aiguë de l'instant, cette conscience presque douloureuse du transitoire, n'est que la moitié de l'art : « L'autre moitié, dit-il, est l'éternel et l'immuable. » Baudelaire laisse ainsi entendre qu'au cœur même de l'instant existe une postulation qui échappe au temps et que, dans la saisie des particularités d'un lieu ou d'un moment, se révèlent des lois immuables, des accords inchangés. Et c'est le privilège

1. Charles Baudelaire, *Le Peintre de la vie moderne*, chap. IV « La modernité ».

du grand artiste, dans l'apparence de l'instant qui passe, de ressaisir une vérité qui ne passe pas. Toute œuvre est faite ainsi d'une part absolument actuelle, qui la rend distincte de tout ce qui l'a précédée et de tout ce qui la suivra, car sans cette part puisée dans la vie quotidienne, elle court le risque de verser dans « le vide d'une beauté abstraite » mais aussi et tout aussi nécessairement, d'une part « antique » — on dirait plus volontiers aujourd'hui « archaïque » qui, mystérieusement — « involontairement » dit Baudelaire, la modèle selon des principes, des lois, des agencements de motifs et de formes qui relèvent d'une nécessité ou d'un canon transcendants aux sommations du temps.

On peut superficiellement juger Ingres « classique » et « conservateur » et Delacroix « romantique » et « révolutionnaire ». Un examen plus attentif révèle à quel point ils furent l'un et l'autre fidèles à la même tradition. « On dit qu'il faut suivre son siècle, mais si mon siècle a tort[1] ? » interroge le premier… Et le second : « On se trouve comme de plain-pied avec les admirables créations de l'antique. » Il insiste même : « Tous les grands problèmes de l'art ont été résolus dès le XVIe siècle. La perfection du dessin, de la grâce, de la composition, dans Raphaël. De la couleur, du clair-obscur, dans Corrège, Titien, Paul Véronèse[2]. » Et tous deux, on le sait, partageaient la même admiration pour Mozart, qui « porte l'art à son comble, après lequel la perfection ne se trouve plus[3] ». Rechercher cette perfection d'un idéal classique, se mettre à l'école des Anciens n'a jamais été jugé

1. Henri Delaborde, *Ingres*, Paris, Plon, 1870, p. 146.
2. *Journal*, s. d. (1847).
3. *Journal*, 3 mars 1850.

une entreprise « réactionnaire » que dans l'esprit grossier de nos contemporains : il n'y a pas de grands peintres qui ne se soient proposé pareille tâche et pareil idéal[1]. Et cette distance qui nous permet aujourd'hui de juger Ingres et Delacroix dans la gloire d'un seul et même génie, peut aussi se créer à l'intérieur d'une œuvre singulière comme celle de Balthus lorsque, entée profondément dans son temps, elle peut s'en défier assez pour porter son art, de nouveau, à une sorte de perfection qui n'est d'aucun temps, puisque l'effort lent et continu que ce perfectionnement suppose entre en conflit, précisément, avec cette conscience exaspérée du temps qu'on nomme le progrès.

Peu d'œuvres cependant possèdent ce pouvoir d'éveil. L'artiste qui croit s'approprier le charme du passé en y subtilisant à son gré les modèles qui lui plaisent, use d'un subterfuge qui, parce qu'il nie la réalité du temps auquel il appartient et auquel il soit seul redevable, trahit aussi son échec. La grande œuvre est celle qui, ayant pouvoir de prendre appui sur le moment présent, et comme de s'insérer dans l'instant, à la façon dont Archimède disait qu'à condition qu'on lui fournît un point d'appui il pourrait avec un levier soulever le monde, réussit à ébranler l'épaisseur des siècles et nous en fait écouter l'écho.

1. Voir Ernst Gombrich, *Les Idées de progrès et leur répercussion dans l'art*, New York, The Cooper Union School of Art and Architecture, 1971, trad. fr. in *L'Écologie de l'image*, Paris, Flammarion, 1983, p. 220-290.

Le charme que cette peinture exerce ne vient pas de simplement citer, moins encore de ressusciter, mais d'avoir pouvoir de susciter des formes, des figures ou des harmonies anciennes et quasi immémoriales, comme si, autant que de notre mémoire, simultanément et aussi impérieusement, elles surgissaient de notre quotidien.

Sans doute, au moment où Balthus entreprenait *La Rue*, était-il encore imprégné des leçons du *Quattrocento* qu'il avait en 1927 si passionnément suivies en Toscane et qu'il pouvait comme en se jouant répéter. Mais n'y aurait-il eu que cette familiarité, l'œuvre ne nous aurait arrêtés qu'un instant, à la façon de ces peintres néo-romantiques ou néo-humanistes qui, au même moment, tentaient de faire revivre le passé. Autre chose était en jeu chez Balthus, qu'on pourrait nommer la conscience aiguë du moment qu'il était en train de vivre. Ce petit homme à la tête toute ronde et aux yeux écarquillés qui, dans *La Rue*, vient vers nous de son allure d'automate, s'avance tout à la fois du fond de la rue de l'Échaudé, un après-midi d'été de l'année 1933 et du fond de la fresque du Carmine où Masaccio a peint en 1427 *L'Histoire de Théophile*. Il appartient à un certain moment de la sensibilité parisienne d'avant-guerre dont nous avons brièvement rappelé les traits, autant qu'il appartient à une certaine histoire de la peinture, à une déclinaison impérieuse des formes dont il est l'un des termes possibles. Non loin, la petite fille au volant se penche pour se saisir de sa balle, en se moulant dans une pose voisine de celle qu'avait jadis prise l'un des *putti* sculptés par Luca della Robbia à Florence à la Galerie des Chantres, tandis qu'ils dansaient en agitant leurs cymbales. Et c'est la même musique d'enfance qui résonne.

Près d'elle à gauche, la jeune fille qui tente d'échapper à l'embrassade du garçon est saisie, les bras à demi levés et les doigts écartés, dans le même suspens singulier du geste qui, cinq siècles auparavant, avait déjà saisi la figure aux cheveux bouclés peinte par Masolino à Castiglione d'Olona. Et son profil baissé au regard en amande, retrouve avec sûreté, dans la profondeur des années, la pureté classique d'une servante de la Reine de Saba, telle que l'avait peinte Piero à Arezzo. Le garçon lui-même, enveloppé dans la chaleur de son désir, enfermé dans la violence de son geste et comme tout étourdi de l'avoir risqué, plonge dans son rêve les yeux fermés, avec la même puissance hypnotique qui repliait sur eux les gardiens du tombeau du Christ sur les murs de l'Arena de Padoue.

Plus tard, allongées sur le sol, livrées à leur lecture ou à leur songe, *Les Trois Sœurs* et bien d'autres figures de Balthus retrouveront à leur tour avec une sûreté de somnambule les postures de ces soldats qui sont les acteurs d'une Résurrection sans jamais pouvoir en être les témoins.

Car cette réserve, ce retrait, cet endormissement n'est-il pas le propre de l'art ? Le peintre est celui qui intime à celui qui arrête son regard sur son œuvre ce *Noli me tangere* qui, dans l'ordre du visible, referme les paupières, suspend les gestes et ankylose les corps pour, les soustrayant un instant à l'urgence des jours, les faire renaître selon une éternelle, sublime et sans doute vaine résurrection. Ces figures endormies, alenties, assoupies ou abîmées dans la contemplation de leur reflet semblent redire le secret que la fable a un jour murmuré à l'enfant que nous avons été : il faut que les marmitons arrêtent de s'agiter, que les broches arrêtent de tourner et que le feu cesse de crépiter pour que la belle aux yeux clos puisse continuer de respirer doucement — « de sorte qu'on voyait qu'elle n'était pas morte » dit le conte. Il faut de même se soustraire aux hâtes du quotidien et taire nos précipitations pour que le sens de la beauté puisse continuer de vivre en nous et qu'un jour le peintre, « cet auteur de tableaux vivants » et, comme le prince, « jeune, amoureux et toujours vaillant », la vienne éveiller pour nous.

L'effet étrange que cette œuvre exerce serait donc, non qu'elle convoque, non qu'elle cite à comparaître, mais qu'insensiblement, légèrement et comme musicalement, elle réveille, elle rapproche et rassemble dans l'esprit les œuvres du passé de l'art auquel elle appartient, en déclinant avec assurance et fermeté son appartenance. Tant d'œuvres naguère ne semblent avoir eu pour fin que d'étouffer cet écho ou de nier qu'il ait jamais existé, qu'on demeure un moment abasourdi de l'entendre résonner. La peinture, c'était cela, c'est donc cela, de nouveau articulé de la même voix claire et sereine, par-dessus le précipice du temps.

(Notre mémoire, peut-être même en ce qu'elle a de génétique, est emplie de toutes les images des chefs-d'œuvre du passé, à la façon dont le ciel est empli d'étoiles. Elles reposent en nous et constituent notre milieu spirituel et invisible, tout comme l'air est le milieu physique invisible qui nous permet de respirer. Mais la plupart, nous ne nous les rappelons plus, de même que nous ne distinguons que les plus proches des astres ? Pour matérialiser leur présence à nos yeux et nous en faire éprouver le bienfait, il faut qu'une œuvre nouvelle se crée de notre vivant et s'interpose entre notre regard et elles tout comme un récepteur, tendu entre le ciel et nous, nous rend sensibles les radiations innombrables qui traversent l'espace.

Le chef-d'œuvre serait ainsi, non ce qui tire un trait, non ce qui oblitère, annule ou assourdit tout ce qui s'est fait avant lui mais au contraire, détecteur de conception révolutionnaire, cet instrument qui nous permet de goûter, comme jamais encore on ne l'avait fait, la présence et la saveur de tout ce qui l'a précédé en excellence dans son art, comme s'il en était, sous une forme unique et ramassée, l'astre le plus pur et le plus scintillant).

Le pouvoir du chef-d'œuvre serait ainsi de provoquer ce rassemblement de présences invisibles et, de proche en proche, à la façon dont un instrument fait sonner des corps assoupis, de dresser à nos yeux leurs configurations selon des procédures inédites comme si, du patrimoine du visible, son but était pour quelques moments de nous redonner la jouissance viagère.

Peut-être même, la grâce actuelle du chef-d'œuvre, ce que la critique appellerait sa qualité novatrice, est-elle à la mesure non de ce qu'il promettrait du futur mais de ce qu'il éclairera du passé : plus lointaine est l'étoile, dans l'espace et dans le temps, et plus l'appareil qui nous la révèle se fait puissant, fin et précis. De même le tableau sera d'autant plus « révolutionnaire » qu'en effet il manifestera cette qualité cosmologique de pouvoir retourner comme le fait l'astre sur son orbite, jusqu'à éclairer les points les plus reculés du temps.

Vêtu de sa blouse grise à galons jaunes, un écolier s'immobilise pour regarder dehors voler trois pigeons. Les oiseaux dessinent dans le cadre de la fenêtre un arcane dont il essaie en rêvant de découvrir le sens. Ce petit garçon est peut-être le jumeau de Jeannot l'étourdi qui, dans le conte de Heinrich Hoffmann[1], en se rendant à l'école, est soudain captivé par le vol de trois oiseaux jusqu'à tomber dans le canal. La distraction enfantine, telle que le conte la rapporte, ouvre à une présence plus essentielle, rappelle, audelà des urgences du moment, des secrets plus graves, plus sourds, qui ont de toujours habité en nous, mais que toujours nous oublions. Ces trois figures, ce logogriphe aérien, cette triade ailée comme ces boules de plume que sont les Dominations dans le chœur des anges, inscrivent dans l'espace un blason énigmatique et n'ont cessé sans doute d'occuper notre imagination. Cabale phonétique, langage des oiseaux, secret des aruspices : nous y déchiffrons un destin. Ghirlandaio figurant aux murs de Santa Maria Novella la *Visitation de la Vierge* tandis que passe dans le ciel de la fresque un vol d'oiseaux sauvages ou Domenico Veneziano dans son *Adoration des Mages*, avaient su figurer, sur un mode plus savant, leur lointaine fascination.

La fable, l'imagerie populaire, le conte enfantin annoncent

1. Heinrich Hoffmann (1809-1894), médecin aliéniste, se tournera vers le conte pour enfant par accident : le *Struwwelpeter* qu'il écrit et dessine en 1844, est un cadeau de Noël qu'il destinait à son premier fils, Carl. Suivra en 1851 le conte *König Nussknacker und der arme Reinhold* (*Le Roi Casse-noisette et le pauvre Reinhold*). L'épisode de « Jeannot l'étourdi » est tiré du *Struwwelpeter*. Pierre Klossowski est, à ma connaissance, le premier à avoir remarqué l'influence que ces contes allemands devaient avoir sur l'imagination de son jeune frère.

donc ce que confirment les œuvres les plus élaborées de l'art ou de la littérature. Bien mieux : plus proches de nous que le chef-d'œuvre, et peut-être parce qu'au lieu de resurgir du patrimoine anonyme de la culture, ils surgissent du trésor personnel de notre enfance, ils sont ces catalyseurs qui provoquent et qui accélèrent les renaissances, les résonances, les échos que le peintre met en œuvre. Cette imagerie naïve et forte qui a enchanté nos premiers regards, garde intact le pouvoir de réveiller, de colorer et de réchauffer les images apparemment plus lointaines, plus froides, plus difficiles d'accès qu'à l'adolescence on entreprend de découvrir sur les murs des églises et des musées.

L'importance fondatrice et restauratrice de *La Rue* vient de ce qu'elle ressuscite à nos yeux l'enchantement du *prospettico* de ces *piazze* florentines, imposant la profondeur d'un espace irréfutable, construit *numero, pondere et mensura*. Mais qu'une telle recréation ait été possible, tout aussi irréfutable à nos yeux de « modernes » qu'elle l'était aux yeux des contemporains de Masaccio — et c'est bien cette irréfutabilité qui troubla si fort ceux qui la découvrirent en 1934 —, c'est qu'autant que dans une maîtrise de peintre accompli, elle avait trouvé naissance dans une émotion durable d'enfance.

Car cette rue, on le devine, n'est pas seulement l'effet de la *costruzione legittima* d'un peintre étonnamment habile à en retrouver le secret. Elle est aussi la projection imaginaire des enfants qui l'habitent, aussi peu assurés de leur existence propre que de celle des pantins de bois qu'ils manipulent et tout émerveillés de se découvrir eux aussi un corps.

Dans un autre conte de Heinrich Hoffmann[1], le pauvre

1. *König Nussknacker und der arme Reinhold*, Francfort, 1851.

Reinhold à qui un ange a confié un jeu de construction magique, construit, avec des cubes de bois, la maquette d'une petite ville. Et celle-ci, peu à peu, se met à grandir, les murs à pousser, la rue à se déployer, les fenêtres à vivre. Il y fera les rencontres les plus inattendues et les plus merveilleuses.

La nouveauté irréfutable de *La Rue*, la modernité qui, d'emblée, la désigna à l'attention de ses contemporains, vient de ce qu'elle superpose et mêle deux « vues ». En elle se répondent et se croisent la fascination visuelle et mentale des jeux des *intarsiatori* du *Quattrocento* qui manipulaient leurs découpes pour donner l'illusion d'une place ou d'une rue, et la nostalgie de ces jeux de construction dont on disposait les pièces de bois les unes sur les autres pour construire des maisons, des églises, des rues, et s'assurer, par la magie de ces fabriques, qu'on prenait place dans la vie. Ce sont là deux ordres du monde, deux étiages de la réalité, deux modes de notre rapport au temps, ou plutôt deux façons de nous libérer de son emprise. Ici le rationnel et là l'imaginaire, ici la réflexion de l'adulte et là le jeu enfantin, ici la *mathesis* réglée du *prospettico* et là la profondeur somnambulique du songe, ici l'intemporel de l'art et là l'intemporel du conte.

Il faut laisser aux scoliastes futurs le soin de déterminer le rôle décisif qu'a joué dans l'œuvre de Balthus cette imagerie populaire dont la forme, si parfaitement adaptée a son objet, lui a permis de conserver intacte la magie de l'enfance. C'est tout un univers visuel, mental et formel singulier qui nourrira l'œuvre comme une source fraîche et la préservera de devenir « une œuvre de musée[1] ».

1. Comme le craignait un jour Jean Paulhan dans une lettre à André

Les premiers dessins pour *Mitsou*, les encres des *Hauts de Hurlevent* doivent aussi leurs oppositions de blanc et de noir, la disposition de leurs planches, leur graphisme aigu, cruel et troublant à toute une tradition qui est celle de l'imagerie enfantine, non seulement Tenniel et Heinrich Hoffmann, mais aussi à cette poésie domestique, toute cette *Stimmung* de la *Häuslichkeit* qui s'épanouit entre 1850 et 1880 dans les dessins de Wilhelm Busch, dans les gravures de Niklaus Bohny et d'Oscar Pletzsch, comme en France aussi, plus rarement, dans les planches des Pellerin à Épinal.

Ce monde peuplé de petites filles en robe courte et en chaussettes et de petits garçons pelotonnés dans des fauteuils aux courbes voluptueuses et plongés dans des livres, ces chats, ces peluches et ces jeux de patience abandonnés, restituent, dans un pays qui n'en n'a jamais connu l'institution, la fascination de la *Kinderstube*, ce paradis clos des enfants où le temps s'est pour toujours arrêté, et où l'on n'entre pas soi-même sans accepter ses règles tacites et sans d'abord redevenir enfant.

La suspension du temps que ce paradis miraculeusement opère par l'administration rituelle de la lecture ou du jeu est du même ordre que l'indifférence aux injonctions du temps que manifestent les gravures enfantines ou les images populaires, la fable ou le conte. Et seule la grande œuvre parfois, rarement, réussit elle aussi à la regagner.

Lhote. Cité par André Berne-Joffroy, *Jean Paulhan à travers ses peintres*, catalogue d'exposition, Paris, 1974, p. 59, n° 22.

Héritier solitaire des Lumières, le philosophe allemand Jürgen Habermas nous parle de la modernité comme d'un *unvollendetes Projekt*, un projet inachevé. Il remet donc à l'avenir le soin de l'accomplir. Cet optimisme, admirable au regard de la société, s'accorde pourtant peut-être mal au propos singulier de l'art.

Comment, par exemple, ne pas mettre en parallèle de son souci d'inachèvement, le mot de celui qui fut, qui reste le premier, le seul héraut de *notre* modernité. « Le monde va finir », dit Baudelaire[1]. Il ne dit pas de la modernité qu'elle va achever le projet humain, consacrer le triomphe de l'Esprit ou hâter la venue d'une société plus juste, il annonce simplement : « Le monde va finir. » Son pessimisme est radical et ce radicalisme est le seul dont puisse s'autoriser un poète pour créer. La conscience d'une fin prochaine et inéluctable cause en lui une sorte de jubilation triste qui lui donne la force d'écrire. Le monde va finir mais pour nous, qui vivons aujourd'hui, le monde n'en finit pas de finir. Le présent est notre seule et bienheureuse demeure. Il est de l'essence du monde de finir, mais il est dans l'ordre de notre existence que le monde n'en finisse pas, qu'il soit toujours sur le point de son extinction. La modernité ne serait que la conscience portée au vif de cette condition, qui est une contradiction, et qui est aussi un déchirement.

Aussi, lorsque trente ans avant Baudelaire, Hegel annonce que l'art est désormais pour nous « une chose du passé » et que sa pratique, faute de pouvoir désormais donner la satisfaction qu'elle procurait autrefois, se limitera doréna-

1. *Fusées.*

vant à un jugement, il dessine assez précisément l'horizon à partir duquel se réfléchira la pensée de la modernité. Dire de l'art qui avait été jusque-là conçu comme une fonction sociale assumée par un corps particulier d'artisans, un *corpus generaliter sumptum* dont la communauté artistique assurait l'entretien et la gloire, qu'il ne serait plus que l'exercice solitaire du souvenir d'un objet perdu ou anéanti, que le *corpus* d'une analyse dont l'esthétique, science nouvelle érigée sur les dépouilles de l'ancienne pratique des beaux-arts, s'ingénierait à répertorier, à délimiter et à dénommer les *disjecta membra*, c'est assez précisément supposer que celui qui, de nos jours, ferait encore projet de devenir artiste, ne pourra plus que se consacrer à ce qu'on appellerait le travail du deuil. *Trauerarbeit*, au mieux, peut-être, *Trauerspiel*, cet exercice de la modernité qui, du Romantisme à l'Avant-garde, s'emploiera à décomposer indéfiniment, à déconstruire, à réduire un peu plus chaque jour les éléments inertes de ce qui avait été jadis plénier et vivant et, parallèlement, à en déplorer la perte. Et plus l'on avancera dans la modernité, plus exigeant se fera le projet moderne, et plus vive se fera la conscience de l'inachèvement, plus douloureux le sentiment de la perte.

Aussi, l'effort de la majorité des artistes de notre temps, comme incapables de supporter plus longtemps la tension croissante que causait en eux la sensation de cette perte, aura-t-il été, comme dit l'analyse, de « tuer le mort », c'est-à-dire de hâter le processus de mortification, jusqu'au point, en effet, d'achever la peinture, de mettre un terme à son existence, non seulement réellement, en inventant les procédures de sa liquidation, mais aussi et surtout en eux, dans leur conscience d'artiste, jusqu'à vouloir qu'elle sorte de leur mémoire, ou mieux encore, à se convaincre qu'elle n'a jamais existé. Anéantir la réalité du temps et abolir ses traces, se livrer à la terreur ou à l'amnésie sont des ressorts possibles du désespoir quand il habite les pantins de l'idée moderne. « L'œil du nihiliste, disait Nietzsche, idéalise en laid. Il est infidèle à ses souvenirs ; il les laisse tomber, s'effeuiller ; il ne les protège pas contre cette décoloration livide que verse la faiblesse sur les choses lointaines et passées. Et ce qu'il néglige de faire envers lui-même, il ne le fait pas non plus envers tout le passé de l'homme : il le laisse tomber[1]. »

Imaginons un homme cependant qui, au lieu d'idéaliser en laid, se soit proposé, non sans courage, d'idéaliser en beau, de lutter contre cette décoloration née de la faiblesse du souvenir et, ce faisant, de prendre en charge tout le passé de l'homme. De rares artistes, dont Balthus aujourd'hui, ont choisi cette voie singulière qui, plutôt que « tuer le mort », ont préféré assumer en eux l'effort incessant de la mélancolie. Il semble que chez eux le moi ait fini par s'identifier à l'objet perdu. Quel cela ait été possible, c'est peut-être qu'un destin personnel leur aura permis d'intérioriser ce sentiment général et quasi anonyme de la perte.

Car chez eux, le pressentiment que « le monde va finir », il faut l'entendre, et chez Balthus singulièrement, comme l'expression plus intime, ressentie sans doute très tôt dans sa violence et dans son inéluctabilité, d'une urgence singulière : le monde va finir, c'est-à-dire, en réalité, « l'enfance va finir ». Et, parce qu'elle va finir, elle demeurera à tout jamais inachevée. C'est l'enfance qui, dans l'homme, demeure à tout jamais cet *unvollendetes Projekt* dont nous

1. *La Volonté de puissance*, chap. II, 43.

parle la philosophie. C'est le seul inaccomplissement dont l'homme puisse, de son vivant, ressentir concrètement la morsure et le seul à partir duquel l'artiste trouve le ressort de faire œuvre. L'œuvre accomplie porte à terme ce que l'enfance ne faisait que pressentir. Le sentiment que le monde approche de sa fin et que ce qui était en lui sa part spirituelle ne peut que se réduire à mesure qu'on avance dans le temps n'est ainsi que la généralisation au niveau de l'espèce de ce chuchotis de l'individu qui, du fond de soi, nous prévient, parfois très tôt, que l'innocent paradis plein de plaisirs furtifs va se fermer et que rien ne nous y ramène. Rien ? Sinon les illusions de l'art.

Tournée vers cet inachèvement infini de l'enfance, l'œuvre trouve ainsi, dans la culture de cet inachèvement, c'est-à-dire dans la mélancolie, le ressort capable de se réaliser elle-même, non seulement en tant qu'œuvre, mais bien essentiellement en tant qu'œuvre d'« art », non pas donc en dépit du fait que cet art soit devenu, pour nous, « chose du passé » mais bien précisément parce qu'il ne peut plus y avoir d'« art » autrement que comme « chose du passé », et que c'est là, paradoxalement, la condition moderne, sa misère et sa gloire, son abîme et son ressort.

De là que la mélancolie moderne, contrairement à la mélancolie de la Renaissance, soit une mélancolie radicale, inhérente désormais à la condition de la création, et non plus seulement relative à la complexion d'un créateur.

« Il faut que je vous parle encore de vous, écrit Baudelaire à Manet. Il faut que je m'applique à vous démontrer ce que vous valez. C'est vraiment bête ce que vous exigez. On se moque de vous, les plaisanteries vous agacent ; on ne sait pas vous rendre justice, etc. Croyez-vous que vous soyez le premier homme placé dans ce cas ? » Vient la phrase : « Vous n'êtes que le premier dans la décrépitude de votre art[1]. »

Mais ce n'est pas un reproche, pas une critique que Baudelaire adresse à son ami. C'est un constat. Comme avant lui Chateaubriand ou Wagner à qui il le compare, Manet ne peut que demeurer solitaire et incompris des foules. Car si le génie de l'artiste est de savoir retrouver l'enfance à volonté, ce projet, si singulier, ne peut qu'entrer en conflit avec le projet général d'une société qui, croyant au progrès, ne peut pour sa part que se proposer inlassablement d'oublier l'enfance, de sorte à accomplir, dit-elle, son projet d'une *Histoire de l'Esprit*. Si le monde moderne croit au progrès, cela veut aussi dire que la peinture de ce monde moderne a atteint l'âge de sa décrépitude. Le modernisme de la société moderne s'oppose à la modernité de l'artiste moderne. Reste à l'artiste, devenu « moderne » par condition mais non par délibération, au seul, au rare, à l'unique qui se veuille encore artiste, à inlassablement recrépir le mur ruiné du temps. Balthus serait cet artisan appliqué.

Le canon et le difforme

Balthus a peint de jeunes garçons ou de jeunes filles à peine pubères, et l'on a glosé sur cette prédilection. On ne s'est guère avisé que la raison pourrait n'être que d'ordre plastique. À quinze ou seize ans, musclé déjà par le jeu, le corps a quitté les plis et les rondeurs de l'enfance mais il n'est pas encore soumis à la différenciation sexuelle qui en accentuera diversement les proportions. Il est dans cet état

1. Lettre du 11 mai 1865.

d'éphémère équilibre qui le porte à sa plénitude : plénitude charnelle de ses volumes, plénitude sensible de l'androgyne. Élastique et ferme, le corps innocemment savoure une unité indifférenciée, dont, initié, il tentera plus tard d'autant plus savamment de retrouver l'ambiguïté délicieuse et terrible en devenant tour à tour Fiordiligi ou Dorabella.

(La vogue de la nudité qui envahit chaque été les plages permet au moins, en multipliant les possibilités de comparaison, de constater que le corps n'est jamais plus beau que chez les adolescents. Il atteint là, pour quelques mois, une année ou deux au plus, une sorte de perfection des formes qu'il ne retrouvera plus. Mais cette beauté lisse et pleine est sans attrait sexuel ; c'est une beauté abstraite et pure, qui n'attend rien et ne demande rien. On la contemple comme on contemplerait la beauté d'une plante, d'un animal, d'une espèce vivante qui nous serait étrangère. La maturité, qui rompt cette plénitude et qui avoue son manque, est déjà un déclin, qui ramène le corps vers un destin fixé, soumis à la loi du désir et de la mort.)

On a oublié, maintenant que la vie humaine est devenue si longue, que durant toute l'histoire de la culture occidentale, les mariages se célébraient fort jeune, avec des épousées à peine nubiles. C'est dans le même ordre d'idées que le peintre et le sculpteur usaient de modèles dont la jeunesse, aujourd'hui, nous choquerait vraisemblablement. Balthus ne fait ici que revenir à une pratique qui fut la règle. Et peu d'œuvres au XXe siècle, quasiment nulles en tout cas qui se réclament du « réalisme », n'auront alors affirmé avec autant d'autorité, comme autrefois Masaccio l'avait fait au seuil du *Rinascimento*, cette vie sérieuse et grave d'une humanité dans la plénitude de sa jeunesse, où les gestes les plus quotidiens sont saisis dans un espace impérieux et sous une lumière hautaine et abrupte, alors même qu'ils trébuchent déjà au seuil du monde incertain des adultes.

Une sorte de géométrie élémentaire, sphère, cube et pyramide, proche encore des corps purs platoniciens, semble ordonner ses diverses parties.

Sans doute, à l'orée du XXe siècle, passée la décennie des expériences des avant-gardes, et alors même que la charpente humaine n'était plus qu'objet de manipulations et de désarticulations, y a-t-il eu un certain nombre de peintres, Derain par exemple, ou bien encore Kirchner, Otto Mueller et Karl Hofer en Allemagne, Carrà, Sironi et Campigli en Italie, pour tenter une sorte de triangulation sauvage, qui semblait vouloir redonner à la figure humaine un chiffre intelligible et réassembler ses divers membres par un système de relations réglées, de sorte à la recomposer. Mais cela tourna court.

D'autres, héritiers d'un graphisme à la Kubin et plus généralement d'une imagerie *Mitteleuropa* grinçante et hallucinée, comme Lyonel Feininger dans ses illustrations pour enfants ou comme Bruno Schulz, soumirent leurs figures à des élongations étranges et à des postures inquiétantes.

On pourrait s'interroger sur pareil symptôme. Erwin Panofsky, dans les années mêmes pendant lesquelles Balthus peignait ses premières œuvres, démontrait lumineusement qu'aucun grand style dans l'histoire des formes ne s'est développé qui n'ait d'abord établi une théorie des proportions humaines[1].

1. « *Die Entwicklung der Proportionlehre als Abbild der Stilentwicklung* » in

Il est d'autant plus remarquable que Balthus, trouvant dans l'enfance, ou plutôt dans cet âge d'indistinction ou d'équilibre que nous avons décrit, son motif privilégié, en vint aussi à fonder, semble-t-il, un principe de schématisation planimétrique, un système de mensurations *more geometrico*, un nouveau canon enfin qui n'a rien en réalité de naturaliste — le « réalisme » de Balthus n'a que peu à voir avec celui du XIXe siècle —, mais n'a rien non plus de la spontanéité expressionniste qui a dominé la représentation de la figure humaine au XXe siècle.

La construction des visages se fonde souvent sur des schémas simples qui ne sont pas sans évoquer « l'art de portraicture » d'un Villard de Honnecourt. Mais presque toujours, cette anthropométrie gothique ou byzantine se double d'une théorie perspective rigoureuse qui apparente la construction de ces volumes parfaitement cubiques ou sphériques que sont les visages aux recherches « quadratistes » de Cambiaso ou, mieux encore de Giotto quand, à l'Arena, il ramène le volume d'une tête à un solide régulier, et d'une dureté inattendue.

(Il faudrait voir aussi du côté de Degas. Comme Balthus, Degas a su rendre à merveille cette fascination de l'enfance. Les portraits de Giovanni Belleli et de sa sœur Giulia et les nombreux dessins préparatoires ont la même fermeté et le même frémissement que les peintures et les dessins de Frédérique et de Michelina.)

Mais l'enfance là encore, les dessins pour enfants, ne sont jamais très loin de ces jeux érudits et ils y mêlent

---

Monatshefte für Kunstwissenschaft, chap. XIV, 1921 ; trad. fr., « L'Histoire de la théorie des proportions humaines conçues comme un miroir de l'histoire des styles » dans *L'Œuvre d'art et ses significations*, Paris, Gallimard, 1969.

un certain humour. Ce gros visage tout rond, aussi comiquement rond que l'aquarium qu'il fixe de son regard, ne rappelle-t-il pas la bouille ahurie de *Max und Moritz*, les garnements dessinés par Wilhelm Busch dans les *Fliegende Blätter*, ou plus proche de nous, du petit reporter en knickerbocker, dessiné par Hergé, et dont les aventures, consignées dans de grands albums bleus et jaunes, captivent les jeunes héroïnes de Balthus pendant qu'elles posent pour lui ?

Les étranges couvre-chefs qui ornent souvent ses personnages, la calotte noire à quatre cantons de la jeune fille de dos dans *La Rue*, la toque du cuisinier de l'enseigne, le béret aplati du garçonnet dans les bras de sa nourrice ou le *mazzocchio* du joueur de cartes sont alors comme la ratification ironique de ce jeu qui réduit le désordre naturel du corps à un schéma géométrique régulier : ramenée à l'ondulation réglée d'une cycloïde, la toison du joueur obéit au même chiffre secret qui ordonne, au-dessus du chef, la savante structure d'osier et de tissu.

*

Il serait imprudent cependant, et inexact, de limiter cette recherche d'un canon à l'essai de restauration d'un style, tantôt gothique, tantôt italo-byzantin, tantôt renaissant. Bien des figures sont inopinément la proie de fascinantes déformations. Tel personnage est figuré la tête démesurément grosse par rapport à son corps et les membres longs et grêles, comme une petite marionnette maniériste qui évoquerait curieusement Cranach.

Vieillards grimaçants, petits nains difformes, duègnes au profil de caricature rappellent là encore l'imagerie qui, dans les contes, fait délicieusement peur aux enfants ; ailleurs, la posture tétanisée et théâtrale d'un corps abandonné, toutes ces incarnations fugitives de forces instinctives, ces spectres et ces fantômes empreints, comme chez Füssli, de galvanisme et de *terribilità*, laissent supposer que le rêve, le songe ou le cauchemar, toute une subjectivité enfouie, viennent par accès bouleverser ce monde rigoureusement mesuré, mais sans réussir à en rompre l'harmonie. Ces grylles ou ces grotesques semblent ne se glisser parmi nous que pour nous rappeler sur quel abîme obscur et tortueux cet ordre visuel a été regagné.

Si les œuvres des années 1930 à 1940 sont décidément faites sous l'éclairage du style toscan, les œuvres plus récentes semblent remonter le cours du temps et chercher des réponses dans le style plus ancien de Gentile, de Sassetta ou de Pisanello. Le *Nu de profil* de 1977 retrouve la grâce longiligne de ces anges du *Trecento* dont les mains se couvrent du voile rituel dans la scène du *Baptême du Christ* et qui deviendront d'élégantes servantes présentant l'étoffe où sécher l'enfant dans l'œuvre de Sassetta.

Dans les tableaux des dernières années enfin, les visages de jeunes filles ont volontiers les pommettes rondes et rouges qu'on trouve chez l'Angelico.

Le traitement de l'espace aura entre-temps subi lui aussi des changements notables. Au cours des années 1950, la perspective se redresse et parfois s'inverse : des échiquiers posés de chant, des jeux de damiers verticaux, des tapisseries et des dais à grands ramages ou à motifs réguliers comme chez Giotto ou dans la peinture siennoise, s'élèvent derrière les corps dénudés. Mais c'est aussi un moyen, en les détachant sur un fond plat et géométrique, d'accentuer leur volumétrie et leur souplesse, d'en faire savourer la splendeur, de les soustraire enfin à l'aspiration de l'espace qui est dans la peinture comme la fuite du temps. Ils resteront donc à jamais dans la plénitude de leur adolescence. Ailleurs encore, la perspective se fait axonométrique comme dans la peinture japonaise. Figures et motifs s'étagent les uns sur les autres, se jointoient les uns aux autres dans un espace sans profondeur. Et, alors que dans les premières œuvres, les figures étaient souvent de front et le regard pointé vers nous, ici, engendrées dans un espace insubstantiel, elles font glisser leurs prunelles parallèlement au plan du tableau, sans nous croiser, comme ces personnages dans les fresques de Giotto qui, tout étonnés de se découvrir un corps, glissent des regards en coulisse pour découvrir sur quel théâtre ils sont montés.

Le miroir

Une gravure de Clauwet, l'*Imitatio sapiens*, orne les *Vite de' Pittori* de Bellori, publiées à Rome en 1672. Elle figure une jeune femme assise en train de se contempler dans un miroir et foulant de son pied droit un singe grimaçant. Elle illustre la théorie de l'idéal classique en peinture : l'*ars simia naturae* n'est qu'une pâle imitation du réel, un naturalisme qui est en deçà de la notion du beau, lequel relève de l'idéal. Ce que nous rappelle le miroir, c'est que l'art copie la nature et principalement ce qui se voit de plus beau en elle, le corps féminin, mais il ne la singe pas en reproduisant machinalement tous ses détails : il distingue, il choisit et il recompose selon l'emprise de l'*Idée* qui gouverne le tableau et qui, comme le dit Bellori, « *originata della natura supera l'origine et fassi originale dell'arte*[1] ».

1. Voir Erwin Panofsky, *Idea : Ein Beitrag zur Begriffsgeschichte der älteren*

Il y a beaucoup de jeunes femmes au miroir dans la peinture de Balthus. Il est l'héritier d'une longue suite de peintres qui furent fascinés par ce thème. C'est que le fait de se regarder dans un miroir engage bien autre chose qu'un geste de coquetterie. Il connote toute une morale et toute une esthétique. C'est une cérémonie qui, *per fas aut nefas*, est tantôt lustrale et tantôt diabolique. Ce peut être un maléfice comme un enchantement. Attribut de Vénus, symbole de la vanité et instrument oraculaire, le miroir peut induire à la contemplation de la beauté comme il peut ouvrir à la manifestation subreptice du difforme et de l'inquiétant. L'une des premières femmes au miroir est sans doute celle qui apparaît au milieu du XIVe siècle dans la tapisserie de l'Apocalypse, où elle figure la grande prostituée de Babylone. Le thème va se laïciser très vite et, en se profanant, se charger d'une étrange gravité : de Giovanni Bellini à Gustave Courbet, le motif de la femme au miroir va hanter l'imagination du peintre qui y voit l'exaltation et le mystère d'une chair glorieuse et mélancolique de se savoir vulnérable et, du même coup, qui y voit l'image même de son art, reflet fuyant du monde inaltérable et pur de la beauté. Manet, avec Nana, tout en représentant un épisode trivial emprunté aux mœurs de son temps, fait curieusement réversion à la moralité médiévale : la petite prostituée de Zola est la sœur laie de la grande catin qu'avait rencontrée saint Jean à Patmos.

Balthus, à son tour, semble dans *Les Beaux Jours*, reprendre les éléments du tableau de Manet : la jeune femme, tout occupée d'elle-même, abîmée dans son reflet, l'intérieur douillet avec le sofa aux courbes élégantes, la

---

Kunsttheorie, Berlin, 1960, chap. VI ; trad. fr., *Idea. Contribution à l'histoire du concept de l'ancienne théorie de l'art*, Paris, Gallimard, coll. « Tel », 1989.

présence enfin de l'homme. Mais à cette tranche de vie naturaliste, il redonne la gravité qu'elle avait perdue : nous assistons à une cérémonie sacrée. De cet épisode laïc, il fait, comme dans le thème primitif, le lieu clos d'une hiérophanie.

Ce thème de la jeune femme au miroir qui prolonge harmoniquement le thème lustral de la jeune femme à sa toilette — l'eau seule a changé d'état — traverse l'œuvre avec une telle régularité qu'il est comme la profession de foi de son auteur, si choquante à nos yeux de « modernes », qui affirme son allégeance à une doctrine qui, comme chez Poussin ou chez Bellori, postule le beau à partir de l'observation du vrai et qui voit dans le nu féminin le défi le plus grand proposé à son art. Le reflet du miroir ici n'infirme ni ne déforme la réalité : il la confirme ; il s'ouvre à la surface du tableau comme un œil à l'eau plus pure.

Et s'il n'y a pas de singe piétiné par la belle, il y a des animaux, parfois aussi des nains ou d'inquiétants personnages qui assistent au rituel amoureux et qui observent chacun de ces gestes. Nous avons déjà proposé une explication à leur présence et dit pourquoi ils menaçaient cet ordre sans le détruire : ils sont les démons qui veillent aux lisières du miroir, sans pouvoir s'y manifester.

Inganni et *fallacie*, déformations, erreurs, manifestations de l'amour impuissant ou trompé : le peintre les observe et les tient à distance, mais leur présence rappelle que le « classicisme » de Balthus et son amour du corps féminin ne sont plus comme autrefois dans la peinture des données absolues et triomphantes. Comme en 1780 Johann Heinrich Füssli et Jacques-Louis David, en 1980 Balthus est le héros solitaire d'une impossible *Aufklärung* en un temps de ténèbre. Aussi n'y a-t-il pas chez lui simple tentative de restaurer un canon perdu, mais comme chez eux une violence d'autant plus grande qu'elle est sourde et entretenue, et qui prend sa source dans le désir incessant et insatisfait de s'approprier le corps d'autrui, de le plier aux lois d'un canon.

Tout grand style violente le réel : il lui impose la domination d'un regard qui le ploie à son gré. Aussi tout grand réalisme — à entendre par ce mot la relation que notre corps inaugure avec le monde extérieur et ce qui se voit sur la toile — a-t-il partie liée avec l'érotisme. Il fonde sa domination par une sorte d'effraction, de coup de force, de viol. Il dicte tout à la fois sa volonté au visible, qui n'avait jamais été forcé de cette manière, et au voyant que nous sommes, qui n'avions jamais rien vu de tel.

Aussi les plus grandes œuvres de la peinture sont-elles souvent des œuvres érotiques, non seulement par ce qu'elles représentent mais surtout par la façon de le représenter, parce que le corps humain et son exultation sont encore l'image la plus apte à traduire la signification du travail opéré par le corps du peintre sur le corps de la réalité. Toute grande œuvre fait effraction, et parmi celles qui lui sont contemporaines et qu'elle frappe temporairement de caducité, et parmi l'ensemble du monde visible qu'elle épouse selon des procédures et des accouplements inédits.

Les Amies de Courbet ou sa *Femme au perroquet* étaient des sujets scabreux aux yeux de ses contemporains, qui tout à la fois dépeignaient des réalités qu'ils ne voulaient pas voir, et qui frappaient d'inanité les scènes de boudoir du temps, qui ne disaient pourtant rien d'autre. Mais si ses tableaux choquaient, c'est non qu'ils révélaient des comportements humains qu'on eût avec eux découverts mais que, pour la première fois, ils en rendaient la représentation de façon quasi charnelle, pour l'ensemble de nos sens et non plus pour le seul regard. La fascination des toisons, des plumes, des fourrures, des épidermes, rendue par le chatoiement pelliculaire, l'aspect âpre ou limoneux, le sec et le gras, le velu ou le velouté des pigments, l'accord tactile réalisé entre la chimie du peintre et la thématique qu'il traitait, de ces femmes qui s'aimaient, avec leurs humeurs, leurs sécrétions, l'échauffement de leur peau et le frottement des tissus entre eux, trahissaient avec éclat la nature singulière du « réalisme » de Courbet.

Manet affirme la nouveauté de son art par un semblable coup de force. *Le Déjeuner sur l'herbe* fait effraction dans l'ordre social de son temps comme dans l'ordre traditionnel de la peinture, en dépeignant une scène que ses contemporains surnommèrent, on le sait, « la partie carrée ». Mais la nouveauté de cette peinture, qui naissait de la tension entre la perception d'une profondeur spatiale, d'un *spazioso* naturaliste et la nécessité de restituer au tableau sa planitude matérielle, venait en effet d'une savante combinatoire à quatre regards, quadrangulant le champ du tableau entre le peintre, ses trois modèles et la figure du fond. L'apparente licence érotique n'était que le support figural qui ouvrirait à Manet la liberté d'imaginer et de peindre différemment.

Le grand réalisme de Picasso s'ouvrira aussi sur une scène de maison close. Et Balthus lui-même en se proposant, en 1933, de réinstaurer un réalisme irréfutable et inédit, ne pouvait que l'inaugurer par une scène dont on se plut trop longtemps à souligner le côté scabreux sans se rendre compte que cette « leçon de musique » était d'abord — hommage à la volupté, aux ressorts du regard et du tact comme on n'en n'avait jamais fait —, une grande leçon de peinture.

(Sans doute *La Leçon de guitare* est-elle un coup d'œil jeté sur le mystère d'une scène primitive, mais cette initiation, ce dévoilement, cette indiscrétion sont aussi le coup de force qui permet à son auteur, en une époque, comme l'écrivait Jouve, d'anarchie esthétique, de désordre et de facilité, de réinstaurer la peinture et son état premier. Le tableau vise à la reconnaissance d'une « scène primitive » qui est en réalité sa propre scène en tant que projet créateur. De même que l'amour, selon Rimbaud, est à réinventer — mais il ne réinvente jamais que lui-même, Éros farouche et obstiné —, de même la peinture ne fait-elle jamais que tenter *nachträglich* de revoir avec la plus grande précision possible ce qu'elle avait déjà montré une fois pour toutes à ses lointains débuts, quand elle était encore conjuration, manifestation d'un pouvoir sexuel et pratique magique.)

(Est-ce un chat décidément ?)

Il y a donc des chats et des miroirs dans l'œuvre de Balthus. Les uns et les autres semblent remplir une même fonction ou obéir à un même rite : refléter au fond de leur prunelle ou de leur eau, qu'ils ont tous deux elliptique et dorée, une jeune fille à sa toilette. Le chat serait au peintre ce que le miroir est à la peinture : une sorte d'emblème, une signature d'autant plus insistante qu'elle est plus secrète. Dans la même lettre qu'écrivait Baudelaire à Manet, il demandait, à propos d'*Olympia* : « Est-ce un chat décidément ? »

Car un chat n'est jamais « décidément » un chat. Sa longue histoire, son long refus de se laisser domestiquer, les rôles éminents qu'il a longtemps joués auprès de l'homme, les pouvoirs secrets qu'on lui attribue de nos jours encore en font un animal à part dans la création, dont la présence auprès de nous demeure une énigme.

L'espèce qui a consenti, il y a cinq mille ans, à venir vivre chez nous, issue du chat ganté d'Égypte *(Felis maniculata)*, manifesta vite des qualités qui lui valurent d'être remarquée par ses nouveaux familiers : sa peau émettait des étincelles dans l'obscurité, ses pupilles montraient d'étonnantes propriétés dans le soleil et sous la lune, il protégeait des serpents et des rats. On lui accorda aussi généreusement, à l'instar des divinités, le pouvoir de rendre des oracles et de prévoir le temps.

C'est la dynastie victorieuse, soutenue par les prêtres d'Héliopolis qui, vers 2 500 ans avant notre ère, fit du chat le symbole du dieu-soleil Râ, qui terrasse le serpent comme le soleil anéantit la nuit. Assimilé à la féminité, le chat devint la déesse Bastet, sœur-épouse ou fille de Râ, et l'on célèbre son culte à Bubastis, en Basse-Égypte, non loin d'Héliopolis, cité du soleil.

Le chat a donc partie liée avec le soleil, avec la lumière, en quoi il rappelle le peintre, tout comme le miroir a partie liée avec l'eau et avec le reflet et ses déformations. Comme ce dernier aussi, il possède des vertus oraculaires : tels les catoptromanciens, les prêtres de Bastet devinent l'avenir dans la prunelle des chats. Comme le miroir enfin, il manifeste dans les foyers où il vit des propriétés tantôt bénéfiques et tantôt maléfiques.

Ainsi, de même qu'il faut se méfier de l'eau qui dort et dans laquelle peuvent apparaître inopinément des monstres, de même le chat, divinité paisible du foyer, peut parfois cacher des vertus diaboliques. Les chats d'E.T.A. Hoffmann sont la plupart du temps de redoutables créatures et l'on se souviendra de l'avertissement que donne aux enfants la comptine du Chat Noir :

Gare ! À son passage
Bébé, soyez sage,
Autour du manoir
Rôde le chat noir.

Le miroir et le chat vont donc de pair : ce dernier, de sa pupille ronde, émet une lumière d'or, celui-là la réfléchit et la diffuse. Qui la contemple peut être séduit ou perdu.

L'iconographie classique a souvent repris, de façon le plus souvent inconsciente, ces *topoï* anciens. Un dessin de Goya, tiré de la suite des *Quatre Tempéraments*, montre un constable en pied qui regarde un tableau posé sur un chevalet figurant un grand chat. On comparera ce dessin de Goya à l'imagerie traditionnelle que donne Cesare Ripa du tempérament cholérique dans son *Iconologia* : l'homme armé d'une épée est flanqué des deux emblèmes, un lion, autrement dit un gros chat, et un miroir au fond duquel flambe un feu trifide.

Dans l'imagerie populaire, l'image du chat est souvent associée à celle d'une cheminée flambante : son poil noir se dégage sur un fond de flammes. L'éclat des étincelles s'accorde à sa nature électrique, à son pelage, aux propriétés de ses prunelles.

Aussi, dans *Les Beaux Jours*, alors que la jeune fille est envoûtée par son reflet dans le miroir, symbole de l'eau et de sa propre féminité, non loin la figure masculine, occupée à tisonner, n'est autre décidément qu'un chat, c'est-à-dire un dieu qui a revêtu une forme sensible, une figure du soleil ou du feu, ou plutôt son représentant sur terre, Vulcain occupé à voler l'étincelle divine, tandis que Vénus rêve à ses amours.

On peut dire inversement, par la loi de ces mêmes métamorphoses, que partout où l'on croit voir un chat, c'est la plupart du temps le peintre qui se retire sous les traits familiers de l'animal, témoin discret et attentif des accouplements d'une mortelle avec des dieux ou des monstres. D'autres créatures fantastiques sont souvent là qui ouvrent des rideaux et qui révèlent la parfaite beauté de son corps nu au dieu invisible. C'est souvent aussi ce qui se voit dans les gravures maniéristes où des êtres ailés s'agitent dans tous les sens et ouvrent des tentures devant le regard émerveillé d'Éros, ce dieu que les oracles, chez Apulée, désignent si précisément du terme de « monstre cruel ».

Sous le réalisme quotidien de Balthus se cache ainsi, comme dans toute grande œuvre, un monde symbolique et allégorique inépuisable. Symbole de la peinture, les reflets du miroir, en libérant le corps de sa pesanteur et en ouvrant l'esprit à la légèreté du songe, emblème du peintre, la présence du chat qui ratifie ce rêve, l'ordonne et l'inscrit dans l'espace, sont deux *inganni* qui, en multipliant la personne et en favorisant ses métamorphoses, permettent de ressaisir toute la mythologie des figures retrouvées.

Le thème du rêve que Balthus entame en 1955 et sur lequel il revient à plusieurs reprises, figure une jeune fille endormie sur un sofa que vient visiter en songe un personnage aérien qui semble être son double, son émanation, plus subtile qu'elle-même, respirant sa légèreté près du corps assoupi. On songe au mythe de Psyché, à l'âme qui volète au-dessus du corps abalourdi. Cette évocation est renforcée par le fait que le rêve entretient des rapports iconographiques étroits avec un second thème que Balthus développe simultanément, celui des trois sœurs : c'est à peu près le même intérieur, le même sofa, la même pose abandonnée des personnages. L'une des trois sœurs rêve elle aussi, ou paraît endormie. On songe encore au mythe, comme le rapporte Apulée, qui dit que Psyché était fille de roi et avait deux sœurs.

Dans la première version du Rêve, le double qui apparaît en songe tend à la jeune fille une rose rouge : l'allusion au tableau de Courbet, *Vénus et Psyché*, est transparente. Si l'on se réfère au tableau disparu, Vénus poursuivant Psyché de sa jalousie, le geste du bras de la déesse de l'amour est plus proche encore de celui qu'on trouve dans le tableau de Balthus.

Une autre version du *Rêve*, *Le Fruit d'Or*, commente différemment la passion dont Psyché est la proie et qui, durant son sommeil, fait surgir dans le même instant les partenaires dont elle souffre et dont elle jouit. Le personnage du *Rêve* semble cette fois androgyne ou, peut-être, est-il travesti comme chez Mozart. Ce n'est plus le double de la dormeuse, son âme matérialisée, c'est devenu un être anguleux et félin qui lui tend une pomme d'or, ronde et dorée comme la prunelle d'un chat. On songe aux beaux vers de Virgile :

> *Quod potui, puero silvestri ex arbore lecta*
> *Aurea mala decem misi ; cras altera mittam*[1].

Observons cependant le renversement, si caractéristique du rêve : c'est un être masculin et félin, mais aussi représentant une divinité féminine qui, dans le rêve de Balthus, offre une pomme d'or à une jeune fille, quand chez Virgile, c'est une jeune fille qui envoie des pommes d'or à son jeune

1. Virgile, *Troisième Églogue*, vers 70-71. « J'ai fait de mon mieux, j'ai envoyé à l'enfant, cueillies d'un arbre forestier, dix pommes d'or ; demain j'en ferai autant. »

amant. La pomme en effet se tient depuis toujours comme un substitut des seins. C'est une tradition dans la poésie pastorale, depuis Théocrite, d'identifier les pommes à une offrande d'amour qui représente le sein de la bien-aimée. Le rêve, en inversant les choses, en laissant du moins planer un doute sur le donateur, homme incarnant une déesse ou femme déguisée en homme, rappelle la nature profondément double ou féminine de tout créateur et l'ambiguïté du don qu'il fait à ses semblables en leur offrant, tirée de son sein propre, la réalité en songe, à nous qui dormons.

L'association de la pomme et de l'amour a été fixée de façon classique, comme nous le rappelle Meyer Schapiro, pour l'art des époques suivantes, et jusqu'à Cézanne qui, dans sa jeunesse, figure en berger amoureux offrant un panier de pommes à quatre jeunes femmes, par Philostrate, écrivain grec du IIIe siècle dans l'une des descriptions de ses *Imagines* qui évoque un tableau où des Amours cueillent des pommes dans le jardin de Vénus. « Les Amours ont étendu sur l'herbe leurs manteaux multicolores. Certains recueillent des pommes dans les paniers — des pommes dorées, jaunes, rouges — d'autres dansent[1]. »

Dans *La Victime*, le récit de Jouve, Dorothée, autre avatar de Psyché, se regarde « dans l'eau sinistre du grand miroir » qui lui renvoie l'image d'elle qu'elle connaît et elle ne se lasse point d'avoir pour elle « à la fois de l'adoration, du désir, et de la honte[2] ». Le miroir est le lieu du dédoublement de l'être. « La plaie et le couteau, les membres et

1. Meyer Schapiro, « The Apples of Cézanne, an essay on the meaning of Still-life » in *Selected Papers, Modern Art, XIX and XXth century*, New York, Braziller, 1978 ; trad. fr., *Style, artiste et société*, Paris, Gallimard, 1982, p. 179, 180.

2. Pierre Jean Jouve, « La Victime », repris dans *Histoires sanglantes*, 1932.

la roue, la créature et le bourreau », récitait déjà l'*Héautontimorouménos*[1]. Mais plongée dans un rêve fatal après avoir commis l'acte, elle ne sera finalement que *la victime*, vouée à l'amour et à l'enchantement funeste de Waldemar. Et Balthus, de même qu'il avait su dans *Les Beaux Jours* redonner un sens quasi liturgique à un moment profane, donne à des termes qui furent ceux des récits libertins, « la victime », « le sacrificateur », un caractère religieux. Ces corps pantelants, envahis puis désertés par l'esprit, nous redonnent la crainte immémoriale de la divinité.

De ces *Métamorphoses*, *La Chambre* serait l'épisode le plus secret, le plus douloureux, le plus énigmatique aussi, qui raconte le moment où, chaude encore du baiser du Dieu, et avant que le rideau retombe, Psyché, âme perpétuellement dédoublée, femme et homme à la fois, tour à tour victime ou bourreau, divisée d'elle-même par le reflet du miroir et projetant sans fin son rêve dans l'obscurité des nuits, s'éveille et découvre sa profonde, — son éternelle solitude.

Pierre Jean Jouve, dans *Kyrie*, avait comme admirablement pressenti le tableau, et livré le sens de son drame :

[…]
Obscur comme la tenture retombe
Tu es triste et merveilleusement joyeux dans l'œuf de l'ombre
Tu es le plus secret de mes éternels amants
Et ton secret c'est la plus secrète pointe de mon délice
Tu es noir mon bienfaiteur et mon amant
Comme le soleil gravitant dans les lys
[…]
Que je te voie amant vertigineux ! que je

1. Charles Baudelaire, *Les Fleurs du Mal*, 1857.

T'aime et te regarde nu et dormir
Je voie ta forme et pour cet insensé plaisir
Je perde amant vertigineux, que je...
Une goutte brûlante et de lampe allumée
Une goutte de jour te réveille : O
Que tu es beau
Et fureur ? vent ? colère et vide ? tu n'es plus là[1].

Le secret

Le dieu donc se retire, se dissimule, ou se déguise. Le peintre aussi, *artifex absconditus*. L'exercice de son art, le ressort de son charme, la sûreté de son emprise tiennent au silence, au retrait, à la nuit dans laquelle il se tient. Son goût pour les déguisements, pour le théâtre, pour les légendes, pour les récits apocryphes qui courent sur son compte viennent de la même nécessité : ils nourrissent les métamorphoses qui siéent à l'exercice occulte de son métier.

Dans « biographie » il y a « ogre » : la biographie dévore celui qui en est l'objet. Et combien n'a-t-on pas vu d'artistes, à notre époque, dont la biographie se faisait d'autant plus longue et nourrie que l'œuvre se faisait plus mince ? Aussi peut-on comprendre la défiance qu'entretient Balthus à l'égard de tout ce qui prétend toucher à sa vie.

La façon dont il signe ses tableaux peut fasciner. Non seulement qu'il signe de son seul prénom, comme avant lui d'autres se sont nommés Piero ou Claude — mais qu'il calligraphie soigneusement ce mot et finalement, dans les

1. « Psyché et Éros » in *Kyrie*, Paris, Gallimard, 1938, p. 50, 51.

dernières œuvres, qu'il le réduit à un monogramme, à l'instar d'un artisan marquant d'une estampille le meuble qu'il vient d'achever. Pareille habitude en dit long sur la nature d'un art qui s'est développé à contre-courant de toute une peinture où la signature de l'artiste se montre d'autant plus frénétique que l'œuvre est plus insignifiante.

Seules les pancartes d'infamie au cou des suppliciés ou, de nos jours encore, les pierres tombales osent exhiber les noms avec autant d'éclat. Ces paraphes démesurés ratifient la nature mortifère de la modernité. La discrétion sied mieux à l'art. Le premier artiste d'Occident à avoir voulu signer son œuvre n'osa graver dans la pierre que son seul prénom, Gislebertus.

Tout grand artiste aspire moins à l'immortalité qu'à l'anonymat. Non point par modestie mais au contraire par la volonté formidable de s'égaler une fois au moins à Dieu — qui n'a pas de nom. La signature amoindrit le projet de l'œuvre : elle la ramène aux circonstances fortuites d'une existence. L'anonymat l'élève au rang d'une création universelle. Et l'amateur qui, intrigué devant le tableau, se rassure à reconnaître sur le cartel l'identité parfois fallacieuse ou inventée de son auteur, s'éloignera au contraire troublé profondément de ne pouvoir mettre un nom sur une œuvre qui lui sera apparue au rang des plus grandes.

BALTHUS

(1908-2001)

L'enterrement de Balthus

Martigny – 23 février

Tard dans la nuit, le tambour n'a pas cessé de rouler. Le son était sourd et répétitif, s'arrêtait de longues minutes puis reprenait. On enterre quelqu'un quelque part, je me répétais confusément, et c'est bercé par ce choc monotone que je me suis endormi. À une heure du matin, dans les brumes du sommeil, on l'entendait encore. Je me suis levé et, par la fenêtre, j'ai vu quelques masques s'agiter au carrefour, sous la lumière crue du lampadaire, un pierrot blanc, une sorcière avec un grand chapeau conique et noir, des spectres. C'est Carnaval en Valais.

Peu de jours avant son anniversaire, un mois avant l'équinoxe vernal, quand le temps hésite encore entre son début et sa fin, Balthus a choisi pour partir ce moment où les morts, profitant de l'incertitude, reviennent quelques heures se mêler aux vivants. Et c'est à rebours des autres humains qu'il est venu à leur rencontre, jouant là aussi de la confusion momentanée des deux royaumes.

Il aura jusqu'au bout aimé les méprises, les déguisements et les rôles. Un vieillard de quatre-vingt-douze ans, déplumé comme un vieil oiseau au bec triste, ou bien l'inquiétant séducteur dont on venait l'an dernier, à quelques jours près, de célébrer le vingt et troisième anniversaire ?

Il y a eu aussi, dans l'hôtel, peu de temps avant minuit, un claquement sourd et souterrain qui a fait vibrer quelques instants les murs. J'ai pensé qu'une chaudière, à la cave, avait éclaté. Mais on m'a dit, le lendemain matin, que c'était un tremblement de terre, comme parfois dans cette partie des Alpes.

On a beau ne pas vouloir croire aux puissances occultes, je n'ai pu m'empêcher de penser à ce qu'Artaud avait dit de son ami : « Je ne sais pas pourquoi la peinture de Balthus sent ainsi la peste, la tempête et les épidémies. » Il précisait aussi, un peu plus loin : « Elle pue la tombe, les catastrophes, l'obituaire, l'antique ossuaire, le cercueil... »

Toute grande peinture naît d'outre-tombe. Toute œuvre vient d'un carnaval. Mise à nu, dépeçage des chairs, *carne levare*. Dans les ateliers, la pratique de l'anatomie passait d'abord par l'étude du squelette, avant celles du corps nu puis du modèle habillé. Il fallait d'abord voir, voir jusqu'à l'os. Ensuite seulement, on remettait la chair, puis les habits... Après le dépouillement, viendrait la résurrection, le corps *restituto ad integrum*. Car chaque cheveu vous sera compté assure le christianisme, en cela contraire à tant d'autres religions. Et c'est cette religion, d'une carnalité glorieuse et obstinée, humaine et respectueuse du tout et des parties, jusqu'au bout des ongles, que Balthus, peintre, aura décidément choisie.

Mi-Carême et Mardi gras, affliction et réconfort. Une fête des morts, c'est ce qu'il va donner en sa mort même. Le besoin d'art est né du culte des morts. Façonner des *imagines*, pour les garder auprès de soi, après que les modèles sont disparus. Même, l'un des ingrédients du métier, sur l'étagère, parmi les flacons de pigments colorés, c'était la momie, qu'on extrayait des vieux Égyptiens. La pauvreté du truc technique dissimule mal la richesse symbolique du geste : c'est du cadavre qu'on tirait le baume, la cire des embaumeurs, qui permet la pérennité des effigies. Et c'est pour avoir oublié, au nom du progrès en art, ces antiques et naïves croyances, que la peinture s'est vouée au néant. »

Rossinière – 24 février

Doucement, les amis montent vers le haut du village. Premier étonnement : le temple a prêté ses murs, plus grands que ceux de la petite chapelle catholique, et plus en mesure donc d'accueillir la foule. Second étonnement : quatre prêtres vont célébrer la messe. Le curé et le pasteur du village, mais aussi l'archevêque de Wrocław, flanqué d'un acolyte. Tous sont vêtus de somptueuses chasubles violettes, et trois portent la mitre. Ces formes augustes, ces couleurs basilicales, ces chefs couronnés de volumes géométriques étonnants rappellent le goût de Balthus pour l'opéra et pour les couvre-chefs stéréométriques qui couronnent les traits contingents et parfois grossiers d'un visage — celui du Polonais par exemple, rouge et gras — par une architecture ordonnée, élégante et nécessaire. On pense à Innocent III, peint par Giotto à Assise, ou encore à Piero della Francesca, à Arezzo.

Wrocław, prononcé à la polonaise, sonne comme Breslau prononcé à l'allemande. D'un coup, toutes les origines de Balthus sont rappelées, trahissant le jeu des masques et le goût des costumes. Costume c'est coutume : derrière les affectations anglaises — les sœurs Brontë, le romantisme de l'Écosse, le « Je suis un descendant de Lord Byron » —, les tentations latines — du voyage d'Italie en 1926 au *Signor Conte* de Rome quarante ans plus tard —, derrière enfin les attachements parisiens de Balthus — salon littéraire de la rue Malebranche, autour de Gide et Valéry, et petits cercles de dandys autour de Pierre Klossowski et de Pierre Leyris —, resurgit dans sa rudesse l'Europe centrale d'où il est venu, et qu'il n'aura jamais tout à fait oubliée. Entre Prusse et Baltikum, Empire autrichien et royaume de Pologne, déchirée, réclamée, dépecée, une Silésie lointaine, pays frontière, terre des marges et des marches, se dessine dans la figure de ce prélat dont Balthus a voulu qu'il prononçât les derniers mots. Il est la confirmation de ce catholicisme insolite et spectaculaire que Balthus affichait récemment, comme la dernière, la plus difficile et la plus risquée de ses compositions.

Ces sources-là, ces querelles-là ne se sont pourtant jamais tout à fait taries dans sa peinture. Elles ont donné à l'œuvre sa dureté et sa cruauté, cet accent singulier, peu sensible à Paris, et jamais tout à fait gommé ni poli par l'élégance affectée avec laquelle Balthus plus tard parlera anglais, italien ou français. Ce dernier pourtant, il le parlait avec l'accent faubourien des années 1930, Carette ou Arletty, de plus en plus insolite à mesure que le temps passait, quand cette gouaille résistante et surannée, pareille à un tic qui, traversant un homme parvenu au sommet des honneurs, trahit soudain la modeste origine, commença de ruiner les prétentions nobiliaires d'après-guerre.

Là encore Artaud avait vu juste : « La plus insolite pathologie, le malheur d'un destin bizarre, l'âcreté comme surie… » sont des traits qui rapprochent plus son œuvre des dessins démoniaques d'un Bruno Schulz, son compatriote, ou des pathographies de Heinrich Hoffmann dans son *Pierrot l'Ébouriffé*, que des anges blonds et bouclés de Piero dont il voudra, à seize ans, rendu en Toscane, tirer son enseignement. Si l'on n'a pas vu cela, l'arrière-fond inquiétant de cette peinture, qui continue de sourdre à travers les crépis et les glacis laborieusement appliqués, comme on voudrait effacer des origines obscures pour ne plus rien montrer du monde que la lumière et les douceurs, on ne comprendra rien à la fascination du Bohémien qu'il était pour les titres et les distinctions, bref tout ce qui, une fois sorti du mitan européen, vous rend agréable à la société policée du Couchant. Ni à son goût du Beau comme d'une nostalgie inapaisable.

Tout naturellement, pour se faire entendre de cette assemblée cosmopolite et pluriconfessionnelle, la messe sera dite en latin.

Et introïbo ad altare Dei
Ad Deum qui laetificat juventutem meam…

Les mots, les versets, tus depuis si longtemps, sont remontés spontanément aux lèvres d'une partie de l'assistance, qui les a repris, à voix basse d'abord, surprise de les savoir encore, puis à voix claire. C'était comme une chanson d'enfance oubliée, qui revient, fraîche et prête d'avoir si peu servi, qui coule avec aisance, et que l'on s'étonne de comprendre encore. Dernier coup de théâtre de Balthus, homme de théâtre, dernière fidélité posthume d'un artiste fidèle à la peinture comme il fut fidèle à son enfance, et qui renvoie les modernisations de l'Église à ce qu'elles sont, une cosmétique, une suite de petites trahisons. Imagine-t-on la Synagogue se séparer de ses chants, de sa langue, de ses habits ? Comment l'Église peut-elle croire à l'*ecclesia*, quand elle troque la *lingua franca* universelle du latin contre l'abandon aux différents parlers vulgaires ?

Henri Cartier-Bresson, malin, me souffle à plusieurs reprises : « Moi, je crois pas… », « Moi, je crois pas… » Et puis soudain, d'un ton plus réfléchi : « Il faudrait que les discours des politiques se fassent en latin… »

La messe est chantée. Monteverdi ? On aurait attendu Mozart. Mais Monteverdi, au fond, conduit à une mélancolie plus profonde, plus irrémédiable. C'est là que la représentation profane voulue par Balthus cède le pas à la cérémonie sacrée.

À l'élévation, le silence est profond, si profond, dans ce Pays-d'en-Haut enfoui dans l'hiver, dans ce temple aux murs blancs, que je ne me souviens pas d'en avoir entendu de tel depuis des années. Le petit son aigrelet de la clochette de l'enfant de chœur le brise avec douleur. Il y a des années que je n'avais pas vu d'enfants de chœur. Rouge et blanche, leur silhouette a traversé la peinture de ce siècle, de Picasso à Soutine, de Bonnard à Balthus. Elle fournissait une note heureuse dans une harmonie de blancs et de gris. On appelait ça, dans le jargon des ateliers, un « réveillon ». Mais eux aussi, avec les curés et les anges, se sont éteints, comme tout, à peu près, s'est éteint. Et le noir, le noir universel de l'uniforme, a remplacé les chamarres. Ce monde est décidément en deuil, à tout jamais privé de réveillons.

À la sortie de l'office, il fait froid soudain. La neige a commencé de tomber, voilant le soleil de cette fin de février. Tous les sommets sont étincelants, et l'air coupe le souffle. On piétine. Les présents se reconnaissent entre eux. Il y a les fidèles. Les disciples. Les amis de toujours. Et puis il y a les nouveaux venus. Les snobs. Les mondains. Puis les modèles. Les trois sœurs. Et des modèles plus jeunes, la belle adolescente de Rossinière qui a posé pour les derniers tableaux, comme si Balthus avait eu le privilège, lui qui n'avouait jamais que le quart de son âge, de donner le secret d'une éternelle jouvence. On relève aussi les absents. Certains remarquent qu'en d'autres temps, de Malraux à Mitterrand, de la droite à la gauche, des Grands se fussent déplacés pour saluer une dernière fois celui qui fut le plus grand peintre vivant. Mais de grand ici, on ne voit guère que la stature de Victor-Emmanuel de Savoie.

Absence de Pierre K. et absence de Frédérique T. [...]. Altesses, éminences et excellences ont fait fuir les modestes fantômes du passé.

Quelques heures avant de mourir, on a porté Balthus dans son atelier, de l'autre côté du chemin. Il a passé deux heures seul, en tête à tête avec ses derniers tableaux. Puis il a commencé à suffoquer. On lui a, je crois, donné de la morphine. Dans l'atelier, aujourd'hui fermé, il y avait le merveilleux paysage de Montecalvello, sur lequel il est revenu pendant trois ou quatre ans, à l'horizon très relevé, presque à la chinoise, un étagement de plans abrupts, pris dans une lumière sombre et rougeoyante. Il y avait la grande toile de la jeune fille à la mandoline, nue sur un grand lit à baldaquin, avec Fandor, le chien, dressé sur ses pattes, et qui regarde par la fenêtre la nuit qui vient.

Carnaval dans le Valais. Je me souviens des colères de Balthus contre la dénaturation en si peu d'années de cette vallée heureuse qui fut un temps celle de son enfance. Les *Quatrains valaisans* parlent d'un monde qui n'est plus celui-ci bas. Les industries chimiques et alimentaires, les usines, les autoroutes ont remplacé les vergers et les vignes.

Comment imaginer que Crans-sur-Sierre, avec ses remontées mécaniques, ses pistes de *snow board*, ses bars et ses boîtes de nuit, appartient à la même planète que celle où se trouvait naguère Sierre, et où se trouve la tombe de Rilke ? Je me souviens de ma propre fureur à tenter l'an dernier de retrouver la tour de Muzot, perdue aujourd'hui au milieu du béton.

On conduit la dépouille de Balthus à sa fosse, en contrebas d'une petite chapelle. Le cercueil est recouvert de la couverture de laine avec laquelle il se protégeait du froid de l'atelier, et de l'habit rouge et vert de chevalier de l'ordre de Saint-Maurice. Encore une fois, il aimait les décorations, les uniformes, les chapeaux, l'étiquette, tout ce qui fait de l'homme une silhouette, lui donne un rang, qu'il s'agit de gagner, surtout qu'il convient de tenir. La personnalité est le personnage. Jusqu'au bout, il sera donc resté le petit enfant de Prusse, fasciné par les shakos et les brandebourgs, le son des fifres et des tambourins, les gestes gourds des adultes défilant entre les maisons d'un pas saccadé d'automate.

Les émotions de cet enfant qu'il fut, les chamades, les émois, quand la chair fine et blanche se dévoilait sous le tissu, quand la bouche s'entrouvre, quand au pli de l'aine perle la sueur, ces premières découvertes, si lentes à venir, si violentes à sentir, alors que sans s'en apercevoir on les oublie si vite une fois devenu « grand », c'est elles dont il voudra sans fin garder l'éblouissement.

Le cercueil est un instant porté à bout de bras par les deux fils, Stanislas et Thaddée. Il n'y a rien de plus pesant au monde qu'un père mort porté par ses fils. On le hisse sur une charrette, conduite par deux chevaux. Une jeune écuyère vêtue de noir, juchée sur un cheval noir et nerveux, qui manque sans arrêt de la verser, ferme la marche. Elle semble le contrepoint de la peinture de 1941, l'écuyère blanche au cheval blanc, que Balthus avait peinte en hommage peut-être à Bonnard et à son tableau homonyme.

Les Éminences, l'archevêque, les deux curés et le pasteur, rutilants et mitrés, collent à l'attelage. Les Excellences, les ambassadeurs sont déjà repartis, à Rome ou ailleurs, sans encens et sans myrrhe, convaincus cependant d'avoir vécu un grand mystère. Mais les altesses, les princes, mêlés au petit peuple et aux villageois éberlués, suivent vaillamment sous la neige devenue épaisse. Le cortège s'effiloche au long du chemin et parfois quelqu'un court pour rattraper le gros. « On dirait un film de Fellini », me souffle Robert Kopp.

Puis, à mesure qu'on s'est approchés de la fosse, comme une gravité soudaine autour d'un trou noir, la foule s'est amassée à nouveau, pour marmonner les dernières prières. Sur le talus, on voit des perce-neige et des crocus qui font fondre la glace. Trois gaillards se sont mis à jouer du cor, de cette longue trompe d'éléphant dont le son résonne jusqu'au fond de la vallée. Cette plainte sourde et inarticulée, si basse qu'on ne l'entendait plus, était scandée par le son impérieux du tambour d'hier, que battait désormais, orpheline, pantalon bleu et dolman rouge, la garde du roi Nussknacker.

CLAUDE BERNARD

(1929-2022)

Claude Bernard, un œil éclairé

Claude Bernard nous a quittés en un moment singulier de notre histoire. Moment où l'on déboulonne les statues des grands hommes, où l'on asperge de goudron les chefs d'œuvre de l'art, de Vermeer à Gustav Klimt, où on laisse brûler et se ruiner les lieux de culte, où l'éducation disparaît sous le flux d'une volonté d'ignorance croissante, où l'intolérance religieuse enfin se fait meurtrière. Claude avait servi et illustré une autre morale.

Si un adjectif suffisait à définir un caractère, je dirais de Claude Bernard que c'était un être réservé.

Réservé comme le sont les taiseux, les silentiaires. De là peut-être un visage souvent sévère, un peu d'aménité, un aspect distant, une impatience à couper court. Mais cette réserve n'était ni mépris, ni refus, ni retrait.

Trop contenu, trop retenu pour exprimer ses sentiments, trop attentif en même temps pour les laisser paraître. Un homme apparemment froid, mais curieux, prudent mais étonnamment présent à celui qui le rencontrait. *Servare* dit l'étymologie latine de « réservé », chez Cicéron par exemple, n'avoir en vue que la postérité : conserver, préserver, différer pour mieux tenir.

Préparer ce qui viendra après. Nous y voilà.

On appelle dans les musées « réserves », le lieu où l'on conserve les œuvres d'art, en attendant de les mettre en lumière quand le temps sera venu. On parle aussi de réserves pour les cuvées nobles du vin qu'on fait attendre avant de le goûter.

En un temps de pénurie, on mesure les réserves, on attend du temps qui passe, un pouvoir de conserver. L'art est devenu si précieux qu'il convient de le garder avant de le regarder, de le conserver avant de le servir. Une morale, un goût, un respect, aux antipodes des frénésies qui règlent aujourd'hui le commerce de l'art.

Claude Bernard était l'opposé de ces marchands qui n'ont aucune autre hâte que de vendre au plus haut prix des objets qu'ils disent avoir découverts. Une avant-garde tonitruante et pléthorique, toujours plus rapide que le corps de troupe, la réserve des tableaux, qu'il faudra demain faire valoir.

Claude Bernard a été l'un des derniers marchands dans sa profession qui ont su garder le sens et la dignité de leur métier, quand tout le marché de l'art se constituait comme un gigantesque marché à la criée, soutenu par des organismes officiels, comme les FRAC[1], constituant non des réserves, mais des débarras toujours plus vastes, des productions éphémères de l'art actuel.

Réserve, retrait et réflexion. Je me souviens, quand j'étais étudiant et que j'allais les premiers temps, visiter sa galerie. Il était là, immobile et silencieux, et quand parfois un amateur poussait la porte et sollicitait son conseil, il le condui-

1. Fonds régionaux d'art contemporain.

sait discrètement dans une pièce à l'écart, et sortait pour lui de ses trésors qu'il gardait en réserve, et dont il soulignait l'intérêt singulier, en peu de mots.

Sévère, réservé, attentif, pour donner aux œuvres le temps de renaître. « Père sévère », aurait dit Lacan. Rarement le voyait-on sourire, et moins encore rire. Quand on regarde aujourd'hui à la télévision ces milliers de sourires ou de rires qui se succèdent indéfiniment, du matin au soir, sur les visages de tous ceux qui viennent là parler alors que ce dont on parle est souvent si grave, si épouvantable. Tout est prétexte à rire ou à sourire. Mascarade, ironie, moquerie. Notre monde est-il devenu si drôle ou si dérisoire ?

Que reste-t-il de la valeur de l'art dans cette infinie mascarade ? Notre monde est-il devenu si léger qu'il ne puisse plus accepter la gravité qui fait que l'art existe, Claude Bernard ne riait pas, et rappelait à tout un chacun, que l'art est infiniment sérieux dans le réconfort et la joie qu'il apporte.

Ainsi s'était constituée, à travers le temps, une assemblée d'une quinzaine de créateurs que l'on peut bien aujourd'hui considérer comme le trésor artistique de notre temps, sa réserve pour un futur si sombre. On les connaît, de Giacometti à Balthus, de Bacon à Sam Szafran, et les autres. Ceux-là mêmes que les musées n'avaient jamais approchés que de loin, exposaient si mal ou si peu, ou parfois même avaient refusé d'exposer. Ce sont les artistes à peu près que je tentais, dans ces quatre décennies, de faire connaître, sans m'être jamais concerté avec Claude…

Plus qu'un événement marchand ou mondain, un vernissage chez Claude était devenu le rendez-vous régulier d'une certaine élite, l'occasion, pour une soirée, de rencontrer et de côtoyer une petite foule où se croisaient artistes, amateurs, mais aussi collectionneurs avertis, écrivains et musiciens, philosophes, simples amis… une élite qu'on s'étonnait chaque fois de voir se produire encore, au milieu d'une vulgarité grandissante.

Se retrouver après dîner, était devenu un haut moment de la civilité parisienne, comme si c'était là, là d'abord, et grâce à l'intelligence, à la générosité de Claude, la prolongation d'un art de vivre, où se retrouvaient le ton et la chaleur des soupers dont Marcel Proust nous a donné la description, ces soirées peintes au début du siècle par Jean Béraud et par Prinet où se côtoyaient les derniers représentants d'une société intellectuelle qui déjà se dispersait. Les mêmes découvriraient plus tard avec surprise et bonheur, dans son propre intérieur, rue de Lille, un musée personnel, avec des centaines de souvenirs précieux et intimes, tableaux, dessins, mais aussi photos, objets, manuscrits, qui témoignaient d'une sensibilité exceptionnelle, attachée à perpétuer, à conserver ce qu'il y a de plus précieux dans notre mémoire.

Et plus encore, cette perpétuation des qualités les plus hautes d'une société menacée de se défaire, allait-elle se retrouver pour une poignée d'élus, chaque été, dans la demeure de Claude en Touraine.

Écrivains, philosophes, musiciens rares, comme Jean Guilloux et ses concerts d'orgue dans la grange, jusqu'aux soirées intimes, dans le son du piano d'Alain Planès. Et sur les murs des chambres, à nouveau, abandonnés au regard de tous, des milliers de témoignages de ces amis qui nous avaient précédés, photos, dessins, gravures et objets d'écrivains et de peintres qui avaient été, avant nous, les invités élus et parmi lesquels on circulait, presque intimidés, comme des importuns ou des fâcheux.

Qui dira ce que furent ces heures, ces journées, ces

semaines où lors des soirées de vernissage, les séjours de la Besnardière, les retrouvailles vénitiennes, renaissaient et revivaient les caractères les plus précieux de ce qu'avait été la culture à Paris, un siècle auparavant ?

Le marché de l'art, oui, pour les peintres et les amateurs, mais aussi, le rideau baissé, et la sévérité envolée, cette étonnante générosité, d'accueillir avec distinction, savoir, prévenance, l'élite d'une société qui pratiquait encore les arts et les lettres avec finesse.

Il y avait d'un côté la galerie, discrète, close et silencieuse, mais il y avait aussi la gigantesque bibliothèque, ses milliers de volumes, si soigneusement rangés, qui aurait fait la gloire d'une université. Il y avait ces concerts, où, une fois encore, on croyait revivre ce qu'avait été la société de Proust un siècle auparavant.

C'est je crois désormais, à partir d'aujourd'hui, qu'on va commencer de mesurer l'immense générosité, la curiosité, la passion du prochain, qui se cachaient si bien sous la réserve affichée de Claude Bernard Haïm.

LOUISE BOURGEOIS

(1911-2010)

Cinq notes sur l'œuvre de Louise Bourgeois

I. *La création et la femme*

Le 22 mars 1895, une quinzaine d'années avant la naissance de Louise, un autre Louis de France, Louis Lumière, présentait au public les résultats de son invention, le cinématographe. La légende veut que c'est en regardant sa mère coudre à la machine qu'il ait découvert le principe de l'image animée. En adaptant à son appareil le mécanisme connu sous le nom de « pied de biche », il résolut le casse-tête zénonien d'entraîner des images fixes sur une bande continue et de faire naître le mouvement de l'immobilité.

La science ressuscite ainsi des configurations plus anciennes que nous. Pénélope à son métier, tissant jour après jour les images qui lui permettront de différer sa réponse aux prétendants, nous tend en reflet le récit fabuleux qui est à l'origine de tout récit. Parler pour ne pas mourir. Délibérer pour ne pas avoir à prononcer la parole définitive. Dérouler le flux souple des images, comme des écheveaux de laine, pour échapper au *rigor mortis*. Aussi longtemps que naîtront les images sous la navette des femmes, aussi longtemps que Schéhérazade fera se succéder les mots aux mots pour endormir la fureur du roi, la mort sera oubliée.

Retarder la mort en laissant filer le récit, et laisser le regard reposer sur l'image : à cette fin, tous les stratagèmes sont bons. Pénélope défait la nuit ce qu'elle a tissé le jour. Elle récuse l'idée, dans la production des images, qu'il y ait du nouveau, un absolu commencement, une *tabula rasa* qui permettrait d'y inscrire un signe que nul avant elle n'aurait imaginé. Elle ne fait jamais que recommencer. Elle s'inscrit dans une continuité dont elle n'est qu'un maillon, elle qui maille et qui démaille à longueur de temps. Elle reprend, elle recoud, elle ravaude. Elle revient sur son métier. Elle nous rappelle ce que le mot français *regarder* veut dire : c'est regarder derrière soi, c'est être sur ses *gardes*, surveiller ses arrières, c'est d'abord une réitération, une rétrospection vers son propre passé.

On appliquera cette approche à ce que fait Louise Bourgeois, tissandière, ravaudeuse, fileuse, et dès son origine, élevée dans l'art de la haute et basse-lice.

II. *La création et le père*

La maille du tissu de Pénélope, c'est aussi, au vieux sens du français *méaille*, la médaille, l'effigie précieuse qui garde la mémoire de celui qui fut. C'est la maille que l'on a à partir (c'est-à-dire à partager) avec personne[1], l'effigie que l'on ne peut diviser car elle est, monnaie d'échange, le

1. « Avoir maille à partir avec quelqu'un » signifie au figuré : se quereller avec quelqu'un, au sens propre, avoir à partager la médaille que l'on porte sur soi, la médaille étant le sou, la pièce d'or ou d'argent qui, par l'effigie royale qui y est imprimée, est gage de la valeur d'échange.

gage de l'identité de l'être. C'est au nom de cette maille, qui contient en elle le sens de la « chamaille », de la querelle, de la division, et de la mort, que s'opèrent en effet tous les échanges sociaux, les contrats, les partages, les mariages. Faire le portrait de quelqu'un rappelle ainsi l'enjeu meurtrier, la loi du talion que contient la production de toute image. « Trait pour trait », comme le Lévitique dit « œil pour œil, dent pour dent » : c'est là mesurer l'importance de tailler des images. L'image est faite pour retenir l'identité et pour respecter les règles de l'échange. Les prétendants de Pénélope en feront la mortelle expérience qui mourront l'un après l'autre, frappés trait par trait, de la main d'Ulysse.

Car ce que Pénélope tisse jour après jour, pour tromper le temps, pour tromper l'attention des prétendants et pour tromper sa propre attente, ce n'est pas n'importe quelle image. C'est une image qui a affaire avec sa lignée, tissée dans le droit fil dont témoigne la présence de Télémaque. C'est le beau suaire de Laërte, le père d'Ulysse. La généalogie de l'image, l'Odyssée de notre culture, recoupe étroitement le récit de la Genèse, la grande histoire des filiations humaines, et *in fine*, le recours au Père. Pas d'image qui n'ait sa racine dans le fantasme d'un engendrement charnel. Au terme de son interminable périple, c'est Démodocos qui raconte à Ulysse sa propre histoire, et Ulysse, parvenu au terme de son voyage, peut enfin décliner son nom, lui qui, jusqu'alors, s'était nommé Personne.

Cependant, fait de main de femme, tissé par ses doigts habiles et infatigables, le suaire quotidien et patient de Pénélope où viendra gésir la dépouille de Laërte, s'oppose au suaire de Véronique. Ce serait, ce dernier, l'*icona vera*, l'image miraculeuse, instantanée, « achéiropoiète », où se serait imprimé d'un coup le visage du Fils d'un Dieu. La main ici n'intervient pas ; elle est bannie.

Ici et là, une ligne de partage s'établit donc dans le régime des images entre la tradition d'Athènes et la tradition de Jérusalem.

Louise Bourgeois, qui taille des images dans la pierre et le fer, enfreint ainsi l'interdit du Père, et doublement puisqu'elle est femme.

III. *La création et l'hystérie*

Peu de temps avant la naissance de Louise, les progrès de la reproductibilité technique aidant, l'*Iconographie de la Salpêtrière*, ouvrage consacré aux travaux du neurologue Jean-Martin Charcot, s'orne de photogravures. L'image de l'hystérie voit alors sa diffusion se multiplier et s'étendre bien au-delà des milieux médicaux. La posture spectaculaire de l'*Hysteria major* envahit le champ artistique. Le corps en arc-de-cercle de la femme en proie à la Grande Attaque devient en quelques années un *topos* de la modernité fin-de-siècle, aussi reconnaissable que le *topos* du corps maniériste fixé par le Primatice et par Rosso Fiorentino. Klimt dans son allégorie de *La Médecine*, Segantini dans *Les Mauvaises Mères* ne sont que quelques exemples célèbres de ce corps nouveau que la nosologie du temps croit avoir isolé, qu'est le corps exaspéré, horripilé, extatique, cambré sous le regard du Maître, qui rappelle si fort celui des vieilles possessions diaboliques.

Il disparaîtra rapidement des tréteaux où l'hôpital l'exhibait, mais sa carrière artistique traversera le siècle suivant.

En 1933, les Surréalistes fêteront le cinquantenaire de

la « naissance de l'hystérie ». Dans ces documents cliniques qu'avaient soigneusement photographiés et réunis Bourneville et Régnard, ils voudront voir le triomphe d'Éros, dans ces visages déformés par la souffrance, l'extase de la jouissance et dans ces corps tétanisés, le prototype formel de la beauté « convulsive ».

Louise Bourgeois, à la fin de ce siècle, redonne cependant à l'hystérie son sens clinique et tragique. Son *Arch of hysteria* doit plus en fait aux modèles que Charcot avait recueillis dans son Musée d'anatomo-pathologie à la Salpêtrière qu'il ne doit aux fantaisies érotiques qu'André Breton et ses disciples avaient élaborées.

On fera un jour l'histoire de ces musées, que des médecins, des aliénistes, des neurologues édifièrent à la fin de l'autre siècle et dont les collections sont aujourd'hui dispersées, ruinées ou perdues. Le Musée Lombroso à Turin ou celui de Charcot à la Salpêtrière, le Musée d'Ethnologie du Trocadéro fondé par Hamy, les collections de dessins de malades mentaux réunis par Luys, Marie et Réjà (Paul Meunier), tant d'autres encore… Des modèles, recueillis parmi la foule innombrable des patients et des malheureux qui peuplaient les cellules des asiles et des prisons, des productions délirantes des aliénés, des objets, des peintures, des artefacts sans forme et sans nom, qui attendaient d'être décrits et nommés, avaient été recueillis, classés, inventoriés. On voulait voir dans ces cires épouvantables, ces moulages de difformités, ces empreintes indéfiniment répétées de crânes, ces graffitis insanes la promesse de nouveaux canons. Ils seraient à l'art moderne ce que les carrières réouvertes de Rome avaient été à la Renaissance : un immense répertoire, un immense magasin où trouver les nouveaux modèles du monde contemporain. Réunis, déchiffrés, ils seraient devenus ce que les statues antiques, les glyptothèques avaient été à l'enseignement des Académies : les fondements d'une nouvelle Science, non plus la Science du Beau, mais la Science du Vrai.

C'est dans ce courant que se situe l'œuvre de Messerschmidt. Ce sculpteur autrichien de l'âge baroque, longtemps méprisé et même oublié, fut redécouvert dans les années 1930 par Ernst Kris. Membre éminent de l'École viennoise d'Histoire de l'art, avec Wickhoff, Schlosser et Riegl, ce dernier était aussi un jeune disciple de Freud. Historien de l'art et psychanalyste, il était mieux à même que quiconque de déceler dans ces bustes, non seulement la symptomatologie d'un cas exceptionnel, mais aussi la production d'un génie artistique hors pair dans la longue histoire de la physiognomonie. Cette histoire qui s'ébauche à la Renaissance avec les caricatures de Léonard et les premières classifications de Gianbattista della Porta, se continue de nos jours avec Louise Bourgeois. L'œuvre s'identifie ici avec le symptôme, et l'art avec la cure.

IV. *La création et la psychiatrie*

Il est significatif que Lombroso, au début de son *Esquisse sur la préhistoire de l'anthropologie criminelle*, cite Aristote et le traité sur la physiognomonie qu'on lui a longtemps attribué, où l'apparence de certains criminels est comparée à celle du singe. La physiognomonie n'est pas un corps étranger dans le système de l'anthropologie criminelle tel qu'il se développe à la fin du XIXe siècle, elle en constitue un élément indispensable. Lavater, Gall et leurs disciples qui croient en une correspondance exacte entre les traits d'un individu et ses dispositions internes, fondent la métaphysique de l'École positive en postulant qu'il y a un accès, par le corps, à l'intériorité de l'âme. Le dedans serait dit par le dehors. Les *stigmata degenerationis* que Lombroso croit reconnaître sur le corps de son *Homo delinquens* sont les signes visibles, et vérifiables expérimentalement, dit-il, d'une sorte d'écriture du mal. Ils « signent » son caractère et le flétrissent à la manière de *La Lettre écarlate* de Nathanaël Hawthorne. Mieux : ces signes sont en quelques sorte imprimés sur le corps du délit, à la manière de ces tatouages qui couvrent le corps des criminels et que Lombroso collectionnera. Les bustes de Messerschmidt eux-mêmes proposeront un « tableau » des humeurs et des passions de l'esprit, classées selon un certain nombre de traits récidivistes.

Plus affinées, plus scientifiques que les classifications brouillonnes de Lombroso, les théories des localisations cérébrales dans la neuro-anatomie positiviste, de Broca à Edelmann, participent de la même illusion naturaliste qui prétend assigner aux diverses fonctions du corps et de l'esprit, sensations, motricité, langage, des zones précises du cortex humain.

C'est dans cette tradition que s'était inscrit le jeune Freud, élève de Brücke, formé à l'école des physicalistes. En 1895 pourtant, sa très controversée *Esquisse pour une psychologie scientifique* restera inachevée : c'est un brouillon qu'il voudra oublier. Réduisant la physiologie du cerveau à des transmissions électriques au sein du réseau neuronal, il tentait d'y concevoir l'âme comme un appareil clos, avec déplacements et dissipations d'énergie, équilibres et déséquilibres.

Mais il n'irait pas plus loin dans cette entreprise réductionniste. Que l'homme est avant tout un animal doué de langage, et que ce langage n'est pas réductible à des processus anatomo-physiologiques, voilà le sens du retournement de Freud.

Dans les *Études sur l'hystérie*, il affronte ainsi le mystère d'une anatomie du corps hystérique dont, précisément, les théories localisationnistes, la tradition issue de la physiognomonie à la Messerschmidt, les marquages neuronaux, ne sauraient rendre compte. Problème de scientifique, mais énigme aussi posée à l'artiste confronté à l'absence de canons. À quel schéma corporel obéit l'hystérique, qui passe outre les lois de l'anatomie ? L'hystérie défie les lois de l'anatomie. Elle crée un corps inouï qui semble pure manifestation du langage, pur effet de la parole, et qui, pourtant, produit des effets physiques. Ce n'est donc pas le corps qui est la cause des troubles de l'âme, comme le disent les positivistes, c'est l'âme qui impose au corps ses fantaisies, c'est le psychisme qui est le moteur des altérations physiques. Abasie et cécité, remarque ainsi Freud, se moquent des nerfs. Le corps « parle ». Mais ce langage du corps ne peut être entendu par les théories neurophysiologiques. Il relève d'une autre approche, d'une autre écoute. Il y a une plasticité stupéfiante de l'organisme, qui ignore superbement les localisations, qui fait voler en éclats le fixisme des « marquages », il y a une perpétuelle mouvance de ses affects et de ses sensibilités, qui disloque le schéma rigide des localisations, et qui ruine la prétention de Lombroso, de Richer et de quelques autres, de fonder les lois d'une science du Vrai. L'orthopédie n'existe tout simplement pas. Les déformations, les distorsions, les montages inouïs auxquels l'art moderne nous a habitués reflètent cette révolution dans la pensée.

L'œuvre de Francis Bacon en particulier, avec ses

corps torturés, élastisés, infiniment plastiques, déhanchés, démembrés, sous les coups de la souffrance ou du désir, est là pour nous le rappeler. Le corps douloureux ou extatique, le corps souffrant ou exultant, le corps meurtri ou torturé, drogué ou enivré, spastique ou endormi, tétanisé ou amorphe, autant de métamorphoses, autant de postures que la science ignore.

V. *La création et la liberté*

La même année 1895, s'ouvraient à Freud, comme il le dira, « les portes du rêve » — Gérard de Nerval parlait, lui, des « portes de corne du songe ». En 1896, il commence d'écrire la *Traumdeutung*, qui sera publié en 1899. Le travail du rêve dans l'homme endormi vérifie ce que le travail de l'hystérique sur son corps avait laissé pressentir : il est travail de métamorphoses perpétuelles, dont Freud s'attache à décrire les diverses figures. Plus rien n'est fixe, inscrit, marqué, tatoué : tout devient libre, mobile, fluctuant. Tout bouge, évolue, se transforme. Lapsus, glissements de sens, déformations, déplacements, condensations, à-peu-près, anamorphoses, toute une morphologie de l'aberration se trouvait d'un coup validée, qui fascinerait les artistes.

Il n'y a plus d'ajustement topographique possible de la vie corporelle et de la vie psychique. L'homme n'est pas contenu par son corps, moins encore « marqué » dans son anatomie par ces signes qui livreraient son identité et qui dicteraient son destin. Le fait qu'il parle et que par la parole il accède à l'infini des interprétations, outrepasse chaque fois la définition « scientifique » de son être. Du stade *infans* de l'enfant qui ne sait pas parler et qui, longtemps, se refuse à parler, il passe au stade de l'*homo loquens*, dont l'artiste pourrait bien être la forme la plus achevée quoique aussi, de nos jours, la plus menacée.

Contre le corps conçu comme destin, *fatum* marquant l'individu de son sceau indélébile, Freud restaurait la majesté d'une énergie psychique, puissante, obscure, à tout jamais inconnaissable, mais, en tant qu'elle est l'organe du langage, source de la possibilité illimitée de manifester la liberté de l'homme.

Ce que Focillon allait nommer « la vie des formes » serait, dans notre siècle, inscrit sous le signe de cette dynamique libertaire dont Louise Bourgeois nous offre aujourd'hui le magnifique exemple.

FRANÇOISE CACHIN
(1936-2011)
Françoise Cachin, l'intransigeante

Le jour même où Françoise Cachin nous quittait, le « Livre blanc sur l'état des musées de France », rédigé par l'Association générale des conservateurs des collections publiques, qui réunit un millier de membres, était rendu public dans la presse. Il dénonce pour la première fois, à haute voix, ce qu'elle avait, dans les dernières années de son mandat, dénoncé seule, dans l'indifférence quasi générale de ses confrères, suscitant l'irritation de sa hiérarchie et très vite l'hostilité du ministère, jusqu'à ce qu'elle fût en effet remerciée du Conseil artistique des musées auquel elle appartenait de droit, et démise de la présidence de FRAME, l'Association des musées franco-américains qu'elle avait cependant créée. Par la suite, elle n'a jamais cessé de batailler, toujours dans un silence embarrassé puis hostile, contre la dérive mercantile des musées qui les voit assimiler les œuvres patrimoniales qu'ils ont la charge de conserver, d'étudier et de faire connaître, à de simples marchandises que l'on peut vendre ou bien louer, comme s'il s'agissait de réserves naturelles de pétrole ou de champs de patates.

En écrivant ce texte, à la veille des obsèques de mon amie, je suis tombé, au hasard de Google, sur la fiche technique éditée par le ministère de la Culture décrivant la profession de conservateur de musée des collections publiques. Elle commence par ces lignes : « L'image ancienne et poussiéreuse du conservateur a volé en éclats : d'un rôle de responsable scientifique, le conservateur est devenu, avec la mutation du monde des musées, un gestionnaire, parfois un véritable chef d'entreprise. »

Quel mépris de la science et des scientifiques, ces personnages pittoresques et poussiéreux dont on aimerait se passer, mais aussi quelle arrogance des nouveaux maîtres de la finance et de la communication ! Et dans ce « véritable chef d'entreprise » tendu en modèle du futur conservateur, quelle triste ambition de remettre la direction des musées à des gens étrangers au monde de la culture, mais très proches en revanche de celui du business et des médias !

Désormais, dans les textes officiels encadrant les contrats entre musées, quand vous lirez le mot « prêter », comprenez « louer ». Hier, on *prêtait*, à titre gratuit par définition, dans un but éducatif et pour des expositions à caractère scientifique, des œuvres tirées des collections publiques. Aujourd'hui, on les loue, dans le cadre d'un échange commercial, pour des expositions bavardes et inutiles, parfois installées dans des lieux privés, dans le seul but de « générer des profits considérables qui vont de 1 à 3,5 millions d'euros par an », comme l'écrit ingénument, dans la novlangue du « véritable chef d'entreprise », qui a peu à voir avec celle de Focillon ou d'André Chastel, l'actuel directeur du musée Picasso dans un article publié deux jours après la mort de Françoise[1].

1. Anne Baldassari, « Nos expositions ne sont ni cyniques ni mercantiles », *Le Monde*, 8 février 2011.

J'ai parfois entendu dire de Françoise Cachin qu'elle était une femme « dure », « autoritaire », « intransigeante ». Elle l'était, en effet. Elle ne pouvait que l'être dans l'exercice de ses fonctions. Première femme directeur des Musées de France, poste auquel elle fut nommée en 1994 par Jacques Toubon, elle venait de l'Université, pas du monde des affaires ni de la haute administration. Dans un milieu où on est peu sensible à la présence féminine et dont le courage n'est pas la qualité première, il lui fallait s'imposer comme femme et comme patronne. Elle s'est imposée, en durcissant des traits qu'au naturel elle avait des plus agréables et souriants.

Elle n'était pas fonctionnaire à l'origine, mais avait été reçue, en 1966, au concours national de recrutement des conservateurs des collections publiques, créé l'année précédente. Elle rappelait souvent gaiement que nous l'avions passé ensemble, ainsi qu'avec Irène Bizot. En ces temps lointains, on craignait encore l'usage excessif de l'électricité pour éclairer les musées. Ensuite, nous avons longtemps roulé nos bosses, chacun sur nos chemins, avant de revenir secouer la poussière ensemble. Car poussière il y avait. Françoise Cachin aura été l'honneur de cette génération qui en trente ans, a fait des musées ce qu'ils sont devenus.

Dure à l'occasion, mais surtout courageuse. Le fonctionnaire est là pour tenir et maintenir quand les ministres passent. J'ai compté, pendant la quarantaine d'années que Françoise a consacrées aux musées, plus de trente ministres de la Culture, les pires et les meilleurs. Je me souviens d'un épisode très significatif. Le ministre d'alors nous avait réunis pour nous annoncer la dissolution du Comité d'acquisition des Musées de France. Aussi ancien que les musées, ce Comité en était le symbole. Chaque mois nous étions une cinquantaine de conservateurs à nous réunir, de la France entière, petits et grands musées de tous les temps et de tous les espaces, du musée des Eyzies au musée Picasso et de Guimet au Louvre. Nous examinions les projets d'acquisition, qui étaient alors financés par la Réunion des musées nationaux : c'était la garantie du principe que nous croyions inaliénable, de la mutualité des musées : les petits sont nourris par les gros, puisque le patrimoine, national par essence, est celui de tous, qu'il s'agisse des trésors de la Grande Galerie ou de la petite collection de céramiques d'un lointain musée de région. C'était l'occasion, pour chacun d'entre nous, de se livrer à de grands morceaux d'éloquence et d'érudition pour convaincre ses confrères de la nécessité de tel ou tel achat, une formation permanente pour tous. Surtout, c'était une opportunité de se rencontrer, de se connaître — on avait assez peu l'occasion d'aller à Pau, ou même à Fontainebleau —, d'échanger, de prendre connaissance des problèmes et éventuellement de faire front ensemble. Et voilà que cette communauté allait disparaître. Chacun mourrait de son côté, seul, abandonné et sans le sou désormais, seuls les très grands musées étant assurés de grandir jusqu'à devenir des monstres d'autosuffisance.

Interdits, stupéfaits, nul d'entre nous n'osa répondre à ce ministre. Alors Françoise se leva, monta sur l'estrade et prit le micro. De sa voix tranquille mais indignée, elle souligna le désastre que cela serait ; elle avait vu clairement la manœuvre : c'était non seulement renoncer à la mutualité des musées, donc à l'unité et l'indivisibilité du patrimoine, mais encore diviser le corps des conservateurs, le rendre impuissant et muet, de sorte à pouvoir, entre soi, entre « véritables chefs d'entreprise », préparer les mauvais coups, dont le contrat privé passé avec un émirat fut l'exemple le plus éclatant.

J'ai beaucoup admiré Françoise ce jour-là, malgré sa sureté souriante et inflexible, ou plutôt à cause d'elle.

Un autre épisode, autrement pénible, fut celui des MNR, les « Musées nationaux récupération », l'indication que portaient les œuvres d'art spoliées par les nazis et inventoriées par les musées. Françoise avait courageusement entrepris de rouvrir le débat et de régler le problème qu'on avait enterré depuis trop longtemps. Mal lui en prit. Elle fut l'objet d'insinuations et de lâchetés indignes, adressées qu'elles étaient à la petite-fille d'un militant communiste et d'un vieux peintre anarchiste — Marcel Cachin et Paul Signac.

Une autre nouvelle a été publiée dans la presse, deux jours après sa mort, qui l'aurait autant réjouie, je crois, que l'annonce de la parution du Livre blanc des conservateurs le jour de sa disparition : la nouvelle que, grâce au combat de quelques-uns, en particulier Pierre Nora, le ministère de la Marine ne serait sans doute pas transformé, comme cela avait été prévu, en un hôtel de luxe avec galeries marchandes[1].

Le ministère de la Marine, pour moi, c'est la gravure de Charles Meryon, où le monument est attaqué de profil par une escadrille d'oiseaux de proie griffus et monstrueux. Meryon, ce fut le graveur du Paris de Charles Baudelaire : le Pont au Change, la Morgue, le chevet de Notre-Dame de Paris, le Pont Neuf, c'est-à-dire le Paris même que Françoise a chéri, et au centre duquel elle vivait, dans l'île Saint-Louis, derrière l'Hôtel de Lauzun.

1. « Le sort de l'Hôtel de la Marine », *Le Monde*, 8 février 2011.

Elle avait, au début de sa carrière, écrit un bel essai, publié dans la collection des *Lieux de mémoire* de Pierre Nora, sur le paysage français, des miniatures de Pol de Limbourg aux vues de la Seine de Bonnard, et de Jean Fouquet à Corot. Analyse érudite et sensible, dont certains passages seraient sans doute aujourd'hui soumis à la censure puisqu'elle ose y parler d'un « sentiment d'identité nationale », « lié structurellement à l'art du paysage[1] ». Elle écrivait en conclusion que ces paysages peints qui survivent à l'art du peintre et nous aident aujourd'hui à revoir des lieux et des instants sont aussi des « *memento mori* implacables[2] ».

Or, cet art du paysage, paysage rural, paysage mélancolique, paysage de la mort et de la vanité dont elle devait longtemps scruter les traits de la Bretagne à la Méditerranée, elle devait l'enrichir, à la fin de sa vie, par un autre art du paysage, cette fois de la ville, dans une magnifique exposition qui s'est tenue, non à Paris, mais au musée Folkwang d'Essen, dans la Ruhr, *Images d'une métropole : les Impressionnistes à Paris*[3].

Il s'agissait de plus, bien sûr, que des Impressionnistes : elle commence là aussi, avec Corot, pour finir avec Matisse. Mais surtout, elle montre, mêlées aux maîtres, de Manet à Caillebotte, des œuvres peu connues, de Maximilien Luce à Devambez, d'Adler à Louis Anquetin, ou d'étrangers, de Menzel à Evenepoel, qui donnent de Paris une image bien éloignée de la vision traditionnelle de la « Ville-Lumière ».

1. « Le Paysage du peintre », in *La Nation*, t. II, *Les Lieux de mémoire*, Gallimard, 1986, p. 439.

2. *Ibid.*, p. 463.

3. *Bilder einer Metropole : Die Impressionisten in Paris*, musée Folkwang, Essen, octobre 2010-janvier 2011.

Cette ville industrielle et pauvre, avec les cheminées d'usine, les fumées des locomotives et les gazomètres, avec les foules en fureur, les défilés, les émeutes ouvrières, me fait penser que le conflit qui l'avait opposée, lors de la conception du musée d'Orsay, à Madeleine Rebérioux, n'avait peut-être pas été aussi définitif qu'on l'avait dit[1]. La dureté ou l'intransigeance supposée de Françoise n'étaient pas aveuglement ni suffisance, mais plutôt réserve et réflexion en attendant la décision.

À mesure que le temps a coulé et que la politique culturelle en France s'est infléchie vers un ultra-libéralisme désastreux pour le patrimoine, elle n'aurait plus eu à choisir, entre ses deux grands-pères, celui qui croyait au ciel de la réflexion politique et celui qu'elle chérissait, qui avait choisi la solution esthétique dans la lumière pure du ton décomposé. C'est, je crois, les deux, le politique et l'artiste, qu'elle aurait fini par appeler à l'aide.

1. Jean-François Revel a parfaitement résumé cet épisode en évoquant la « politique culturelle » inventée par les socialistes en 1981 : « L'ère de la culture comme pédagogie commence [...]. L'art sera rendu à sa fonction qui est d'illustrer l'histoire du mouvement ouvrier. Par exemple, le ministre de la Culture, Jack Lang, a dépêché une historienne des mouvements sociaux auprès des historiens d'art qui se consacraient impunément depuis trois années à l'installation du futur musée d'Orsay où sera exposée la peinture française du XIXe et du début du XXe siècles. La mission de cette personne est de faire rayonner sur les conservateurs des musées nationaux une surveillance sanctifiante pour les empêcher de céder à la tentation picturale » (*La Grâce de l'État*, Grasset, 1981, p. 157-158).

GUIDO CADORIN

(1892-1976)

La famille Cadorin

Le Palais Balbi Valier, à Venise, dans le quartier du Dorsoduro, symétrique du vieux palais de la famille Polignac, est la demeure de la famille d'Ida Barbarigo et de Zoran Music.

J'ai été pendant une quarantaine d'années un familier du Palais Balbi Valier. Mais cette amitié avait commencé d'étrange façon, annoncée longtemps auparavant.

En septembre 1995, le président de la République, François Mitterrand, était à Venise, hôte du Palazzo Balbi-Valier. Il me demanda, en tant que Commissaire général, de lui montrer la Biennale qui fêtait son centenaire, et je l'emmenai au Palazzo Grassi, où se tenait l'exposition principale, *Identité et Altérité*, qui développait les représentations de l'homme et de son visage pendant un siècle, entre 1895 et 1995.

Il y passa deux heures. Souvent, il lui fallait s'arrêter, s'asseoir, souffrant durement, en sueur, mais décidant chaque fois de reprendre sa marche. Ce fut son avant-dernière sortie privée, avant sa mort qui intervint peu de temps après.

La salle dans laquelle il s'attarda le plus longuement, fut celle que j'avais consacrée à l'*Ars moriendi*, à la *Sterbekunst*, à l'art de mourir. Il s'arrêta devant des photographies d'Andrès Serrano, prises à la morgue de Paris, s'étonnant qu'on eût permis à l'artiste de photographier en pareil lieu des cadavres, et sincèrement choqué. Mais aussi les dessins faits par Ferdinand Hodler de sa femme, Valentine Godé-Darel, sur son lit d'agonie, l'arrêtèrent.

Autre chose devait le fasciner, les petites sculptures de cire qui venaient du laboratoire d'anatomo-pathologie de Richer, l'assistant de Charcot à la Salpêtrière, professeur aux Beaux-Arts, et représentant diverses affections du corps. Il voulait tout savoir des circonstances dans lesquelles, à l'hôpital, on avait pu façonner ces modèles, de quelles maladies elles étaient la représentation.

Son attitude n'était pas celle d'un visiteur, et sa curiosité se faisait inquiétude. Il était là, au fond, pour faire un état des lieux, s'informer de ce qu'en général l'homme se refuse à voir, en mesurer l'étendue et en comprendre le sens. Il voulait reconnaître les lieux d'outre-tombe qui, inévitablement, allaient l'accueillir, avant de les connaître.

J'accompagnais un homme à bout de force et qui s'interrogeait inlassablement sur la mort et sur les fins dernières de l'homme. Derrière le personnage public, je découvrais celui qui avait été le lecteur de Chardonne, de Cioran, de Jünger, mais aussi l'ami de Zoran Music, emprisonné à Dachau.

Le Président avait accompagné les troupes américaines qui avaient, en avril 1945, libéré le camp. Plus tard il devait apprendre que Zoran Music avait été parmi ces prisonniers libérés. Il avait découvert et contemplé longuement les dessins des cadavres, que le peintre avait osé faire, dans le camp même, ceux dont il devait reprendre les motifs en 1972. Une amitié était née.

C'est donc chez lui, discrètement, qu'il logeait à Venise

chaque fois qu'il s'y rendait, au *piano nobile* du Palazzo Balbi Valier, dans une vaste chambre donnant sur le jardin, ornée des œuvres de la famille Cadorin, peintures et sculptures.

C'est lors d'un de ses derniers séjours que le Président demanda à Ida, la femme de Music, de réaliser son portrait.

*

C'est en 1956 que j'étais pour la première fois, à l'aventure, allé à Venise. Ce premier et très bref séjour s'était terminé à la prison des *Minorenni*, sur le quai des Incurables, qui m'avait aimablement hébergé et nourri. J'avais gardé un souvenir émerveillé de cette hospitalité ultramontaine envers un petit vagabond.

En 1960, quatre ans plus tard, j'étais de nouveau à Venise. Un jour où je me dirigeais vers le Rialto en prenant des notes, je fus abordé par un homme âgé, de belle apparence. Il avait entendu que j'étais français et, curieux, me voyant crayonner, avait imaginé que j'étais un artiste. Il s'était présenté : il s'appelait Guido Cadorin, peintre. Voyant que j'étais affamé — qui dira jamais les appétits des jeunes voyageurs sans-le-sou ? — il m'avait emmené au fameux restaurant Al Graspo de Ua.

Suivit une visite à son atelier au Palazzo Briati dans le Dorsoduro. Cadorin avait été l'un de ces représentants méconnus du *Novecento,* dont on découvre aujourd'hui l'importance. Il avait été l'un des grands artisans de la renaissance de la fresque en Italie. Il avait restauré les cycles peints dans les églises du Frioul que la guerre avait détruites. Il avait peint aussi les grandes fresques de l'hôtel des *Ambasciatori* à Rome, peint enfin les plafonds du *Vitto-*

riale de D'Annunzio sur le lac de Garde… Dans l'exposition que je fis sur *Les Réalismes entre Révolution et Réaction – 1919-1938*, au Centre Pompidou en 1980, je lui consacrai une place importante, parmi d'autres représentants de ce Réalisme magique italien dont la France ignorait tout.

Quelques années plus tard, devenu Conservateur des Musées de France, je croisai dans un congrès l'un de mes collègues, Paolo Cadorin, considéré déjà comme l'un des plus grands restaurateurs de la peinture ancienne, et qui opérait alors au musée de Bâle. Il était, me confia-t-il, le fils de Guido Cadorin.

C'est en 1972, que j'avais fait la connaissance de Music, grâce à un homme de grande culture et de grande curiosité, écrivain subtil, critique avisé, le directeur de la *Nouvelle Revue Française*, Georges Lambrichs.

Il fut le premier à me parler de Music. Je connaissais le nom, j'avais vu quelques reproductions, mais me faisais du peintre une image assez fade, un représentant parmi d'autres de cette École de Paris dont la Galerie de France défendait le renom, du paysagisme abstrait à la Bazaine aux rugueuses terres de Tal Coat. De Music, j'avais en tête les petits chevaux du Carso, les collines dalmates, une peinture aimable, un peu gauche… Georges Lambrichs me détrompa, en me parlant des origines d'Europe centrale, de Vienne, de la Slovénie, de Gorizia et de Trieste, un autre monde… qui n'avait rien à faire avec la tradition française. C'est que Georges Lambrichs lui-même était un Belge, peu disposé à limiter la littérature aux affèteries parisiennes, né dans un pays, entre la Flandre et le Hainaut, qui avait longtemps été un lieu de passage culturel entre la France et la *Mitteleuropa*. Il me parla aussi de Dachau, des dessins faits là-bas et que Music était en train de reprendre, et qu'il venait d'exposer au musée de Bâle. Lui-même avait découvert le peintre en publiant dans la *NRF* un texte superbe et émouvant de Music sur son expérience des camps de concentration.

Ce fut pour moi une révélation. Nous prîmes l'habitude, tous les trois, les premiers jeudis du mois, de déjeuner au bar du Pont Royal, à côté de Gallimard, tous trois des étrangers au fond, par nos origines et par nos goûts.

En 1986 s'était ouverte au Centre Pompidou l'exposition *Vienne, L'Apocalypse joyeuse – 1880-1938*, ce fut l'occasion de renforcer nos liens. Je l'avais organisée, non sans grande difficulté à vaincre les résistances de mes concitoyens. Vienne restait la grande absente de la culture française, un autre monde, l'Orient déjà. On connaissait Freud, un peu Schnitzler, très peu Klimt, et pas du tout Loos ou Plečnik. Tout cela était trop loin, un peu hostile à nos traditions. Music, lui, se trouvait « chez lui » selon ses propres mots, quand il en visita les salles. Zoran Music est né au début du siècle dernier. L'Europe était alors, comme l'avait appelée Stefan Zweig, *die Welt der Sicherheit,* le monde de la sécurité. Le milieu lettré qu'il y décrit, c'était un peu celui, plus modeste mais aisé, dont Music était issu, une famille de vignerons et de maîtres d'école, à Gorizia, l'ancienne Görz, dans les collines du Collio, à la frontière de l'Italie et de l'ancienne Yougoslavie. On y parlait le slovène et l'italien ; l'allemand était d'usage dans les documents administratifs ; le français dans la bourgeoisie ; on entendait aussi souvent des mots de russe, de croate, ou de ces langues que les Balkans multiplient.

À l'âge tendre où les souvenirs s'impriment profondément dans la mémoire, Music avait été le témoin de cet effondrement. Né sur les bords de l'Empire, à cheval sur une frontière posée entre deux pays, où l'on parlait indifféremment italien et slovène, là où les langues, comme les bras d'un fleuve, se mêlent et se confondent, il sera ballotté, tel Charlot à cloche-pied dans *L'Émigrant*, d'une frontière à l'autre. Plus dangereusement, il sera sommé d'adhérer aux idéologies du temps. C'est ainsi qu'après avoir été arrêté par la Gestapo pour faits supposés de résistance, et enfermé à Trieste, il fut fortement invité, en raison de sa belle prestance et de sa taille, à s'enrôler dans les SS. Il paya son refus, accompagné d'un grand éclat de rire, d'une déportation à Dachau. Rien, dans ses lectures, ses amitiés, ses curiosités et enfin ses refus ne vint jamais démentir la liberté spirituelle du *viandante* qu'il était, voulant ignorer jusqu'à risquer sa vie l'artifice meurtrier des frontières et leur emprisonnement.

Il m'avait entre-temps présenté sa femme, qu'il avait épousée à son retour de captivité, un peintre elle aussi. Et c'est là, dans le Palais Balbi-Valier où elle habitait, que je découvris qu'Ida Barbarigo s'appelait Ida Cadorin, et qu'elle était la fille de Guido et la sœur de Paolo.

Ida demeure aujourd'hui la survivante de cette étonnante dynastie de peintres, née du Cadore, si vénitienne, à laquelle, à la fin, était venu, par alliance, se joindre un paysan du Danube, l'ami de Mitterrand, et qui fut bientôt adopté après avoir été l'assistant de Guido Cadorin dans son travail de fresquiste.

*

Ce qui m'a arrêté le plus, au début, c'est la morphologie nouvelle que Music inventait, une nouvelle façon de dessiner le corps.

Les nus de Music, ni héroïques ni érotiques, seront ainsi des corps mis à nu. Figures solitaires de philosophes ou de stylites, avatars de la *vanitas* baroque, ce sont des mortifications plus que des glorifications. Mobiles, élastiques, noueux, allégés parce qu'ils obéissent à l'esprit, non aux désordres du désir, ces torses étrécis aux côtes saillantes, ces membres élongés qui ne respectent plus les règles d'un *nômos*, ces attaches fines, près de se rompre comme des brindilles, ces mains aux doigts très longs et qui voltigent, rappellent cependant des figures semblables. Music, citoyen de la Cacanie de Musil, est l'héritier de ces peintres du corps qui, du Greco à Schiele, de Klimt à Otto Dix et à Kokoschka, ont déroulé une danse macabre d'effigies au torse étiré et aux membres grêles, sans rien pourtant d'effrayant. Cette chair précaire dont aucune loi de construction ne garantit la survie est toujours là saisie comme au seuil de la *rigor mortis*, la rigidité cadavérique dont elle ne montre pas encore la tétanie.

Mais, outre l'expressionnisme nordique et avant lui, dans la peinture classique, d'autres exemples encore pouvaient enseigner à Music cette inquiétude du corps, si éloignée de la certitude italienne de la *bellezza*, comme éloignée de la raison française qui, depuis Poussin, construit les corps comme on mesure des éléments d'architecture.

L'exemple vénitien, à son arrivée après-guerre dans la cité des Doges, avait pu, à l'occasion, le confirmer dans le sentiment mitteleuropéen d'un corps périssable.

La Renaissance s'était plue aux représentations de nus masculins. L'iconographie antiquisante fournissait la satisfaction de contempler de jeunes hommes, pubères ou athlétiques, dans l'éclat ou la force de leur adolescence ou de leur maturité. Si inhumains dans leur perfection que, soumis au supplice, ces membres glorieux ne semblaient pas atteints dans leur intégrité. La douleur n'est là que le paroxysme de leur beauté. Saint Sébastien lié à son poteau, s'expose sous l'œil d'un Dieu païen, amoureux des formes.

Jusque là, les représentations de vieillards demeuraient elles aussi exceptionnelles. C'est Giorgione qui, dans *La Dérision de Noé*, au musée de Besançon, nous en offre sans doute le rare mais d'autant plus émouvant exemple, en écho au chapiteau sculpté du Palais Ducal de Venise qui représente le même sujet. Une infinie tendresse imprègne ce corps livré au regard ironique des enfants, là où son portrait de vieille femme, baptisé par la tradition *Col Tempo*, demeurait implacable. C'est la première fois peut-être — au moins depuis le pseudo *Sénèque mourant* du Louvre, à l'époque hellénistique — qu'on osait représenter l'anatomie d'un corps décrépit, où la précision du regard s'allie à la pitié du cœur. Music est leur héritier.

À cet égard, la phrase de Goethe, « *Was ich nicht gezeichnet habe, habe ich nicht gesehen* » (« ce que je n'ai pas dessiné, je ne l'ai pas vu »), prend une résonance singulière. Il y a en effet dans l'inscription du dessin quelque chose du serment que prête un témoin. C'est armé de la leçon du dessin appris à l'Académie de Zagreb puis dans les salles de dissection, qu'on pratiquait aussi pour les jeunes artistes, que Music pourrait à Dachau assumer la qualité de témoin avec une parfaite précision du rendu.

C'était à quelques lieues de Gorizia, que Rilke — Rilke dont la mère de Music, institutrice, croisait la silhouette dans le café de Duino — avait écrit les premiers vers de la première Élégie : « *Denn das Schöne ist nichts als des Schrecklichen Anfang...* » (« Car le Beau n'est autre que le commencement de l'horreur... »).

Parlant des cadavres empilés à Dachau, de ces stères alignés, non de bois mais de chair, Music dira qu'il eut devant eux la révélation soudaine d'une beauté tragique. Le temps, le froid, les intempéries les avaient vidés de leurs humeurs. Desséchés, ils étaient pareils à des fleurs japonaises, teintés d'un bleu et d'un blanc exquis. Dans ces cadavres fragiles à la chair transparente et froissée comme un tissu précieux, un papier de soie ou un papillon, il y avait, dans le lacis des veines encore visible, dans le geste des doigts repliés comme une griffe de petit oiseau, quelque chose qui s'apparentait à une grâce, que le dessin ne devrait pas trahir. Une grâce à respecter, comme un dernier hommage à ce qui restait d'humain, de beau, dans ces formes. Music souligne ainsi la fragilité déchirante de ces cadavres, disposés sur le sol, « blancs comme la neige sur la montagne, ou encore, dit-il, comme des mouettes sur la mer ».

Pisanello lui-même, à Vérone, dans la fresque de la *Storia di San Giorgio*, avait réussi à donner à ses terribles pendus, au cœur de l'art courtois, quelque chose d'une telle grâce.

Le motif du pendu décharné, que Music avait dessiné à Dachau, illustre parfaitement le paradoxe d'Aristote qui était un lieu commun dans les cercles humanistes où Pisanello était apprécié et où ses œuvres, pour la vérité et leur variété, étaient l'objet de description rhétorique : « [...] nous avons plaisir à regarder les images les plus soignées des choses dont la vue nous est pénible dans la réalité, par exemple les formes d'animaux parfaitement ignobles ou de cadavres, la raison en est qu'apprendre est un plaisir non seulement pour les philosophes mais également pour les autres hommes [...] ; en effet si l'on aime à voir des images, c'est qu'en les regardant on apprend à connaître[1]. »

Mais surtout le peintre qu'il est recourt spontanément à l'image, à la familiarité des images pour tenter de donner forme à l'indescriptible. Élevé dans les forêts d'Istrie et de Dalmatie, — et devenu aveugle, je le voyais toucher de la main les écorces des arbres, le long du *rio terà* qui longe l'église des *Gesuati*, pour en reconnaître l'essence — c'est la forêt familière de l'enfance dont l'image va venir éclairer la vision indescriptible du chaos. « C'est un paysage », dit-il immédiatement pour tenter de comprendre ces milliers de corps jonchant le sol. Prenant conscience de l'étrangeté du mot pour désigner des cadavres, il précise : « Je dis "paysage" pour exprimer quelque chose de terrible. Si je dis paysage, je pense à des cadavres, des paysages de cadavres. » Puis, considérant ces corps desséchés qui sont comme des troncs abattus, l'image se précise : « une forêt », et prenant enfin en compte l'aspect sauvage de cette forêt que personne ne nettoie, où les troncs gisent dans le désordre où ils sont tombés : « C'était une forêt vierge. »

Quand il se trouve que les corps ont été entassés les uns sur les autres, l'image lui vient de « stères de bois », d'un « bûcher », d'une « tour » primitive comme une tour de garde ou d'affût. Puis son regard s'éloigne et embrasse à nouveau la totalité du spectacle pour se fixer sur une vision qui désormais ne va plus le quitter, et qu'on retrouvera dans l'œuvre entière, exprimée plus tard dans les peintures du *Carso* ou des collines siennoises : « une montagne de cadavres », c'est-à-dire une montagne d'où les arbres ont été arrachés — comme en effet du karst, jadis rasé,

1. Aristote, *Poétique*, chap. IV, 48b, 10-12.

terre gaste dont les millions de troncs ont servi pour supporter Venise.

Music, dans les derniers mois de sa vie, errait dans la région sans issue de la mémoire si justement nommée limbique, pareille à un rêve et qui, parce qu'elle s'apparente à la fiction et ne fixe plus rien, a la mobilité des nuages. Il se perdait dans la nuit des souvenirs et n'arrêtant plus rien, ne distinguant plus rien, ne reconnaissant rien, murmurait une fois, en souriant, cette rengaine, inopinément surgie du temps où il était jeune homme, et dans une langue qui avait été la sienne : « *Es geht alles vorüber, es geht alles vorbei* » (« tout passe, tout s'en va, tout est révolu »). Et cette petite ritournelle sentimentale et berlinoise, qu'on chantonnait peut-être encore à Dachau pour tromper la dureté des jours, prenait alors la dignité d'un verset de la Bible, évoquant les temps qui se sont consommés.

Quand tout s'est effacé, les noms, les lieux, les circonstances. Angoisse et terreur du vide. Qui n'a jamais peint cela ? Une pareille expérience du néant. Certains de ces dessins sont les plus poignants que l'art nous a légués. Bouleversants d'être devenus des ombres parmi les ombres, et cependant si proches et si violents. Ils reviennent de très loin, de là où rien n'a plus de nom. Ils sont la trace ultime de ce que l'on croyait définitivement perdu, quand le temps a tout effacé. Cet homme infiniment solitaire, qui ne savait plus qui il était, où il était, ni quelle année, ni quelle ville l'accueillaient, moins abandonné par les autres, qui veillaient sur lui, guidaient ses pas, le rassuraient chaque moment, n'était abandonné que par lui-même. Ils sont là, dit-il, et je n'y suis plus. Il s'en excusait, cherchait à se justifier, à se faire pardonner son absence, et disait, sans cesse : « Je ne sais pas ce qui m'arrive... », il interrogeait, pour donner le change, faire croire à ceux qu'il aimait qu'il était encore présent, quand en fait il n'était plus là pour personne, et qui face au silence embarrassé de ses proches, s'emportait enfin, enflait la voix, lui d'ordinaire si doux, devant ce scandale qu'est la fuite de la mémoire, cette trahison des choses, envers lui, qui n'avait jamais trahi personne.

Reste alors cette inscription élémentaire des tout derniers portraits, quand les mots se dérobent, que l'on ne sait plus où l'on est, qui l'on est, mais que la main, échappant à la pétrification, se montre encore capable de tracer les traits d'un visage. D'où vient la maîtrise d'un homme qui ne maîtrise plus rien ?

Ces visages des derniers mois, on les a parfois appelés *Figure pensose*. Mais il faudrait accorder à ce mot le sens que Milton avait dans son *Penseroso* prêté à l'homme abîmé dans ses pensées, au mélancolique. Music a souvent donné à ses derniers portraits la pose traditionnelle de la mélancolie, cette humeur noire qu'Aristote a décrite, et qui coule dans les veines de l'homme de génie : la main gauche est portée à la mâchoire, la tête repose sur elle, c'est la figuration habituelle de « la main à la maisselle ». Elle marque la complexion du mélancolique, partagée entre le deuil et la fureur. *Crepusculo della sera*, fin du jour, automne de la vie. Comme chez Titien dans son grand âge, c'est l'âge aussi du soleil noir, ce grand accomplissement qui précède la nuit.

Ce n'est pas le hasard seul qui guide les décisions qui font notre vie, mais une série de déterminations inconscientes, tout comme furent déterminées par une puissance mystérieuse mes rencontres successives à travers les années avec les différents membres de la famille Cadorin, dont je ne devais découvrir qu'à la fin l'unité de famille.

À propos de la célébration de la guerre de 1914-1918, j'ai retrouvé en fouillant dans mes papiers un document que j'avais oublié, et dont j'avais ignoré l'importance. C'était l'ordre de détachement de mon père auprès de l'armée italienne. Par décret royal du 21 mai 1916, n° 641, il avait été versé dans l'une des deux divisions françaises qui viendraient combattre aux côtés de l'armée italienne sur le Piave, en juin 1918, sous les ordres du général français Graziani, dans la région de Gorizia d'où Zoran Music était originaire... Petit paysan du Morvan, ce fut son seul voyage à l'étranger.

GUIDO CADORIN

(1892-1976)

Les somnambules

« Lorsque apparurent les premières lueurs d'une aube froide et plombée, Huguenau remarqua les touffes d'herbe sur le bord de la tranchée et quelques pâquerettes printanières… »

Ces trois lignes tirées des *Somnambules* de Hermann Broch, décrivant le moment où son personnage, appelé au front, au printemps 1917, se prépare à déserter, semblent décrire aussi l'un des plus beaux tableaux et des plus énigmatiques peints par Cadorin en ce même moment du printemps 1917, *La Tranchée*. Hasard ? Non, croisement du regard d'un grand écrivain et de celui d'un peintre des plus lucides de son temps, puisant à une même réalité.

Les critiques qui, mal à l'aise, redécouvrirent Cadorin après les années 1950, ne virent pourtant guère dans cette œuvre, et dans celles qui l'accompagnent cette même année 1917, *Le Capitaine* et le *Nu au paysage fleuri*, qu'une tardive variation sur le style floral de la Sécession viennoise.

En pleine époque de l'informel, on consentit à distinguer dans cet art délicat un effort naïf de stylisation qui l'aurait rapproché de la modernité. Ces « tranches de nature », osait écrire un Umbro Apollonio, « faites d'herbe et de fleurs », avaient le mérite d'annoncer l'abstraction[1] !

Mais on n'en vit pas le sens, la grandeur tragique, qui en faisaient une œuvre plus précieuse que le seraient toutes les productions de l'art informel.

Quel était en effet, caché sous l'herbe et les fleurs, le *sens* de cette œuvre ?

Freud, deux ans plus tard seulement, en 1919, au sortir de la guerre, allait parler d'un sentiment qu'il nommerait « l'inquiétante étrangeté », *das Unheimliche. La Tranchée* en était une parfaite illustration. Familier, rassurant, paisible et domestique, ce pré est traversé du souffle de l'inquiétude. Une églogue, une pastorale, la version *Liberty* d'un jardin d'Éden peut-être. En vérité, c'est un tombeau, un charnier, une fosse commune, où la culture la plus brillante que l'Europe avait connue, allait s'ensevelir. La prairie d'asphodèles des Anciens devient ici le bourbier des damnés, le tapis mille-fleurs, le seuil d'un monde désert, et ce premier matin du monde qui célèbre l'innocence et la beauté des corps, semble annoncer l'instant de la disparition.

C'est un dernier regard sur le « Printemps sacré » des Viennois, c'est aussi, dès que le regard aura dépassé le rebord de la tranchée, la découverte des *Derniers Jours de l'humanité*. Et le monde d'hier, décrit par Zweig, fait de culture et de courtoisie, d'amour des femmes et de piété envers le monde créé, commence ici de céder la place au monde contemporain, grossier et violent, dominé par la puissance technique. C'est ce passage que Broch et Cadorin, lorsqu'ils décrivent et peignent *La Tranchée*, en 1917, évoquent. Si Guido Cadorin

1. Umbro Apollonio, « Quel certo "informale" », in *Guido Cadorin*, cat. expo., Gallerie dell'Accademia, Venise, 1968.

était proche de quelqu'un, en ces années-là, plutôt que des ornemanistes viennois à la Zecchin, c'était de Casorati. Cinq ans avant le *Nu au paysage fleuri*, ce dernier avait proposé, dans *Il sogno del melograno*, puis en 1914 dans *La preghiera*[1], deux œuvres énigmatiques figurant déjà une jeune fille au milieu d'un pré fleuri, éclatante de sa beauté neuve. Traditionnellement, les fleurs printanières sur lesquelles se dressent ces corps juvéniles sont associées à l'espérance et à la résurrection de la chair. Pourtant, là aussi, un sentiment sourd d'inquiétude traverse le paysage et semble prévenir que la *mors repentina* vient de se glisser dans le jardin du *Ver sacrum*.

Enterrant son regard, Cadorin inaugure cependant un angle de vision nouveau et singulier. *Da sotto in sù* : cette façon de voir le monde par en dessous avait jusque-là signé les rapports des humains et des dieux. En bas sont ceux qui prient, en haut ceux qui exaucent. Les terrestres et les célestes. Cette hiérarchie qui avait si longtemps régi notre culture, la tranchée, au printemps 1917, la renverse. Dans la terre, ceux qui vont mourir et qui lancent un dernier regard à la vie. Sur la terre, les fleurs qui continuent de pousser dans un monde indifférent que l'homme a déserté. Dans le ciel, qu'aucun Dieu n'habite plus, passent les formes toujours recommencées des nuages, qu'aucun regard ne déchiffrera.

Dans les années qui précédaient la guerre, les Futuristes avaient imaginé un point de vue inverse. L'*epos* futuriste avait imposé une vision surplombante, héroïque, où dominait le regard d'un homme se croyant devenu un dieu, considérant ses créatures, plus bas. Le héros futuriste, par excellence, c'est l'aviateur. Tels seront ces paysages vus de haut en bas, visés en plongée vertigineuse, piqués des

1. Galleria d'Arte moderna, Vérone.

avions sur la ville qui, de Crali à Prampolini, de D'Annunzio à Italo Balbo, signeraient le monde futur.

La tranchée, en 1917, sous la menace des bombes, avait ramené l'œil à la réalité. L'homme désormais s'enterrerait, et son regard, au-dessus de la tranchée, ne verrait plus, parmi les fleurs, les êtres aimés qui se couchaient sur elles, mais un sol désert et, par-dessus, un ciel vide.

Le roman de Broch, on le sait, est une trilogie qui fait se succéder, accompagnant ce qu'il appelle « la dégradation des valeurs », trois moments successifs du déclin de l'humanité : le romantisme, l'anarchie, et le réalisme. Ce réalisme qu'il faudrait plutôt traduire, de l'allemand *Sachlichkeit*, « l'objectivité », est le monde de la chose en soi. Et c'est vers ce monde *sachlich* que son personnage se dirige, après avoir quitté la tranchée. C'est ce monde de la *Sachlichkeit* que Cadorin aussi s'efforcera de traduire. Eût-il été allemand, on l'aurait admiré à l'égal d'un Dix ou d'un Schad, mais vénitien, on ne voulut voir en lui qu'un peintre provincial...

Or la culture de Cadorin (comme plus tard celle de ses enfants, Ida et Paolo) était une culture inépuisable et infatigable. Sa connaissance de l'art du passé, son métier seraient des armes pour affronter le monde fait de laideur et d'absurdité, qui se découvrirait à lui au sortir de la tranchée. Elles lui permettraient de donner corps à autre chose qu'aux débordements anarchiques d'un Moi supposé créateur, que les avant-gardes du temps allaient encourager.

Dire cela, cet effort de restaurer un ordre collectif supporté par une règle commune, c'est poser le problème du style. Finalement, quel style aura illustré notre époque, comme le Maniérisme, le Baroque ou le *Jugendstil* avaient illustré la leur ? Un style, un style collectif, capable de s'étendre à tous les domaines de l'environnement visuel, la peinture, mais aussi l'architecture, le décor, le mobilier, les tissus, les vêtements, était-il encore possible ? Pouvait-on échapper à l'idiotisme d'une création contemporaine qui se voudra d'autant plus géniale qu'elle se croit spontanée et limitée à un médium, comme rapetissé aux caprices d'un seul individu ?

Broch, dans *Les Somnambules*, est là-dessus catégorique : « L'horreur de notre époque se manifeste de la manière la plus apparente dans les expériences architecturales [...] Je suis persuadé qu'à aucune époque antérieure l'homme n'a contemplé avec dégoût et colère les formes d'expression architecturale. Cette expérience était réservée à notre époque[1] ».

Notre époque aura-t-elle été « sans style », comme on dit « sans façon », « sans souci » ou « sans gêne » ?

Le XXe siècle a connu l'efficacité de la technique : verre, acier, béton précontraint et calculs infinis. Des usines, des ponts, des musées en ont été les produits. Mais cela suffit-il, de Behrens à Calatrava, à parler de style ? Dans la débâcle des valeurs, quelle fortune critique sera celle du style « Années 1930 », dont on peut attendre plus qu'une réhabilitation : une admiration ? Le fait est plus éclatant en Italie qu'ailleurs, car les architectes pouvaient là s'appuyer sur une tradition picturale demeurée forte et sûre.

Là encore, c'est Hermann Broch qui voit lucidement les choses : ce sont les arts plastiques, dira-t-il, qui « surpassent tous les domaines intellectuels en puissance caractéristique, ils surpassent la poésie, surpassent même la science, même la religion. Ce qui dure à travers les millénaires, c'est l'œuvre d'art plastique, elle reste l'indice de l'époque et de son style[2] ». Or, dit-il encore, le style de notre

1. Hermann Broch, *Les Somnambules*, III, XX.
2. *Ibid.*, III, XXIV.

époque s'est réduit à l'efficacité d'un monde régi par le savoir du technicien et l'habileté de l'homme d'affaires : le style de Huguenau, le « style de vie » de son personnage incarnant la *Sachlichkeit*, ce sont les façons de faire du boutiquier qu'il est, dont l'efficacité logique « requiert en tous lieux un style dépouillé d'ornements. Certes ce style apparaît même aussi bon et aussi juste que l'est tout ce qui est nécessaire. Et cependant, c'est le néant, c'est la mort qui sont liés à ce dépouillement d'ornements, derrière lui se cache la figure monstrueuse d'un trépas, où le temps s'est effondré en ruine[1] ».

Homme du monde ancien, avec ce que cela suppose, une fois encore, de culture, de respect, de civilité, voire de religion, Cadorin est l'artiste qui, dans son œuvre, s'oppose à ce monde rationnel et pesant de l'efficacité, privé de sens et de beauté, qui commence d'apparaître. Close la parenthèse de la Sécession viennoise, le dernier grand style collectif que l'Europe ait connu, il s'efforcera de fonder sa peinture dans un style nouveau, quel que soit le nom qu'on lui donne, *Nuova Oggettività, Realismo magico*, etc. Son compagnonnage avec les grands architectes de son temps, son programme de grands cycles décoratifs sont bien plus que les derniers feux d'un art des temps anciens qui fut toujours un art collectif : ils nourrissent sa peinture, tout comme sa peinture garantit l'importance et la valeur de ces grands « ornements ». Entendu dans ce sens, l'ornement, les grandes compositions murales des églises, des palais, des hôtels, des maisons particulières, n'est pas une élégance superflue, une distinction aristocratique : c'est, miraculeusement sauves, une politesse de style, l'expression d'une civilisation, une

1. *Ibid.*, III, XXXI.

liturgie profane qui permet aux humains de se rassembler et de communier dans des valeurs communes. Car, composée qu'elle est pour des *happy few*, cette liturgie apparemment faite pour une élite est un art qui célèbre en réalité l'homme des foules, le passant anonyme, et les valeurs d'un humanisme présent aux origines de l'Europe.

De tous ces « ornements », le plus étrange et le plus fascinant peut-être est celui qu'il accepte de réaliser pour le *Vittoriale*. On ne peut guère imaginer contraste plus fort que la réunion de ces deux esprits si contraires, celui du *condottiere* de Fiume, et celui-ci du solitaire de San Bastian, celui du séducteur profane et celui de l'anachorète au désert vénitien, auquel le poète du *Fuoco* s'adressait ainsi : « *Frate Guidotto*... » Le résultat sera une œuvre étrange, elle aussi composite, le décor pour la Chambre du Lépreux, la chambre des songes purs. Les caissons du plafond composent un damier sur lequel se joue une partie improbable : ici des corps de femmes parmi les plus voluptueux qu'on ait peints en ce siècle, les Sibylles, et là des instruments de supplice, les *arma Christi*. Comment ne pas imaginer, sauf à ce cœur pur qu'était Cadorin, que ces clous, ces marteaux, ces fouets, imposés par l'iconographie quelque peu brouillonne de D'Annunzio, étaient aussi les armes d'un jeu érotique dont il avait, avec passion, dessiné les corps ? Crucifixion, oui, mais crucifixion en rose. Baiser au lépreux, mais au lépreux seulement ? Ce qui se joue là, dans ces corps élégants, sous couvert d'exaltation mystique, n'est pas loin de ce qui se joue sur les fresques des *Ambasciatori*[1].

Demeure ce fait fondamental : alors même qu'il peint, perché sur des échafauds, la société de son temps, Cado-

1. Jean Clair, « Guido Cadorin. La dolce vita », Art FMR, *Les Annales de l'art de Franco Maria Ricci, XXe siècle*, t. I, Milan, 1990, p. 107-126.

rin, dans la solitude de son atelier, se montre comme l'un des grands portraitistes du siècle passé. Ici les types, les fonctions, les honneurs, les uniformes et les grades, les chefs d'État, les hommes politiques et leurs maîtresses, le jeu social. Là, l'individu seul, énigmatique, plongé dans le silence d'une inaccessible intériorité.

En un moment, à partir de 1915-1917, où le visage se défait, où l'individu se dissout, où la personne est niée, il dresse des figures qui sont inoubliables car elles sont uniques. Là où cubisme et futurisme fracturent la forme, craquèlent les surfaces, font éclater les plans, il les dresse au contraire comme des architectures, rigoureuses et admirables, avec des méplats solides et clairs. Tout homme est un être unique, une création, un miracle semble-t-il dire, et rien en son apparence ne se peut réduire à la formule. On regarde alors ces visages si singuliers comme on cherche sur le retable le visage du donateur ou du peintre, dont on sait, parce que ce sont des hommes et des êtres uniques, qu'ils sont d'une apparence autre que celle des visages convenus, idéalisés, des saints, des anges et des dieux — et qu'ils nous regardent eux aussi de façon différente. Les maîtres sont ici Mantegna, Masaccio, de cette époque où l'homme montrait encore l'orgueil d'être un homme.

On ne peut que deviner le drame secret de cet artiste qu'après la Guerre on avait oublié, dont la simplicité et l'innocence quasi franciscaines avaient consisté à aimer, à respecter et à traduire chaque aspect si différent du visible, un visage de femme, un corps de femme, une attitude, un sourire, une façon de croiser les jambes, mais aussi un vêtement, un ornement de vêtement, un tissu, le détail d'un mur, la couleur d'un mur, une modénature, une fleur, un bouquet, une barque, la forme d'une barque, un massif de roseaux lagunaires, une lumière, un éclat de lumière, un reflet, un ciel, un aspect du ciel, un homme dressé sur l'horizon des eaux, tout un monde visible inlassablement décliné et copié.

Or la Venise que Cadorin peint après la Seconde Guerre est une Venise éteinte, dépeuplée, comme une Venise de couvre-feu.

Et curieusement c'est une Venise qui est tantôt déserte, aux *campielli* vidés de toute présence humaine, comme si la peste était passée par là, tantôt une Venise au contraire envahie par des foules, mais des foules anonymes, toutes semblables, faites non plus d'individus mais d'automates, de robots, de marionnettes, de mannequins bourrés de son qui se rendent en rangs serrés, comme une armée, dans des lieux indifférents comme un supermarché ou bien un cinéma.

« *We are the hollow men, we are the stuffed men*… » écrivait alors T. S. Eliot dans son *Waste Land*. La série, l'uniforme, le silence ont remplacé l'unique, le distinctif, le murmuré. Le module a remplacé le modèle. Le plaisir collectif la délectation solitaire, le déplacement en masse la démarche personnelle. L'ombre chinoise, la silhouette aplatie, le volume de chair autrefois amoureusement reproduit.

Curieusement, Cadorin réussit à introduire dans une ville réputée hédoniste et raffinée, les traits d'un camp militaire, avec ses uniformes, son ordre, ses rythmes, son ennui, sa grisaille. C'est alors la ville des Somnambules, la Venise d'un monde moderne, qu'aucun esprit ne semble plus habiter. Cadorin y vivra les vingt dernières années de sa vie, accompagnant le déclin de sa ville aimée, le visage seul encore éclairé d'une politesse et d'un savoir intacts.

HENRI CARTIER-BRESSON

(1908-2004)

Kairos. La notion du moment décisif dans l'œuvre de Cartier-Bresson

« Ce que tu vois qui te convient, ne le laisse pas s'échapper ;
L'*Occasio* a le front chevelu, mais derrière, elle est chauve. »

Disticha Catonis, II, 26

« Il n'y a rien en ce monde qui n'ait un moment décisif. »

Cardinal de Retz

Dans l'iconographie antique comme à la Renaissance, l'*Occasio* est habituellement représentée sous la forme d'un jeune garçon ailé qui court. Il a le front bouclé, mais la nuque est chauve. Il faut donc, sans tarder, le saisir aux cheveux.

Les Grecs anciens désignaient par le mot *kairos* ce que nous appelons normalement l'« occasion[1] ». C'est un mot qui se rapporte au temps (ce temps qu'en grec moderne

1. Nous empruntons l'essentiel de la description à l'ouvrage de Monique Trédé, *Kairos. L'à-propos et l'occasion*, Paris, Klincksieck, 1992. Pour ceux que le *kairos* intéresse, on peut signaler : Henri Ellenberger, « La notion de kairos en psychothérapie », in *Médecines de l'âme*, Paris, Fayard, 1995, et *Les*

il a fini par désigner). C'est l'à-propos, le moment opportun, l'instant propice. C'est un choix opéré dans la durée.

Or, à l'âge archaïque, c'était un lieu de l'espace qu'il désignait encore, un endroit décisif, et non pas un lieu du temps. Le *kairos*, chez Homère par exemple, c'est un lieu névralgique du corps, un point essentiel, l'endroit vulnérable, qui décide parfois de la vie et de la mort.

Dans de nombreux chants de bataille de *L'Iliade*, on trouve ainsi plusieurs passages où Athéna, la déesse de la Raison, intervient en faveur du héros, en faisant au dernier moment dévier le trait, la flèche ou la lance, qui le menace. Elle le détourne — et c'est un phénomène de l'espace — du point crucial, de l'endroit critique, *kairos*, qui est dans le corps comme le défaut de la cuirasse par où s'introduit la mort.

Il a affaire, spatialement, avec la capacité de l'œil, dans une époque ancienne, encore empirique, et qui ignore largement l'art de la mesure, de savoir intuitivement distinguer, choisir, percer au bon endroit.

Pour en référer à ce qui sera plus tard le *perspicere* latin (soit, étymologiquement, ce qui traverse, ce qui perce, ce qui vise juste), c'est la perspicacité de celui qui « a l'œil ». Ce pouvoir optique de l'œil de distinguer et de fixer un point particulier annonce ce qui deviendra beaucoup plus tard, à partir du XIVe siècle, avec le développement de la géométrie moderne, chez nous, l'art de la perspective, comme une certaine organisation de l'espace autour d'un point privilégié. Celui qui a l'œil a le pouvoir de trouver le point critique, autour duquel le monde s'organise.

Présocratiques, Paris, Gallimard, « Bibliothèque de la Pléiade », 1988, la notice sur « Le moment opportun », p. 1521.

Mais ce pouvoir de distinction, ce peut être aussi, chez le médecin, à travers la palpation, le don de saisir l'endroit précis du corps, la lésion, la faille, la fissure, le point par où le mal a envahi le corps. L'art du médecin, c'est de savoir discerner ce qui dans une blessure est grave ou bien bénin. Le *kairos*, c'est alors ce qui, dans l'organisme, désigne le lieu essentiel et circonscrit de la blessure, le point vulnérable du corps. Pour le chasseur, dans un registre voisin, c'est l'habileté à décocher le trait juste dans le fouillis des taillis et des buissons, pour atteindre sa proie. Pour le navigateur, c'est l'art de déceler la passe difficile. Etc.

Comment est-on passé d'un sens à l'autre, du registre spatial au registre temporel, pour désigner ce geste qui consiste à capturer ce point sans épaisseur qui décide, par exemple, du destin d'un individu, à cet instant tout aussi décisif qui, dans l'étendue du temps cette fois, permet d'agir sur les circonstances en leur imposant un sens ? Le *kairos* se comprend alors dans l'acception d'occasion à saisir, de moment à ne pas manquer, de décision à savoir prendre.

En un sens, le *kairos* s'oppose au *logos* : il est l'instant décisif qui brise le déroulement continu et logique des choses, qui tranche dans la rhétorique du monde, l'espèce d'effraction ou de coup de force qui permet de se faufiler au moment juste pour en rompre le cours.

L'exemple du chasseur, l'image de l'archer habile dans le tir à l'arc, permet de comprendre comment le glissement de sens s'est fait du spatial vers le temporel. Dans l'*Agamemnon* d'Eschyle, il est dit de Zeus : « Il est celui qui a longtemps gardé son arc tendu pour épargner à son trait de tomber en deçà du point décisif — *kairos* — ou de monter au-delà des astres dans un vol inutile. »

L'idée de choisir dans l'espace un endroit ou, dans un corps, un lieu qui soient l'endroit ou le lieu opportuns, convenables, se superpose ici exactement à l'idée de choisir dans le temps le moment de la décision, décider de l'instant qui sera dit décisif, le *kairos*. La notion de *kairos* s'articule ainsi entre une appréhension singulière de l'étendue et une saisie particulière du temps. Le médecin aussi, qui exerce, on l'a vu, un savoir du *kairos* de l'espace, exerce un savoir du *kairos* du temps quand il décide à quel moment il doit intervenir, en laissant la maladie mûrir, atteindre sa crise, son point critique, avant d'intervenir.

L'aspect le plus intéressant de cet enrichissement du sens primitif de *kairos*, d'abord lié à l'étendue, puis ramassé à l'instant, c'est qu'il a lieu au moment où en Grèce se développent les *technai*, c'est-à-dire ce que nous appelons, nous, « l'art » ou « les beaux-arts ». Or l'art, chez les Grecs, ce n'est pas l'expression spontanée d'un génie comme on voudrait le croire aujourd'hui, mais c'est un ensemble de connaissances qui se transmettent grâce à un enseignement, et qui mettent peu à peu l'œil au service de l'esprit, c'est l'exercice d'une pratique dans laquelle se combinent indissolublement une maîtrise technique, c'est-à-dire un savoir, et — d'autre part — une intuition, une *acrité*, une rapidité intellectuelle qui relève de la sensibilité pure, de l'art au sens moderne. *Technè*, c'est l'art du peintre, du sculpteur, ou de l'architecte, mais c'est aussi l'art de l'archer, qui lance ses traits avec habileté, *technè*, c'est l'art encore de l'orateur, qui décoche lui aussi des traits, mais d'esprit, qui sait trouver le mot juste, qui atteint exactement ce qu'il cherche à dire, *technè*, c'est l'art du médecin, quand le savoir du praticien s'allie à l'intuition du thérapeute, et qui trace lui aussi sur le corps les points névralgiques, c'est l'art du potier aux doigts habiles à trouver la forme juste dans la terre, etc.

Au moment où la culture grecque connaît son apogée, à travers l'essor de l'astronomie, des mathématiques, de la musique, de la médecine, de la tragédie, de l'architecture, la notion rare et riche de *kairos* devient à la fois plus précise et plus fréquente.

L'essor des sciences et des arts, médecine, éloquence, stratégie, politique, art de bâtir et art de guérir, art de convaincre et art de séduire, engendre une richesse infinie des savoirs. L'esprit nouveau fait science de tout. Il se heurte, en retour, à l'extraordinaire complexité de ces connaissances, reflet de la complexité du monde. Cette abondance confuse, cet embarras de richesses, cette prolixité, cette profusion, c'est la *poïkilia*. Pour la maîtriser, pour s'y retrouver, pour « voir clair » dans le fouillis nouveau des connaissances, pour conserver le pouvoir discriminateur de l'œil et continuer de dégager le sens des événements qui se multiplient, il faut faire preuve d'une sagacité nouvelle, d'une rigueur accrue. Ce pouvoir, la capacité de distinguer, de juger, de choisir, c'est l'*acribie*. Face à l'infinie diversité des facteurs qui conditionnent l'action, en considérant chaque fois ce qu'exigent les circonstances, il devient plus nécessaire que jamais, à défaut d'une règle fixe, immuable, que donnerait une science qui ne fait encore que balbutier, de maîtriser cette connaissance supérieure du moment et du lieu qu'on appelle le *kairos*.

Cette nouvelle puissance de *kairos*, qui consiste à savoir choisir le moment opportun, l'instant critique et décisif, sera même consacrée par la religion. À la fin de l'âge classique, *Kairos* est devenu un dieu : c'est le plus jeune des fils de Zeus.

On en aura assez dit, en la résumant au mieux, une notion si riche, pour faire saisir à quel point la photographie, comme science et comme art en général, et concernant l'art et la science d'Henri Cartier-Bresson en particulier, relève de la catégorie du *kairos* antique.

Il peut sembler étrange de commenter une œuvre née d'une technique moderne et si neuve encore — un peu plus d'un siècle — par des concepts qui remontent à l'origine de la pensée occidentale. Et cependant, on voit à quel point ils s'y adaptent exactement. Le progrès des techniques, l'approfondissement des connaissances ne font rien à l'affaire. C'est toujours du même acte qu'il s'agit, à travers les siècles. Il mobilise les mêmes énergies.

Le geste apparemment si simple qui consiste à viser à travers un viseur et à appuyer sur un déclencheur, pour saisir une configuration particulière du monde, l'expression d'un visage ou le déroulement d'un paysage, ce geste si bête et apparemment si machinal suppose en fait une philosophie, une morale, un savoir qui furent ceux du monde ancien. Il cèle en lui l'un des concepts les plus féconds, les plus riches, les plus éclairants de la philosophie antique. Il ressuscite des configurations intellectuelles sans lesquelles ni la tragédie grecque, ni Platon, ni le Parthénon n'auraient vu le jour.

Il semble que le photographe, armé de son petit Leica, soit ainsi la réincarnation de ce penseur, à l'aurore de notre culture, qui, simplement armé d'une tablette et d'un stylet, posait, guidé bien souvent par sa seule sensibilité et par quelques rares notions d'algèbre et d'esthétique, les fondements mêmes de notre savoir.

Quand Henri Cartier-Bresson écrit : « Une photographie

est pour moi la reconnaissance simultanée, dans une fraction de seconde, d'une part de la signification d'un fait, et, de l'autre, d'une organisation rigoureuse des formes perçues visuellement qui expriment ce fait », il énonce une règle de conduite — trouver le moment décisif, c'est en effet arriver « quand il faut », ni trop tôt ni trop tard —, soit une règle de conduite morale et sociale, permettant un accord exact avec ses contemporains — ceux qui vivent dans le même temps que vous. C'est s'accorder au temps mieux que personne, comme un instrument s'accorde avant de jouer. C'est donc aussi une règle esthétique qui unit en elle le beau, la mesure (ou l'équilibre) des choses et le *kairos* qui, dans l'instant, les saisit. Il répète ce que disait Plutarque dans ses *Moralia* : « En toute œuvre, la beauté est pour ainsi dire le produit d'une foule de nombres qui atteignent à un unique *kairos* à travers un système de proportions et d'harmonie. »

Le *kairos*, dans le clin d'œil du photographe, c'est le fait de toucher au but dans l'espace comme d'arriver à temps dans la durée. Il se faufile en ce moment précis, fulgurant, où l'écran du monde semble s'entrouvrir, se déchirer, bâiller, béer, avant, tout aussitôt, de se refermer. En glissant un sens un peu religieux, c'est le moment *propice*, c'est-à-dire favorable aux dieux, mot qui, dans sa composition — *pro-pitius* —, montre assez qu'il est un survol qui prévoit ce qui va se passer. C'est le geste rapide qui porte là où il faut. C'est le geste ailé. Homère, dans ses poèmes, parle souvent de « mots empennés » ou de « mots ailés », comme des flèches, quand il s'agit de mots justes, de mots qui portent, de mots qui visent juste. Le photographe participe de ce vol et le prévoit, quand il fait sortir l'oiseau de sa cage. Ses clins d'œil sont, comme les mots d'Homère, ce qui va droit au but. Ils sont légers, rapides, aériens, célestes et lestes. Leste, c'est *lustig*. C'est le côté loustic et lutin d'Henri Cartier-Bresson, son aspect petit reporter du XXe siècle, un Fantômas parfois un peu inquiétant sous son allure de parfait gentleman. On comprend qu'il ait pu aimer et frôler les Surréalistes, dont il aime le goût pour l'insolite, pour la rencontre et pour le merveilleux.

C'est là aussi qu'il s'en sépare. Car si le *kairos* s'oppose au *logos*, quand il en rompt la noble continuité, il s'oppose tout autant à la *tuchè*. *Tuchè*, c'est le hasard. Or le *kairos*, c'est tout le contraire du hasard. Il est la bonne décision, celle qui tranche, là où il faut et quand il convient. Le *kairos* est du côté de la nécessité, non de la contingence, et c'est pour ça qu'il est rangé, dans la Grèce antique, du côté de la beauté, du *kalos*, de la *summetria*, de l'harmonie, cette disposition qui, chez les Anciens, désigne l'accord des parties entre elles, et des parties avec le Tout. Le *kairos*, ce point décisif, est un point d'équilibre. Rien à voir avec l'irruption du hasard, qui vient bousculer l'ordre des phénomènes.

Ce point est essentiel, qui trace la ligne de partage entre Cartier-Bresson et ses amis surréalistes. Les débuts du photographe ont souvent été placés dans la magie du hasard dit « objectif ». Ami aussi des Surréalistes, grandi dans leur façon de voir le monde, Jacques Lacan a souvent fait de la *tuchè*, du hasard, un ressort essentiel de sa clinique. Il y voyait la *rencontre du réel*, l'indication du retour, de la revenue, de l'insistance des signes sous le principe du plaisir[1]. Mais ce serait là, convenons-en, sous l'influence de Breton,

1. Jacques Lacan, *Le Séminaire*, Livre XI, Paris, Seuil, 1973, p. 53.

quelque peu de la sorcellerie. Cartier-Bresson, au contraire, n'a, me semble-t-il, jamais rien laissé au hasard. Il est l'artiste qui maîtrise les phénomènes — soleil, ombres, éclats, mouvements des feuilles et des foules —, comme il est le maître des événements, dans la mesure où il sait les prévoir. *Kairos*, c'est la maîtrise.

Le photographe est ainsi celui qui, dans le mouvement continu des apparences et dans le fouillis des événements qui se succèdent sans fin et toujours de manière inattendue, demeure sur le qui-vive, sans jamais succomber à l'*acedia* ni à la *nonchalance*.

Ce terme de « nonchalance » que Cartier-Bresson affectionne pour accuser ce qu'il désigne, c'est le non-chaloir, c'est le « peu me chaut », soit traduit en langage moderne le : « Ce n'est pas mon problème », rituel de l'infinie indifférence de nos contemporains. Or le photographe est celui qui se chaut du monde, qui s'en préoccupe à tout instant, qui ne le laisse jamais tomber. Il est pareil à ces gens pieux qui, en Orient, veillent à ce que tournent, sans jamais s'arrêter, les moulins à prières. Viendraient-ils à s'immobiliser, le monde s'écroulerait. Le photographe est le gardien des apparences, et son rouleau, dans l'appareil, est son moulin à prières. Il est le thérapeute des apparences. Il les sauve et il les soigne. C'est parce qu'il y a des images que le monde continue de vivre sous nos yeux.

Car il est capable de saisir l'instant où les événements prennent un sens, dans l'ordre de l'univers logique, en même temps qu'ils se disposent sous l'œil en une certaine harmonie dans l'ordre de l'univers physique. Quand *logos* et *cosmos* se croisent, cet instant où l'ordre du monde laisse échapper une signification, et qui est comme une poésie de l'occasion, c'est le *kairos*.

Ce moment bref et intense où le monde, dirait-on, est à son étale, avant le reflux et le chaos à nouveau, où les ombres et les lumières s'équilibrent avant de se confondre, où se dégage une forme, au milieu de l'embarras des formes, le photographe, veilleur obstiné du monde, est là pour le saisir.

« Notre œil doit constamment mesurer, évaluer. Nous modifions les perspectives par un léger fléchissement des genoux, nous amenons des coïncidences de lignes par un simple déplacement de la tête d'une fraction de millimètre, mais ceci ne peut être fait qu'avec la vitesse d'un réflexe, et nous évite d'essayer de faire de l'Art. »

Pas plus que le chasseur, le médecin, l'orateur ou le potier n'appliquent à leur art, entendu comme *technè*, c'est-à-dire comme un savoir-faire pragmatique, les règles abstraites d'une science universelle qui n'existe pas encore — qui seront plus tard celles de la perspective scientifique, par exemple, ou des coloris par l'Académie —, pas plus le photographe, manipulant son appareil, visant la réalité et décidant de l'instant de la prise, n'utilise une « science » de la photographie. Il se laisse porter par le flux de cette attention qu'on appelle flottante, aux aguets de ce qui s'échappe.

Platon, dans *La République*, sera le premier peut-être à relever cette incapacité de l'esprit humain à saisir, non pas l'accident, mais l'universel, dans la confusion sans cesse renouvelée du réel : « La diversité qu'il y a entre les hommes et les actes, et le fait qu'aucune chose humaine n'est pour ainsi dire jamais en repos, ne laissent place dans aucun art et dans aucune matière à un absolu qui vaille dans tous les cas et pour tous les temps. »

Face à cette dérobade continue des apparences, et dans cette impossibilité où il est de se réclamer des canons d'un

« Art », le photographe, homme du relatif et non de l'absolu, de l'accident et non de la substance, fait recours à une sorte de connaissance préscientifique, une reconnaissance subliminale si l'on veut, « qui a la vitesse d'un réflexe », dit Henri Cartier-Bresson, et qui, si liée aux remous du réel, portée par elle comme un esquif sur les flots, est aussi celle du *kairos* archaïque.

Ce type d'intelligence mercurielle, ou si l'on veut hermétique, qui relève en effet de l'art du tireur à l'arc, de celui qui tire sans réfléchir, mais avec tout son être mobilisé, tendu vers son but, est celui qui permet à l'action de s'adapter, avec une nécessaire et continue souplesse, au devenir labile et flottant des choses, et de s'exercer dans des circonstances infiniment variées.

L'effet d'effraction que nous avons analysé plus haut, ce sursaut de la sensibilité du *kairos* qui vient briser la règle du *logos*, c'est aussi ce que Cartier-Bresson, cet Hermès au pied léger, qui était le dieu du Commerce mais aussi celui des Voleurs, appelle, si justement, « un délit » : « Je marchais toute la journée l'esprit tendu, cherchant dans les rues à prendre sur le vif des photos comme des flagrants délits. »

Mais délictueux, voleur des apparences, le photographe en est tout aussi bien le juge. Car c'est parce que l'homme se heurte à un réel irréductible, à une règle universelle de la connaissance, ou bien parce qu'un savoir universel ne peut être coextensif au réel, que cet homme du réel par excellence qu'est le photographe, et mieux encore le reporter, s'appuie sur cette connaissance infiniment subtile — au sens où Jünger parlait de ses « Chasses subtiles » — que développent aussi, non seulement les entomologistes, mais tous ceux qui pratiquent la chasse, la guerre, la navigation, non la connaissance rationnelle, non le *logos* savant, mais la reconnaissance, instinctive, de ce moment opportun qu'est le *kairos*. Chez le photographe, comme chez le potier, le pilote de navire, le cocher, il y a la mise en œuvre d'un flair singulier, d'une intelligence rusée — cette *métis* que Jean-Pierre Vernant, non sans raison, assimile au *kairos*, irréductible à la logique et à l'Art académique, capable seule de s'appliquer aux réalités mouvantes et multiformes du monde.

L'œil du photographe, comme celui du médecin ou du chasseur, est un œil qui, dans la variété infinie des circonstances mobiles du monde, saisit une évolution singulière des risques, et aussi des chances. Il est l'homme du particulier contre la loi, et par là même il triomphe de l'universel. Il reconnaît dans les facteurs multipliés de la réalité le moment opportun — *kairos* — où, dans ce flux, une image particulière délivre un sens. Le *kairos* est un art de la prévision et de la précision, du pronostic et de la cure. Le photographe nous guérit du réel — comme tout grand artiste —, il nous en fait supporter et même aimer le poids, car il a distingué en lui le point de rencontre de deux durées : c'est là où se croisent la maturation du passé et le surgissement de la crise à venir. Il est celui qui tranche dans la continuité du temps avec la plus grande mesure ou la plus grande justice. Son doigt sur le déclencheur a la rectitude de l'arête du fléau de la balance, qui divise le temps en deux.

Juge armé de sa balance qu'est son appareil, pesant le monde comme *La Peseuse* de Vermeer pèse ces grains de lumière que sont ses perles, il est aussi, à l'occasion, le devin, qui devine en effet, qui prévoit en une fraction de seconde ce qui va arriver, le meurtre d'un homme d'État par exemple. « Le raccourci de la pensée, dit fort précisément Cartier-Bresson, qu'est le langage photographique a un grand pouvoir [*qui est*] celui d'un jugement sur ce que nous voyons, et ceci implique une grande responsabilité. »

*

Le temps humain n'est pas un temps homogène. Il a ses hauts et ses bas. Il se ralentit ou s'accélère. Il est le temps du mûrissement et de la décomposition. Parfois, rarement, le temps de l'immobilité ou de la catastrophe. Le temps est vivant. Ce n'est pas le temps des machines, qui est le temps de la répétition, et qui ne produit que des objets identiques. Le temps humain attend, espère, et trouve. C'est le temps de l'œuvre, qui ne relève pas de la production. Le *kairos*, à cet égard, qui relève de la connaissance intime de ce temps des hommes, est plus du côté de Mnémosyne, la douce mémoire, que du côté de Chronos et de sa sinistre faux. C'est parce qu'il se souvient qu'il peut prévoir, c'est parce qu'il a vu qu'il peut anticiper. Un médecin non plus ne devrait jamais oublier qu'il a affaire avec le temps avant de s'occuper d'un malade, comme on dit, « chronique ». Rien ne se répète. Le photographe, l'artiste sont là pour l'attester. Le photographe n'arrête jamais de courir, dans la mesure où il se souvient. Sa maîtrise n'est pas d'ordre académique, mais chronique : il est le maître du Temps. De là une sensibilité aux météores propre à Cartier-Bresson. C'est faire alors retour du temporel au spatial : le *kairos* d'un instant, c'est celui du temps qu'il fait, à un certain moment du jour, en un certain lieu. Certaines des plus belles photos de Cartier-Bresson sont des moments du jour, des nuages qui se lèvent, en Inde, des pénombres vespérales en Flandres. Je comprends qu'il ait si fort aimé Bonnard.

Qui le connaît, qui l'a jamais vu marcher, léger, aérien,

sur la pointe des pieds, qui l'a vu prendre des photos, l'appareil caché dans la paume, silencieux, invisible, ne sera pas trop surpris de retrouver en lui les traits de la fameuse statue de Lysippe du *Kairos*, tel qu'on en trouve la description dans une épigramme que Poseidippos composa au IIIe siècle avant notre ère, et qu'on retrouve dans le dialogue suivant, entre *Kairos* et un passant : « Toi, qui es-tu ? — Kairos, le maître du monde. — Pourquoi marches-tu sur la pointe des pieds ? — Sans cesse je cours. — Pourquoi as-tu des talonnières à chaque pied ? — Je vole comme le vent. — Pourquoi tiens-tu dans la main droite un rasoir ? — Pour montrer aux hommes que moi, Kairos, je suis plus aigu et rapide que tout tranchant[1]. »

1. Traduit par Monique Trédé, *Kairos*, *op. cit.*, p. 51.

HENRI CARTIER-BRESSON

(1908-2004)

Petite métaphysique de la photographie

Baudelaire, décrivant le peintre de la vie moderne : « Ainsi, il va, il court, il cherche. Que cherche-t-il ? À coup sûr, cet homme, ce solitaire doué d'une imagination active, toujours voyageant à travers *le grand désert d'hommes*, a un but plus élevé que celui d'un pur flâneur, un but plus général, autre que le plaisir fugitif de la circonstance. Il cherche ce quelque chose qu'on nous permettra d'appeler la *modernité.* » Et, plus loin, analysant ce sentiment nouveau de la modernité : « C'est le transitoire, le fugitif, le contingent, la moitié de l'art, dont l'autre moitié est l'éternel, et l'immuable… »

Plus que de Constantin Guys, comment ne pas voir dans ces lignes la description prémonitoire de la figure et du projet d'Henri Cartier-Bresson, aujourd'hui, autre voyageur du grand désert d'hommes, toujours en quête du bel hasard de l'instant (« involontaire ») qui lui permettra d'atteindre à la nécessité immuable (« éternelle ») de l'œuvre ? Or Baudelaire écrivait ces lignes dans le temps où il condamnait, dans les termes que l'on sait, l'art de la photographie — qu'on eût cru cependant propice à incarner l'idée qu'il se faisait de la modernité. La contradiction vaut qu'on s'y arrête.

Que craignait-il de la photo ? Qu'elle ne vînt profaner l'art. Que, technique simple dont il prévoyait l'utilisation de masse, elle n'en vînt à empiéter sur l'art, non pour le supplanter mais pour le réduire et, plus précisément, le ramener à sa première moitié — tout occupée de capter « le transitoire, le fugitif, le contingent » — en oubliant l'autre, qui est pourtant la seule, dit-il, grâce à laquelle elle peut accéder à la dignité des arts anciens, à toute époque : cet « éternel » et cet « immuable » qui, précise encore Baudelaire, sont cette beauté *mystérieuse* qui se trouve dans la vie *involontairement*.

Un siècle et demi plus tard, on pourrait avancer en effet qu'il existe de la photo un usage conforme à ce que Baudelaire redoutait et que, devenu celui du grand nombre, on pourrait appeler un usage *rituel*. Mais il est non moins vrai qu'il en existe aussi, à de rares moments, — à redonner au mot son sens premier — un usage qu'on pourrait dire *religieux*, privilège de quelques-uns et dont Cartier-Bresson offre un exemple.

Ainsi, les Japonais qui entretiennent avec l'appareil photo un lien continu, étroit et quasi organique, me paraissent obéir sans le savoir à un rituel guère différent de celui qu'accomplissaient leurs ancêtres dans leur culte des morts. Comme des moines occupés à tourner leur moulin à prières, « mitrailler » sans relâche et quasiment sans regarder, c'est garantir que les apparences du monde seront à tout instant soutenues et comme sauvées par cet enregistrement rotatif. Armés de leur appareil en plastron comme Athéna de son égide, ils médusent moins le monde qu'ils ne s'accordent, par la giration monotone et indifférente du film à cette autre giration, aveugle et infinie qui, substituant aux accidents d'une vie ceux de son propre avatar, est celle du *samsâra*.

La photo qui nous livre l'aspect des choses comme si elles avaient disparu et des êtres comme s'ils étaient morts est la meilleure approche qu'on puisse imaginer du voile de Maya. Et elle n'est jamais aussi pénétrée de ce sens funèbre ou mortifiant que le bouddhisme enseigne que lorsqu'elle est, comme dans cet usage rituel, photo de circonstance ou, comme on dit, d'amateur : Gotama eût aussi quitté son palais si la photographie avait existé à son époque et qu'on lui eût, *sur épreuves*, montré l'illusion qu'était la vie. Loin d'être des titres de possession du monde, ces assignats de papier glacé en sont plutôt, gris bordés de noir, les faire-part de deuils. Ils disent à nos yeux, clairement, que ce monde *n'a jamais eu lieu*. Et, sans doute, le flot continu d'images auquel la photographie de nos jours nous soumet a sur notre conscience le même effet décapant — sain mais corrosif, à la façon d'un alcali sur la peau — que la croyance indienne : il mène à la même indifférence et peut-être, au bout du compte, à la même dureté. Ce tournoiement dans le vide des tambours dont on a oublié le mystère des formules, est traversé du souffle de l'absurde.

C'est contre cet usage machinal et sournoisement funèbre de l'industrie photographique que la photo comme art se dresse, qui rétablit le lien entre le monde extérieur et nous et qui, comme tout autre art, ne se propose pas de conjurer la mort mais au contraire d'en désigner la présence au cœur de la vie comme ce qui lui donne sens. Bouddhiste aussi, si l'on veut — il ressemble à un vieux sage chinois et ses pas l'ont souvent conduit vers l'Orient — Cartier-Bresson le serait, mais à la façon, comme on l'a dit, du tireur Zen qui, par une sorte de sens suprême, vise les yeux fermés, à l'instant où le fortuit rencontre le but. Cette rencontre du hasard et de la nécessité dont mieux que personne il appréhende le déclic, témoigne d'une attitude face au réel guère différente de celle qu'assume le peintre. Car la photo de circonstance, le document, le cliché machinal ne nous mettent jamais qu'en face d'un : « Cela a été », qui ratifie le sentiment d'une perte ou d'une duperie, alors que la photo du « photographe » nous insinue en revanche un : « Cela était » et même un : « C'était cela, c'était donc cela » qui, un moment, diffuse en nous un sentiment proche de l'apaisement et de la satisfaction que procure l'œuvre d'art. Ingres et Degas ne s'y trompaient pas qui s'émerveillèrent du pouvoir de la photo de désigner instantanément, dans le déclic d'un regard, l'unique de notre présence au monde. Cette transparence quasi miraculeuse d'une technique à son objet, qui lui permet, de façon immédiate, d'inscrire le *hic et nunc* de la réalité est sans doute ce qui la menace sans cesse par son trop d'aisance — elle est aussi ce qui lui confère son prix quand la présence nous est redonnée d'un geste léger et inoubliable.

Je songe ici à ces photos de Cartier-Bresson, comme de l'homme qui enjambe une flaque, Place de l'Europe, ou de ces femmes japonaises pleurant un acteur de Kabuki, ou encore de ce vieux peintre assis solitaire sur le lit de son atelier : un même monde s'y dessine sous la diversité des sujets. Et s'y montre quelque chose qu'on pourrait dire sa faiblesse ou sa tendresse : l'instant où sa dureté cède sous la poussée du doigt, l'instant où il se départit de son mutisme, se laisse entraîner par quelque faille secrète et livre un sens.

Feuilletant ces photos qui s'échelonnent sur plus d'un demi-siècle et plus d'un continent, je suis frappé de constater à quel point leur auteur n'a jamais fait que prendre le même cliché, comme on dit d'un grand peintre qu'il n'a jamais fait que peindre le même tableau. Ou, plus exactement, à quel point c'est la même photo, dans l'étendue planétaire, que Cartier-Bresson a toujours poursuivie, comme un peintre, dans le confinement de l'atelier, ne fait jamais que poursuivre la même œuvre. Tout était déjà là, en un sens, dès cette première photo de 1932, comme on peut dire, par exemple, de tel dessin juvénile de Giacometti qu'il contenait déjà l'œuvre future — comme si toute l'existence allait se poursuivre à tenter de retrouver cette émotion où la singularité d'un regard s'était soudain, et comme par hasard, reconnue dans la configuration extérieure et aléatoire d'un certain aspect du monde. Pareille connivence d'une disposition immuable de l'esprit et d'une disposition transitoire des choses signifiant moins la dispersion d'un moi dans le monde extérieur que la focalisation du monde extérieur dans le moi.

Hasard objectif ? À quoi appliquer ce beau terme de Breton mieux qu'à la photographie qui, par son objectif, traquerait ce bel hasard des jours ? Je ne crois pas pourtant qu'il s'agisse de cela. Le photographe n'est pas un médium qui chercherait dans les combinaisons du visible le chiffre de quelque surréalité. Ce qui donne à une photo son aura et la distingue du simple document vient d'abord sans doute que l'intention de son auteur n'y est jamais marquée. Comme en poésie, il faut que rien en elle « ne pèse ni ne pose » — ce dernier mot prenant ici son sens. Rien donc de prémédité, moins encore de *prévu*.

Photographe serait donc celui qui, à travers les milliers de sujets proposés à sa curiosité, se glisse avec un instinct sûr « entre les actes », pour reprendre Virginia Woolf : assez délié, assez léger, assez subtil pour éviter les lieux, les moments ou les circonstances où la vie se condense ou se noue de manière trop forte ou trop évidente. De pareilles prises, il ne retirerait jamais qu'un fragment d'histoire, qu'une pièce d'archive, qu'un échantillon de mode ou qu'un exemple d'anecdote. Ce qu'il vise, c'est le commun des jours, l'étale de la vie, non ce qui se distingue mais ce qui se ressemble. Poète de l'identique, non du différent. Des couples qui dansent, un groupe de séminaristes, un enfant qui sourit en portant des bouteilles, des gens qui dorment, qui prient, qui songent, qui rêvent — qui rêvent surtout, l'univers de Cartier-Bresson est empli de rêveurs, saisis dans cet état passager de vacance où ils se livrent mieux et comme désarmés : glanées dans l'étendue planétaire, ces images qu'un détail localise et date précisément — une boîte à lettres, une enseigne, une inscription, un uniforme —, ont toutes la même saveur singulière de quotidien, comme aux yeux de Giacometti dans la retraite exiguë de l'atelier une chaise, une suspension, une pomme sur une table, un homme debout ou un visage, le même.

La question serait alors : d'où vient, dans cet identique, son goût de singulier ? Walter Benjamin avait un jour comparé la photographie à la psychanalyse. Elle nous renseigne, disait-il, sur l'inconscient de la vue comme la doctrine freudienne sur l'inconscient des pulsions. Sa remarque visait un problème d'ordre physique. L'instantané nous dévoile un aspect de la réalité que consciemment et, pour ainsi dire, physiologiquement, nous n'avons jamais vu.

Mais la possibilité technique de découper *ad infinitum* le mouvement dans le temps nous introduit aussi à une rêverie d'ordre métaphysique. *Où et quand*, exactement, le monde se saisit-il ? On a pu réfuter les arguments de Zénon, mais on ne réfute pas une rêverie à laquelle la photographie a aujourd'hui donné corps.

Dans le tissu des apparences, existe-t-il donc des discontinuités infimes par lesquelles, « entre les actes », l'œil du photographe se glisse et croit découvrir un sens ? Existe-t-il des moments où une combinaison d'éléments se met soudain en place qui paraît relever d'un ordre intelligible ? Ce peuvent être la rencontre de quelques traits dominants dans une configuration aléatoire, le croisement d'un promeneur et d'un objet inanimé, ou simplement l'arrangement passager d'une ombre et d'une plage de lumière.

Pareille métaphysique postulerait que le monde visible recèle un sens là même où nos yeux n'en distinguent rien. Et, s'il y a un sens des pulsions comme la psychanalyse nous l'enseigne, il y a donc aussi, dans cet « inconscient de la vue » que révèle la photo, un continent à découvrir. Et le photographe avisé serait celui qui, comme l'analyste averti, use de cette « attention flottante » que Freud recommandait à ses disciples.

De ce qui se présente à son regard il ne doit rien privilégier *a priori*, des causes et des effets du monde visible, laisser le libre enchaînement, mettre entre parenthèses son propre goût, son propre jugement, ne rien « focaliser ». C'est alors qu'il pourra prélever dans le réel — sans l'avoir altéré —, ce qui, en apparence insignifiant, se révélera après coup le plus riche de significations. (Michel Leiris rapprocha naguère plaisamment la démarche de Sigmund Freud de celle de Nick Carter « dont la chasse au mystère prend pour base quelques indices infimes ». Nul hasard qu'inaugurée en ces années où l'on publiait les travaux de l'un et les aventures de l'autre, la démarche de Cartier-Bresson s'inscrivît sous leur double signe — elle qui, par ailleurs, se souvenait de l'exemple d'un prestigieux aventurier bien réel, Henry de Monfreid. Mais c'était moins l'étonnant qu'il s'agirait de traquer à l'autre bout du monde que le menu fait à partir duquel cristalliser une magie.)

Et, de fait, la première fois que j'ai rencontré Cartier-Bresson, j'ai été frappé par ce regard bleu, transparent et vague qui flottait sans pesanteur sur tout ce qui l'entourait, semblait ne rien privilégier, mais demeurait cependant en perpétuel aguet. C'est au prix de cette continue disponibilité du regard qu'une complicité s'établira entre le monde et lui, une conjonction, une conjuration même dont le ressort est d'ordre en effet métaphysique. Bien des termes usés par la photographie — la chambre *noire*, la plaque *sensible*, le bain *révélateur* — relèvent du vocabulaire de la magie. Mais ils désignent bien autre chose qu'un merveilleux technologique. La pellicule ultra-sensible n'est qu'une prouesse aussi longtemps que ne lui donne sa signification un œil doué à son tour d'hypersensibilité — ou de ce que Cartier-Bresson lui-même nomme volontiers un caractère « nerveux », usant en cela curieusement du même terme dont use Francis Bacon quand on lui demande d'expliquer sa peinture. Et, qu'au moment de presser le déclencheur, le photographe retienne son souffle, alors que le sujet photographié, en revanche, rend l'âme — du moins selon la croyance des primitifs qui se refusent à se laisser « prendre » — pareil phénomène d'aspiration ou de capture montre assez que les transferts d'énergie qui s'opèrent ici sous l'apparente banalité d'un mécanisme sont aussi mystérieux que de voir, sur un film au ralenti, la main d'Henri Matisse déposer sur la toile, du bout de son pinceau, la substance de son tableau. De multiples synesthésies s'opèrent non seulement entre le regard, l'esprit et la main mais aussi entre eux et les organes de l'appareil. Et la *camera oscura* elle-même, autant que de la lumière du jour, s'illumine de la clarté de cette *camera lucida* qu'est l'œil.

*

En soi, la photo ne serait jamais que la capture par des sels d'argent de grains de lumière dont un objet a été bombardé, la trace du déplacement d'une matière, infiniment subtile mais réelle, une sorte de métaphore optique. Quel lien entretient donc le photographe avec la nature de la lumière, qui permet d'anticiper son cours ? À lui dont tout l'organisme est mobilisé à la pointe de l'œil, quel est ce don non de prémonition mais de voyance dont les Anciens créditaient volontiers les aveugles ? Dans ces zones où les extrêmes se rejoignent, serait-il d'effleurer le visible du bout du regard comme l'aveugle le réel du bout des doigts afin d'y découvrir ces points de moindre résistance par où sourd sa signification ? Quand Cartier-Bresson parle de « s'oublier pour être présent » ou de « ne pas penser pour que ça marche », il énonce, dans le vocabulaire négatif d'une mystique, les impératifs d'une démarche qui, curieusement, s'en rapproche en opérant la conjonction des contraires : l'état particulier où l'attention vague se fait lucidité aiguë, — mais aussi bien ouverture à la ténèbre, et le frôlement le plus léger la coïncidence avec le cœur des choses. Étrange faculté en vérité — étendue jusque dans ces photos troublantes de Gandhi et de Claudel où s'inscrivait déjà leur mort — qui fait que le photographe traverse à des moments précis le flot des apparences pour rejoindre l'autre moitié de l'art — son noyau *éternel* et *immuable*.

Alors le rideau de l'objectif se lève sur des obscurités plus profondes que ce que nous pouvons imaginer.

JOSEPH ERHARDY
(1928-2012)

Réflexions sur la sculpture à propos et en honneur du sculpteur Joseph Erhardy

Une photo d'Henri Cartier-Bresson, en 1944, représente Paul Valéry, chez lui, accoudé à la cheminée. Les traits, incertains et tremblés, sont ceux d'un homme au seuil de la mort. Dans la glace, le reflet, au-dessus du foyer, confirme l'impression. Et la photo elle-même ratifie ces données sans appel. Pourtant, sur la tablette, une tierce effigie se dresse, qui procède d'un autre ordre : portrait du poète en buste, vingt ans auparavant, c'est un marbre ferme et serein.

Aujourd'hui, je me demande qui oserait encore faire exécuter son buste et l'accepter dans son intimité comme ici, sur une cheminée, entre les chandeliers et la pendule, Valéry l'avait fait, qui n'était pas quiconque.

Comment en effet, quand tout nous répète à l'envi que nous sommes provisoires, fruits contingents du hasard et de la nécessité, accidents génétiques et d'ailleurs promis à une rapide extinction, comment donc, sinon mus par un orgueil insensé ou par un total aveuglement, désirer encore perpétuer son apparence ? Point besoin de remonter aux analyses de Burckhardt pour comprendre le sens de cette mutation. L'émergence de la biographie et du portrait, aux débuts du *Quattrocento*, avait signifié la naissance du héros en l'homme. Leur effacement, depuis quelques décennies, signifie plus que le déclin du héros : la disparition de l'homme tout court.

Pendant longtemps la culture, en Europe du moins, s'était donné pour fin de marquer en l'humain tout ce qui l'excédait : désigner en lui ce qui bordait aux limites du dieu, du saint ou du héros. Mais que cette culture se réduise à n'être plus qu'une anthropologie, elle ne saurait du coup avoir pour tâche de confirmer cette part, mais à l'inverse de l'infirmer, jusqu'à la faire disparaître.

Ce n'est alors pas un hasard si, de tous les arts, la sculpture, en tant qu'elle incarnait exemplairement cette autre dimension, a été la plus symptomatique, dans son développement récent, d'un pareil renversement. Tantôt elle s'est détournée de la figure humaine pour ne plus s'occuper que de jeux formels où la structure seule, en tant que système relationnel, prévaut sur le contenu, tantôt, lorsqu'elle a persisté à envisager l'homme, ça n'a guère été que dans le sens de cette infirmation, voire de cette infirmité que j'évoquais à l'instant. [...] Ces deux courants ont résumé en gros la sculpture de ces derniers vingt ans, du moins si l'on en excepte certains individus, décidément inclassables, au nombre desquels il faudra compter Erhardy.

D'un côté l'éternité indifférente du cristal, de l'autre, la dérision moqueuse du masque de carton.

C'est, du moins, une histoire possible... Trop simple peut-être. Comme trop simple, dans son feint bon sens, la phrase d'André Breton à l'endroit de Giacometti, qui prétendait, elle aussi, congédier la sculpture : « Une tête, on sait bien ce que c'est qu'une tête ! » Le savoir dont il parlait, quel est-il ? De quelle tête s'agit-il ? De celle du phrénologue qui en étudie les bosses ? Du neurologue le fonctionnement interne ? Du policier qui en établit la fiche anthropométrique ? Ou bien, s'il s'agit d'un savoir plus général — ce qu'il nomme « savoir bien » — le phénomène singulier « tête » ne se dissout-il pas dans la nébuleuse des idées pures, selon un platonisme de bazar qui autorise en effet toutes les méprises, y compris de prendre les chimères et les monstres de notre imagination pour la réalité même ? L'art, disait Merleau-Ponty, ne célèbre jamais autre chose que l'énigme de la visibilité : le fait que les choses nous apparaissent, qu'elles sont *là*, et qu'elles nous regardent.

Et l'histoire de cette inscription des choses dans le regard n'est jamais achevée. Chaque artiste, chaque jour, la reprend *ab ovo*, comme s'il était le premier à se poser le problème de la possibilité de cette inscription.

C'est de ce savoir, jamais su, qu'il est ici question, et dont Breton n'eut jamais la moindre idée.

Mais en art, et singulièrement peut-être dans la sculpture, dans la mesure où celle-ci participe de leur volumétrie, il y a plus que l'énigme du « comment » les choses nous apparaissent. Il y a d'abord celle du « pourquoi y a-t-il des choses ? » Autant que la figuration d'une tête, qui n'est jamais achevée, jamais comprise — au sens topologique du verbe, comme un ensemble en comprend un autre —, ce qui est en cause, c'est le surgissement de la réalité « tête », là où il pourrait, sinon, n'y avoir « rien », du moins se manifester quelque chose que nous ne pourrions nommer. Pourquoi « cela », avec deux yeux, avec un menton, avec cette attache précise de l'oreille, etc. que nous reconnaissons immédiatement, dans la chaude et tendre familiarité d'une présence, et qui nous demeure en même temps si lointain, plus indifférent et fermé qu'un galet sur une plage ? Je veux dire : la science-fiction nous a accoutumés d'imaginer des Règnes dont les formes physiques et dont les modes de penser nous seraient proprement inconnaissables. Mais comment se fait-il que l'art reste quant à lui tourné du côté du seul règne humain, y compris même lorsqu'il s'abandonne à façonner des créatures qui ne sont que les produits hasardeux d'un anthropomorphisme délirant, d'un anthropomorphisme tout de même ?

Comme si, depuis les hybrides imaginés par la statuaire assyrienne aux têtes idéales forgées par les Grecs et jusqu'aux visages totalement autonomisés de Houdon par exemple, l'histoire de la sculpture avait été elle aussi, l'histoire d'une hominisation progressive, tournée vers la saisie de la singularité de l'homme en l'homme, l'approche de ce qu'il a d'humain, trop humain en lui, pour reprendre le mot de Nietzsche.

Ce qui est ici envisagé, c'est plus qu'une phénoménologie de la vision : à la fois une ontologie et une callistique. De toutes les formes possibles et de tous les Règnes, la forme humaine est la seule qui persiste à nous être proche et énigmatique, la seule dont on ne sache encore rien, alors qu'elle est nôtre.

Aussi, si la sculpture, dans ses avatars récents, s'est détournée de la tâche de cerner cette singularité, c'est moins par dégoût de la vie, comme le début de ce texte pouvait un moment le laisser penser, ou parce que la vie semblerait aujourd'hui plus légère, plus galvaudée, moins précieuse, que par déni inverse de la mort.

Car elle a été la plus intime de ses connaissances. Et non seulement parce que toute grande sculpture en fin de compte est funéraire qui rappelle par sa présence l'absence de celui qu'elle figure mais aussi parce que le fait même de sculpter est né du besoin d'évoquer la mort même. Masque d'or d'Agamemnon, effigies égyptiennes, Hermès de Roquepertuse : depuis ses origines, la sculpture a partie liée avec la mort. Et c'est parce que notre époque dénie la mort qu'elle a aussi oublié la sculpture, qui en était le signe irréfragable.

Je pense que nous n'acceptons pas plus la sculpture que nous ne supportons la présence de la mort, et pour les mêmes raisons, car sa présence — j'entends de celle faite par ces sculpteurs que j'évoque ici, de ces isolés dont Erhardy fait partie —, est devenue elle aussi trop troublante, trop grave, trop pesante pour des âmes devenues légères et pusillanimes. (Il y a ainsi, propre à la sculpture plus qu'à tout autre art, ce poids, ce précipité et comme ce condensat de silence en elle qui ne peut que la rendre importune en une époque de fureur et de bruits.)

Mais s'il s'agit, non plus de sculpture, mais de meubler l'espace ou de divertir l'esprit, de sorte à précisément dénier la mort, et ce au moyen de bibelots divers fabriqués de matériaux variés, combien plus simple en effet de faire appel ou bien à des constructions abstraites ou bien à une figuration dérisoire. Car ici l'abstraction, comme forme tout entière livrée au concept, ignorera la réalité de la mort. Et là la dérision de la figure humaine, comme forme esthétisée du carnaval, la dissimulera sous son masque clinquant.

Joseph Erhardy a été pendant un temps « sculpteur abstrait » — comme on dit peintre en bâtiment ou danseur mondain. C'était une raison sociale et un moyen de vivre. Ce n'était pas encore du domaine de l'art. Cet individu inquiet, chez qui une vaste culture est la forme extrême de la courtoisie, ne pouvait cependant longtemps se dissimuler l'enjeu de sa démarche. Là où d'autres avaient abandonné, ne voulant perdre l'apparence de réussite sociale que leur pratique avait créée, il eut le courage d'aller à contre-courant et, avant qu'il ne fût trop tard, se remit à sculpter d'après modèle vivant.

C'était se condamner à la solitude et sans doute aussi à une certaine forme de misère puisque la sculpture, pour les raisons mêmes que je viens d'énoncer, n'a plus droit de cité.

C'est aussi qu'elle a perdu toute destination sociale.

(J'étonnerais beaucoup en avançant qu'il y a sans doute plus d'artistes « maudits » en 1980, sous les auspices de la bourgeoisie libérale avancée, qu'il n'y en avait en 1880, au plus épais du règne de la Troisième République. Et pourtant...)

Le déclin de la sculpture ces dernières années a les mêmes causes que le déclin concomitant de l'architecture : l'une et l'autre sont choses publiques, et ne peuvent donc exister que s'il y a commandes officielles — et donc également un goût officiel — qui n'est pas nécessairement, du moins qui ne le fut pas toujours jadis, le mauvais goût. On sait, hélas, qu'il n'en est rien aujourd'hui. L'architecture n'est plus guère que de la construction hâtive d'ingénierie. Quant à la sculpture, la politique dite du 1 % aura plus sûrement ruiné notre environnement quotidien que les deux dernières guerres mondiales réunies.

Resterait alors le domaine privé. Mais c'est se heurter à une autre aporie. Le collectionneur privé recherche moins des œuvres que des signatures. Il aime à dire : « Voyez mon Picasso », « Voyez mon Bacon ». On l'imagine moins dire : « Voyez mon Maillol ». La sculpture répugne à se laisser ainsi approprier. [...] La privatisation de l'œuvre et sa réduction à la signature de son auteur sont antagonistes à sa destination, qui est d'ordre ou, comme on dit, d'intérêt public. *La Ville détruite* de Zadkine est moins une sculpture édifiée à la gloire d'une ville martyre qu'elle ne reste « un Zadkine ». Et c'est bien pour cela que c'est une sculpture qui ne nous émeut guère et que l'espace dévore, quand elle eût dû l'emplir. Son projet véritable eût-il été atteint, il aurait dépassé le propos de son auteur, qu'on eût oublié. Ainsi en est-il des grandes sculptures. Qui connaît encore le nom de l'auteur du quadrige du Grand Palais ? Ou de l'auteur des sculptures qui ornent la fontaine de la Place de la Nation ? Ce sont pourtant des chefs-d'œuvre aussi indiscutables que *Le Radeau de la Méduse* (-de-Géricault) ou que *Le Moulin de la Galette* (-de-Renoir).

Mais ce processus de privatisation où l'hypertrophie de la signature va de pair avec la minimisation du propos de l'auteur est sans doute impossible à enrayer en peinture — pour autant, encore une fois, que le tableau en tant qu'objet, circule trop aisément. Si un sursaut survient, qui redonnerait à l'art le sens et la grandeur qu'il a perdus, ce ne peut être que du côté de la sculpture.

Aussi n'est-ce pas d'une mince importance dans notre histoire qu'un sculpteur comme Erhardy, en mesurant la gravité de son geste et ses conséquences sur sa propre vie, ait décidé de revenir vers une sculpture anonyme et publique. Il était l'un des très rares sans doute à avoir encore la conscience d'un tel geste puisqu'il est l'un des seuls à savoir encore ce qu'est la sculpture (problème de culture) et à pouvoir encore en faire (problème de métier).

Protégé en quelque sorte par son isolement — qui est une forme d'anonymat que je dirais préventif ou prophylactique — il était des rares à pouvoir encore élaborer un programme, le seul viable aujourd'hui face à la décomposition généralisée de toute esthétique, qui unirait un savoir extrême (quoi de plus savant à cet égard, de plus raffiné que cette figurine de marbre peint, petite effigie précieuse qui vaut à mes yeux les plus belles réalisations des *Wiener Werkstätte* au début de ce siècle ?) à un sens infaillible de l'art populaire (quoi de plus authentiquement proche de ce que pourrait être aujourd'hui un art populaire, de plus dépouillé de toute rhétorique, dans sa sensualité, dans sa curiosité gourmande, dans cet appétit quasi ogresque du détail concret, du moment singulier, du geste particulier que son *Retour du Marché* ?).

Le mystère le plus grand de l'œuvre d'art réside en ceci qu'elle ne peut jamais se proposer pour fin que de disparaître en tant qu'objet lié à une époque, à un lieu et à une signature pour resurgir, longtemps après, anonyme, atemporelle et utopique. Et la sculpture, dans la mesure où elle est déjà proche de l'anonymat au terme même de sa genèse, et plus libérée des contingences que d'autres arts qui demeurent plus domestiques, est ce qui, en soi, approche le plus de cet idéal.

J'imagine ainsi que dans trois ou quatre cents ans, et peut-être en un lieu bien différent — comme ces bronzes de Mahdia sortis de la mer si loin de l'atelier qui les fit —, on retrouvera un jour par hasard un bronze d'Erhardy. Ceux qui le découvriront s'étonneront de ces formes pleines, de cette rondeur parfaite du volume, de cette plastique pleine comme un œuf, qu'on ne trouve qu'aux grandes époques de l'art statuaire (les basses eaux connaissent les formes convexes et déchiquetées, les vides et les torsions). Ils s'étonneront de ce sourire sur le visage, pareil à celui des Korés archaïques. La frontalité de la figure, la science accomplie de sa symétrie leur sembleront s'inscrire, elles aussi, dans une tradition ancienne. Ici, le geste de la femme au miroir leur semblera le geste curieux d'un rituel oublié et là, la fille juchée sur une étrange machine, l'officiante d'un culte bizarre. Ils la compareront à toutes ces figures qui, depuis l'origine de la sculpture, des chars solaires des Celtes au quadrige de Récipon et à la *Femme au Chariot* de Giacometti, ont célébré la roue. Et même s'il y a un historien des techniques pour rappeler que la machine en question s'appelait une bicyclette, inventée vers la fin du XIXe siècle, et qui, vers la fin du siècle suivant, devait connaître un soudain regain de popularité à la faveur de la crise fortuite des ressources pétrolières, c'est moins ces données historiques et locales qui les intéresseront que la forme usée par le sculpteur, inventée ou plutôt redécouverte, et témoignant ainsi de la parfaite unité d'un art qui, durant des millénaires, n'aura qu'à peine varié ses canons et si peu, il est vrai aussi, varié ses thèmes. Ils se demanderont ainsi pourquoi, alors que l'homme à cheval, la figure du cavalier, aura suscité presque immédiatement sa représentation en ronde-bosse, il fallut en revanche attendre plus d'un siècle avant qu'un sculpteur osât s'attaquer au thème similaire de la figure à vélo, de la cavalière cycliste, à la fois résoudre sa diabolique difficulté technique et valider sa nouveauté iconographique.

Et, encore une fois, alors que les milliers d'artefacts produits sous le nom de « sculptures » dans ces mêmes années et qui n'avaient jamais été que les hochets, voire au mieux que les totems d'une société singulièrement distraite auront disparu (ne serait-ce qu'en raison de l'extrême labilité des matériaux avec lesquels ils étaient faits), restera cette œuvre dont on se demandera moins quel en fut l'auteur — question sans intérêt — mais quelle culture l'aura suscitée. Et cette seule question suffira à établir qu'une culture alors existait encore.

LUCIAN FREUD

(1922-2011)

Freud, biologiste

« Je suis un biologiste[1]. »
Lucian Freud

Le peintre n'aime guère que l'on évoque à son propos la figure de l'inventeur de la psychanalyse. S'il lui porte, avoue-t-il, l'amour d'un enfant pour son grand-père, qu'il jugeait, de manière inattendue, fort drôle et volontiers facétieux, il a toujours eu soin de refuser qu'on cherchât les clefs de son œuvre dans la métapsychologie freudienne[2]. La même méfiance s'est étendue au milieu viennois de ses grands-parents : il a toujours eu soin de préciser que sa peinture n'avait rien à voir, particulièrement dans sa composante apparemment érotique, avec la peinture de Klimt

1. Sebastian Smee, « Conversation nocturne avec Lucian Freud », dans *Lucian Freud. Scènes d'atelier*, photographies de Bruce Bernard et David Dawson, trad. Gilles Berton, Paris, Thames & Hudson, 2007, p.41.

2. Pour l'avoir ignoré, en publiant un article sur son œuvre dans *La Nouvelle Revue de Psychanalyse* en 1987 (« Lucian Freud. La question du nu en peinture et le destin moderne », n° XXXV, p. 207-217), je me suis quelque temps aliéné son amitié.

ou de Schiele, ni avec les névroses de Schnitzler ou de Peter Altenberg.

Et sans doute Lucian Freud a-t-il raison. Tout au plus, s'il faut lui chercher des origines, des influences, des liens, les trouverait-on à Berlin, sa ville natale, dans un certain *Kühle Blick* de la fin des années 1920, qui fut le regard froid de la Nouvelle Objectivité. C'est vrai en particulier de ses premiers portraits, après guerre, précis, éclairés d'une lumière grise et glacée, quand les corps sont saisis par une pétrification mélancolique. Ou encore les trouverait-on à Londres, dix ans plus tard, dans l'enseignement d'un Cedric Morris qu'il reçut, ou d'un William Coldstream ou mieux peut-être d'une Gwen John, de ces peintres issus de la Slade School of Art qui ont pratiqué l'anatomie avec un tout autre regard que le regard des « avant-gardes » européennes.

On pourrait avancer cependant des comparaisons avec des peintres du Continent. La première qui vient à l'esprit, et la plus significative peut-être, est celle qui peut se faire avec Lovis Corinth, et son fameux *Nu allongé* de 1907 dont la carnation, la pesanteur, si étrangère aux canons de la beauté classique, la pose même, si étrange, le corps replié sur soi, ne se retrouveront que bien plus tard, dans les peintures de Freud. Corinth avait peint ce nu d'après nature comme un manifeste antiacadémique — « académie » désignant à l'origine, on le sait, l'étude du nu. C'est à Berlin, en 1908, qu'il avait publié son manuel, *Das Erlernen der Malerei* [l'Apprentissage de la peinture], où figurait la reproduction de ce tableau comme *exemplum* de cette nouvelle approche du corps qui réagissait contre la tradition classique et le Beau idéal, au profit d'un enseignement du « voir vrai ». Ce petit livre fut, à Berlin, abondamment lu.

En France, même, à propos de ce « voir vrai », de cette vision objective et quasi clinique, on pourrait penser à cet autre marginal que fut Gustave Caillebotte, à son *Nu sur un divan*, de 1880, où le modèle, d'une véracité cruelle, est pris dans sa nudité maigre et osseuse, aux rets d'un motif floral débordant.

Caillebotte, Corinth, Gwen John, Coldstream. Ce ne sont pas là des nus, ce sont, pour reprendre la distinction de Kenneth Clark entre « *the naked* » et « *the nude* », des humains dénudés. Ils ont l'immédiateté d'un corps qui vient de quitter ses vêtements, sans souci de beauté, d'apparence, d'harmonie ou de laideur, ils sont saisis par un regard près de la clinique et loin de l'esthétique, qui est le regard, en effet, comme le dit Lucian Freud, si curieusement, du « biologiste » qu'il dit être. C'est à contre-pied qu'il prend la formule de son illustre compatriote : comment peut-on, du *nude* de l'art, faire le *naked* de la vie ?

La vie donc, la physiologie, non la psychologie, le corps tel quel, non la *Seele* des romantiques, l'appareil organique, non pas la psyché, le *psychisches Apparat* du grand-père.

Une telle filiation, en partie imaginaire et en partie réelle, fiction d'historien des formes et réalité fournie par les faits, a peu à voir avec les filiations établies par les critiques pour parler de l'art moderne. Rien à voir en particulier avec cette ligne voulue triomphale de la représentation du corps que l'on trace depuis presque un siècle, de Cézanne à Picasso. De là sans doute la difficulté à reconnaître Freud, faute de connaître les précédents. Tout au plus, pour rendre compte de cette étrangeté, la presse parlera-t-elle d'une « chair couperosée », quand nul historien n'oserait parler des tons purs, verts ou rouges, utilisés par Matisse dans ses portraits fauves, en les comparant à ceux d'une poire blette ou d'une éruption d'urticaire.

Le magnétisme animal

Cette curiosité de Freud pour l'animal que nous sommes, l'être « animé », habité par une âme, pour le corps pensant et pensif, se trahit dans la force du regard qu'il pose sur ses modèles. Freud a souvent un regard d'ophidien débusquant l'œil vague, flottant ou carrément absent du sujet et finalement qui semble l'hypnotiser, voire l'endormir. Pour « voir vrai », abandonnées les procédures d'un canon préconçu, il immobilise son modèle, comme un savant pour observer un organisme.

Magnétisme *animal*, comme l'appelait justement Mesmer : Freud, dans ses portraits, peint souvent l'homme non pas seul, perdu dans la singularité de ses pensées, mais reposant dans l'intimité organique des animaux. Il capte la présence animale d'un modèle qui recherche la chaleur de l'animal pour habiter sa solitude. La tête de zèbre des débuts, en 1943-1944, « surréaliste » avait-on dit pour tenter d'expliquer son intrusion, qui se glisse si familièrement dans la chambre du peintre, n'est en fait que l'entrée la plus singulière, le premier numéro, la fanfare burlesque d'une parade zoologique où les chiens seront rois.

C'est à eux qu'ira le privilège d'allonger leur corps magnifique contre le corps nu de leur maître. Poils, muqueuses, truffes humides et froides, pelages ou bien toisons fournies, poils et épidermes, il s'agit toujours du même règne émouvant et terrible du vivant, doué, de l'animal à l'homme, de raison et d'affects, vêtu de la pellicule frileuse et frissonnante de la peau ou de la pelisse qui donne forme à l'être que nous sommes.

Traces d'une tradition anglaise sans doute, souvenir des grands portraits d'apparat, où les nobles ne sortent jamais qu'accompagnés des favoris de leur meute, flanqués de leur cheval ou de leur *pet* à poil ou à plume, fraternité, complicité ancienne des premiers âges qui se perpétue dans la proximité du manoir ou de l'écurie, du salon et du chenil, mélange des odeurs et des humeurs.

Chez l'homme d'aujourd'hui, loin des forêts et des meutes, c'est encore un recours à la continuité biologique de l'être pensant et ressentant, du chien à l'homme, mais aussi du végétal (il faudrait parler ainsi de cette présence continue de la plante qui transforme les ateliers de Freud en serres), dans cette grande échelle des êtres qui ordonne le monde visible.

La perte du centre

Or, dans cette échelle, où donc installer l'homme ?

Sa place, dans la peinture de Freud, est instable. Pour poser, il lui faut tantôt s'appuyer contre un support de fortune, des piles de draps par exemple, tantôt s'allonger sur un lit, de fortune lui aussi, souvent dans une position déséquilibrée, voire s'asseoir bizarrement, haut perché dans l'embrasure d'une entrée de grenier : l'homme est là toujours incertain de sa place dans l'espace. Debout, droit et seul, sans tuteur, il apparaît bien rarement.

Dans l'Antiquité, quand l'homme était, selon Protagoras, la mesure de toute chose, le centre du monde, l'*omphalos* se confondait avec l'ombilic humain. C'est ainsi du moins que

Vitruve représentait l'homme inscrit dans son cercle : la pointe du compas est confondue avec le nombril. Assuré de son équilibre, il semblait danser, bras et jambes levés. L'homme, selon Freud, pèse dans l'espace et ne trouve pas sa place, comme celui qui se retourne dans un lit sans trouver le sommeil.

Or, au début de la Renaissance, que l'on fit pourtant héritière directe des Anciens, le centre du corps migre subrepticement plus bas et se fixe à la base des parties génitales : c'est ainsi que fait Léonard, trichant avec Vitruve, quand il inscrit son nu dans son carré.

Il n'est pas indifférent de choisir où sera le centre du corps. Élire comme les Anciens le nombril comme centre symbolique du corps inscrit dans un cercle, c'est inscrire la place de l'homme au centre de l'univers. Mais c'est souligner aussi le lien avec l'antérieur, ce qui était là avant lui : c'est rappeler son origine, le ventre qui l'a porté, l'utérus d'où il vient, le cordon qui lie la chaîne des générations. Choisir de déporter au contraire le centre vers la région génitale, comme Vinci et ses successeurs le feront, c'est choisir dans l'anatomie, quand elle est vue comme « un destin », pour reprendre le mot de Sigmund Freud, ce qui vise au contraire la reproduction, l'instinct génésique, ce qui le projette cette fois vers l'avant : la pulsion sexuelle et non le lien organique qui le rattache au passé.

C'est ce que choisit Lucian Freud, malgré l'interdit que son grand-père avait semblé jeter sur la représentation des organes génitaux.

Aujourd'hui, comment dessiner un corps dont on ignore le centre ? Comment même dessiner tout court, représenter, figurer un nu, si le monde est livré à l'*hybris* de la modernité, à la démesure, au *deinos*, à l'*aiskros*, tous ces termes grecs désignant l'empire du laid, du sans-mesure ou du difforme ? Suffit-il de le déshabiller pour, tout de go, pouvoir en reporter les traits sur une feuille ?

« *Things fall apart. The Center cannot hold* », écrivait Yeats à la fin de la Première Guerre, « tout se désagrège, le centre ne tient plus ».

La beauté

Freud, le grand-père, avait un jour eu cet aveu : « C'est sur la beauté que la psychanalyse a le moins à nous dire[1]. »

Étonnante confession. Héritière de Darwin et de Nietzsche, comme de Schopenhauer et de Haeckel, la doctrine freudienne l'était de toute une idéologie biologiste pour laquelle l'amour, c'est d'abord la manifestation d'un instinct de reproduction, et le désir n'est rien que ce qui reconduit la passion du beau à la pulsion du sexe.

La sélection sexuelle, dit Darwin dans *La Descendance de l'Homme*, tient autant d'importance que le principe de la sélection naturelle. Le succès biologique, le triomphe de la vie, réside en dernière analyse dans la reproduction, et non dans la survie du mieux adapté. C'est à cette fin, et dans la perspective de l'adaptation, que les espèces animales ont développé des caractéristiques physiques d'une confondante richesse visuelle, et apparemment tout à fait inutiles, par exemple, ces ornements incroyablement encombrants que sont la queue géante du paon ou les magnifiques rémiges du faisan mâle Argus. « La voix, dit-il, et les instruments de musique, le brillant des couleurs et les parures…

1. Sigmund Freud, *Malaise dans la civilisation*, trad. Ch. et J. Odier, Paris, Presses Universitaires de France, 1971, p. 29.

l'appréciation du beau dans le domaine des sons, des couleurs et des formes sont liés à un pouvoir de l'esprit qui vient du développement du cerveau[1]. » L'origine de l'art qui produit des objets apparemment inutiles est à chercher dans le phénomène cérébral de la sélection sexuelle. La richesse des couleurs, la profusion des formes, le gaspillage des trouvailles visuelles, l'inutilité apparente des ornements : l'art n'a jamais été inventé que pour faire parade, devant le regard, à l'apparente absurdité d'une vie qui se poursuit cahin-caha.

Nietzsche ne dira rien d'autre : « Toute beauté excite à la procréation et c'est même ce qui caractérise son action, de la sensualité la plus extrême à la plus haute spiritualité[2]. »

Le sentiment du Beau trouverait son origine dans le sexe. Rares seront ceux qui s'opposent à l'idée que la créativité des génies dérive de leur sexualité. Franz-Joseph Gall lui-même, le créateur de la phrénologie, l'inventeur des bosses crâniennes, est l'un de ceux-là qui, malgré le matérialisme de sa méthode, s'exclamera : « Qui oserait faire dériver la poésie, la musique et les arts graphiques d'un état des organes de la génération[3] ? »

Freud, qu'on a pu appeler « biologiste de l'esprit[4] », du même titre dont se réclamera plus tard son petit-fils, « biologiste » de l'art, semble avoir hésité entre ces deux atti-

1. Charles Darwin, *The Descent of Man and Selection in Relation to Sex*, Londres, J. Murray, 1871, t. II, p. 402.

2. Friedrich Nietzsche, *Le Crépuscule des idoles*, § 22, dans *Œuvres philosophiques complètes*, trad. Jean-Claude Hémery, Paris, Gallimard, 1974, t. VII, p. 121.

3. Franz-Joseph Gall, *Sur les fonctions du cerveau et sur celles de chacune de ses parties*, Paris, Baillière, t. III, 1925.

4. Frank J. Sulloway, *Freud, biologiste de l'esprit*, trad. Jean Lelaidier, Paris, Fayard, 1981.

tudes. Cet héritier de Darwin et de Nietzsche, quand il cherche à définir l'origine de la beauté, avance que « un seul point semble certain, c'est que l'émotion esthétique dérive de la sphère des sensations sexuelles ; elle serait un exemple typique de tendance inhibée quant au but. Primitivement, la "beauté" et le "charme" sont des attributs de l'objet sexuel[1] ».

À peine avance-t-il cela pourtant, qu'en parfait représentant de la bourgeoisie prude et cultivée de la Vienne fin-de-siècle, lui dont le goût n'est jamais allé outre les exemples de la beauté grecque dont il aligne les figurines sur son bureau, il ajoute, comme à regret : « Il y a lieu de remarquer que les organes génitaux en eux-mêmes, dont la vue est toujours excitante, ne sont pourtant presque jamais considérés comme beaux. En revanche, un caractère de beauté s'attache, semble-t-il, à certains signes sexuels secondaires[2]. »

Le fascinus

Or, si les tableaux de Lucian Freud peuvent choquer, ce n'est pas par des artifices extérieurs à la peinture, des techniques extravagantes ou par l'usage de matériaux insolites, bref par ces transgressions devenues autant d'académismes que l'avant-garde utilise, c'est bien par le fait qu'il se sert des moyens les plus classiques pour mettre à nu une réalité qui d'ordinaire reste cachée.

Cette réalité, la visibilité des caractères sexuels primaires, la visibilité des organes génitaux, est celle que son

1. S. Freud, *Malaise dans la civilisation*, *op. cit.*, p. 29.
2. *Ibid.*

grand-père jugeait un phénomène dépourvu de beauté, comme si seuls les caractères sexuels secondaires, la morphologie, les muscles, la couleur de l'épiderme, la finesse des attaches, avaient pouvoir de faire naître en nous l'émotion du Beau.

Cette réalité-là, la culture occidentale a eu tendance, la plupart du temps, à la diminuer ou bien à la cacher. La sculpture grecque diminuait la taille des organes génitaux masculins et faisait du pubis de la femme une surface lisse, glabre et sans ouverture. À la Renaissance, confrontés à une poussée de naturalisme, quelques esprits vertueux s'empressèrent de braguetter, on le sait, la *pars obscena* des corps.

Tout à l'inverse, Lucian Freud se met à peindre, de front, les organes génitaux de l'homme et de la femme, en grandeur naturelle, sans rien omettre de leurs particularités. Du sexe masculin en particulier, il souligne le pouvoir de médusation, ce qui en lui rappelle son appellation ancienne, le *fascinus* qui le transforme en phallus[1].

Faut-il, comme à la première Renaissance, retourner aux organes génitaux comme au centre de la création ? Se tenir à eux, comme on s'agrippe à un support stable quand le bateau sombre ? Trouver en eux le point fixe, autour duquel le reste chavire ?

Le Faune Barberini est une étonnante sculpture de l'époque hellénistique, que le Bernin devait restaurer. Il est intéressant que Lucian Freud, à dessein ou non, en reprenne la pose provocante dans ses peintures d'hommes

1. Le *fascinus*, à l'origine, est une malédiction, un sort que l'on jette à quelqu'un. Puis il désigne l'amulette en forme de phallus que l'on portait pour écarter le mauvais œil. Il désigne enfin le phallus comme objet de fascination. Le terme français de « charme » pourrait traduire cette ambivalence.

nus endormis, qu'il s'agisse du *Peintre et Modèle* de 1986 et mieux encore de Leigh Bowery, en 1992, avec sa jambe droite levée, les cuisses légèrement écartées, la tête renversée en arrière, et le bras replié sous elle en guise d'oreiller. si le sexe n'est plus au centre du monde, il est au centre d'un corps perdu dans le fouillis du monde, ouvertement livré au regard, l'attirant invinciblement, d'une évidence confondante, à la limite de la provocation homoérotique — Leigh Bowery, on le sait, était un des plus célèbres acteurs de la scène *gay* londonienne. On voudrait ne pas le voir et en même temps, on ne voit que « ça ». La métamorphose qui en fait un satyre ou un faune, à peine esquissée par les oreilles pointues et par une queue à peine visible au bas du dos, est le plaisant artifice qui autorise le regard à s'attarder sur des parties qu'on nous dit celles d'un animal, alors qu'elles sont bien celles d'un jeune homme au sommet de sa force et de sa beauté.

Bien plus, de ce *fascinus*, Freud accuse le pouvoir en le plaçant généralement au cœur même de la composition. Ainsi, dans le *Portrait d'un homme nu sur un lit*, de 1989-1990[1], aux cuisses largement écartées, les organes génitaux sont au centre exact du tableau, comme dans l'homme de Vitruve redessiné par Léonard, au centre du carré. Et, comme pour accentuer la crudité de l'image, la chaussette gauche du modèle est à demi ôtée, comme si l'homme n'avait pas fini de se déshabiller. Le lit de fer, les draps accumulés en désordre derrière lui, soulignent une sorte de misérabilisme, de nudité carcérale ou clinique : c'est désormais l'homme face à lui-même, l'homme isolé ou

1. Reproduit dans Catherine Lampert (dir.), *Lucian Freud – Recent Work*, cat. expo., Londres, Whitechapel Art Gallery, 1993, cat. n° 59.

seul face à un regard étranger dont il se protège en cachant son visage sous ses bras.

Tout aussi *cru*, à rapporter ce mot à son origine, *cruor*, la chair crue, le saignant, le sanglant, le sang qui coule d'une blessure qui se rouvre, l'autoportrait du *Peintre au travail* de 1993. Plus nu que nu, il s'offre au regard comme une sorte d'écorché, ou plutôt, à souligner le mouvement de retour d'une plaie qui s'est rouverte, le sentiment qu'on éprouve à la vue d'un nourrisson au sortir du ventre de sa mère, fripé et souillé de sang. « Cru » en effet, non encore poli et lissé par la vie, tel est le corps de ce vieillard, si semblable, soixante-dix ans plus tard, au corps de l'enfant nouveau-né : désarmé, dépouillé, vulnérable.

Il brandit pour affronter le monde un couteau à palette ; il a de grosses chaussures au pied, qui rappellent les souliers de Van Gogh. Les lacets ont été ôtés, comme on les ôte à ceux qui vont en prison ou qu'on enferme dans les asiles. Au centre géométrique du tableau, le sexe à nouveau, en haut du scrotum plus exactement, à la gauche de la région pubienne.

Dans un temps qu'on a dit abandonné du portrait (Breton ironisant : « Une tête, tout le monde sait ce que c'est qu'une tête ! »), ce seul autoportrait suffit à démontrer que le XXe siècle aura peut-être été d'abord le siècle du portrait.

Ce portrait, il est vrai, c'est par « réflexion » que Freud s'autorise à le considérer. Il est rare que le vis-à-vis s'installe. En général, le visage est pris par effraction, surpris, reflet inattendu dans un miroir, dans une glace, reflet éloigné dans une psyché, ou bien vision insolite d'un corps déformé par un effet *da sotto in su*. Le portrait n'est plus une promesse, toujours différée, un don de l'instant toujours retardé, il est plutôt révélation violente, éclat, dévoilement, au sens de « soulever le voile ».

La vision de l'homme par l'homme, la possibilité offerte à l'homme de se regarder lui-même, semble ainsi devenue dans l'époque actuelle, aussi interdite que lui avait été interdite la vision de Dieu en des temps plus religieux. Pas plus que Moïse ne pouvait supporter la vue de la face de Jéhovah, Héraclès ne pouvait contempler le visage de Zeus. Et l'homme à son tour ne peut désormais pas plus se voir lui-même, se mesurer face à face, qu'il ne pouvait autrefois voir le visage de Dieu.

Ou bien faut-il à l'homme contemporain, pour oser se regarder, user de l'artifice dont usa Persée pour affronter le visage de la Méduse : user du stratagème de la réflexion, le refléter dans le bouclier poli et trancher sa tête avec sa *harpè*, tout comme le peintre en pied n'affronte le réel que protégé par sa palette et bataillant de son couteau et ne saisissant son regard que par les éclats que lui jette un miroir ?

La nudité des animaux

Un homme dans sa solitude et dans sa nudité.

Les animaux sont sans nudité. Les animaux avec lesquels l'homme vit ne sont pas nus. Un chien n'est pas nu. Un cheval n'est pas nu. Ils ont poil, pelisse, pelage. Or nous n'avons rien, et nous connaissons notre nudité. L'anthropologie freudienne, sur ce point, ne fait que répéter la Bible : c'est à mesure que l'homme s'est redressé pour adopter la station verticale qu'il a pris conscience d'être un animal sexué, comme l'attestait ce qui se présentait désormais à ses yeux. Les arts et les techniques se sont développés comme des recours contre cette vue désagréable : l'invention du tissage et des vêtements, pour copier et cacher à la fois le feutrage pubien, l'invention des pigments, pour rivaliser avec les attraits naturels et les parures de séduction… Or cette dimension, où la honte et la création se répondent, l'homme actuel a tendance à la nier. Dans une époque affolée d'érotisme, le pubis se fait ras, comme le crâne, de sorte précisément à retirer de l'homme les dernières traces d'animalité.

L'homme seul a conscience d'être nu. L'intimité avec l'animal, ce serait l'instant où l'homme nu peut revivre dans une sorte d'innocence préadamique, quand il vivait de concert avec les animaux. Et si l'homme recherche, pour trouver le sommeil, le contact de sa propre espèce, alors c'est en quête d'une chaleur en effet tout animale que viennent s'emboîter, en cuiller, ces corps nus, comme ceux par exemple de *Et le marié* de 1993, qu'aucun désir érotique ne rassemble, aucune attraction ne retient, sinon le besoin primitif de sentir la pure chaleur d'un autre.

Je ne connais guère d'autres œuvres où, sous l'apparente froideur du biologiste, l'humanité se fasse aussi présente. Corps perdus de solitude, plongés dans la pesanteur, la nuit, la stupéfaction des sens, et qui se reconnaissent dans cette moiteur et cette fraternité de la chair qui les confond. L'homme enserre la taille de la femme lovée contre lui du même mouvement qu'il enserre le corps du lévrier qui vient s'allonger dans sa chaleur. Torpeur et pesanteur des corps vivants dans une humanité que l'amour et la grâce ont désertée. Permission de trouver sa place dans l'espace comme l'insomniaque cherche sa place dans un lit, pour avoir enfin la permission de s'endormir.

L'homme, selon Lucian Freud, est un homme d'avant la Chute, mais c'est en même temps un homme qui a survécu à l'apocalypse, au dévoilement, à la révélation du Mal. La chair qu'il expose est à la fois malédiction et pardon.

Les merveilleux monstres

De là cette étrange attraction du peintre, au-delà de sa fascination pour le corps sexué, pour les corps difformes, les corps monstrueux, voire, en peignant Leigh Bowery, son attirance pour le déviant, le marginal, l'*outcast*, le *Sonderlinge*, tout comme il peindra inlassablement, à partir de 1995, le corps obèse, monstrueux, d'une femme assoupie.

Oserais-je dire l'immense amour qu'il manifeste pour ces corps qui, selon les critères de la beauté contemporaine, les interdits de la mode, les impératifs de l'érotisme, sont des corps décriés, disgraciés, jetés à la curiosité publique ? Depuis quand n'y avait-il pas eu, dans l'histoire de la peinture, un regard aussi humain porté sur des créatures malheureuses ? Le monstre a habité l'art antique : corps monstrueux de Baubô, corps grotesques des Priapes, ce ne sont que la partie émergée, visible parfois dans les musées d'art, d'une galerie innombrable de corps difformes dans lesquels on reconnaît aujourd'hui encore toutes les maladies et les désordres possibles de l'organisme. Mais on ne les montre guère. Ils ne sont pas dignes de l'image fausse que l'on s'est faite de l'art grec. Dans l'esthétique antique, il est vrai, ce sont des productions mineures, de terre cuite, de petite taille, que l'on doit montrer à la dérobée ou qui servaient aux médecins du temps pour reconnaître les maladies.

Il faut attendre la Renaissance peut-être pour voir le

monstre acquérir sa propre dignité. Mantegna est l'un des premiers, dans sa fresque de la famille des Gonzague à Mantoue, parmi les hautes figures des nobles et des prélats, peints pour la première fois peut-être en grandeur nature, à faire figurer une petite naine, créature difforme et obèse, aussi noble, aussi belle une fois qu'elle a été peinte, que les membres de l'assemblée, tout comme sont revêtus d'une dignité égale aux êtres humains, les grands lévriers qui, dans le tableau, circulent parmi les convives.

Mais cette assemblée, mêlant aux nobles, aux puissants et aux élégantes, les animaux et les corps monstrueux, c'est Vélasquez qui lui donnera son expression la plus bouleversante : ici, dans ces grandes compositions de la famille royale, *bobos*, *nonos*, *locos*, *enanos*, bouffons de toute espèce, viennent, avec les grands chiens, mêler leur silhouette inquiétante ou attristée aux statures des personnages de Cour, sans que l'on sache à qui appartiennent l'horreur et la laideur, à qui la beauté et la grâce.

Personnages hors mesure, hors norme, figures histrionesques, bêtes de scène, individus d'exception, frôlés par la démesure divine — Leigh Bowery se faisait appeler « Divine » — ces humains sont devenus, sous le pinceau de Freud, d'admirables chefs-d'œuvre.

On ne reprendra pas ici la vieille querelle : il n'y a pas de sujet, si monstrueux soit-il, qui, par l'art imité… Il n'y a pas de rédemption, rémission, rachat, ou ce que l'on veut, de l'anormalité de l'être par la rigueur de l'art. Et la peinture n'est pas une cosmétique qui cacherait les défauts d'une constitution. Parlons plutôt d'une sympathie, une empathie si l'on veut, sans limite, pour tout ce qui est manifestation du vivant, pour l'énorme autant que pour le minuscule, le régulier autant que le difforme.

Quand Freud est fasciné par Leigh Bowery, qu'il peindra à plusieurs reprises, ce qui le retient, autant que l'être hors du commun et hors des normes qu'il est, c'est la surface vivante, ondulante, énorme de son dos, plus attirante que le mûr de plâtre lisse et froid qu'on s'apprête à peindre *affresco*. Et l'obésité de la femme assoupie sur le divan bien trop petit pour elle, c'est aussi l'image fascinante que les peintres d'autrefois allaient chercher dans telle ou telle créature mythologique ou divine, à l'envergure démesurée, petites déesses préhistoriques de la fécondité aux arrondis confondants, grandes déesses aux animaux, leurs bras énormes reposant sur des fauves, ogresses bienfaisantes ou maléfiques des fables… Or, l'homme les aura longtemps adorées avant d'en éprouver de l'horreur.

Une question vient à l'esprit cependant. Le mot *monstrum* vient de *monere*, avertir, prévenir, et de *monstrare*, faire voir. Festus, le grammairien latin, disait ainsi que le monstre annonce l'avenir et renseigne sur la volonté des dieux[1]. Quand les Princes de la Renaissance accueillaient dans leurs assemblées des nains et des obèses, c'était moins par charité chrétienne que par curiosité naturelle : ils les mêlaient à eux comme ils conservaient, dans leurs cabinets des merveilles, les spécimens les plus étranges du monde minéral, végétal ou animal. Ces « monstres » étaient des êtres à exhiber comme des prodiges nés de la volonté des dieux, des êtres de caractère surnaturel, qui attestaient de la variété infinie de la Création.

L'évolution morphologique des individus a multiplié aujourd'hui ces silhouettes. Hier exceptionnelles, on se retournait sur leur passage ; elles composent aujourd'hui

1. Festus Grammaticus, *De Significatione Verborum*.

plus d'un tiers de la foule américaine. La peinture a souvent eu le don de prédire et de prévoir. L'obésité, c'est-à-dire le fait d'être repus, replet, en état de réplétion, n'est plus un état morbide, il est devenu, dans une société trop riche, un état habituel. Le mot *obesus* n'existe pas dans le latin classique, il n'apparaît que sous l'Empire, et trahit l'état d'une société qui commence à changer physiquement, en attendant de disparaître. Les monstres d'autrefois grandissaient et vivaient accueillis sous le regard des Rois, des Princes et des Prélats. Aujourd'hui, innombrables dans les rues des villes, ils grandissent sous le vide du ciel. Seul un peintre parfois vient inquiéter leur solitude et rappeler leur beauté.

Lucian Freud se dit « biologiste ». Risquons un autre mot, si laid soit-il, qui relève du même champ sémantique : il est le peintre de la biodiversité. Tout comme son compatriote Darwin qui, dans son *Origine des espèces*, au retour de son voyage aux îles Galapagos, s'émerveillait de l'immense variété des formes du vivant et de leur infinie plasticité, Freud, au terme de sa vie, se passionne, patiemment et interminablement, pour les manifestations de la vie, des plus modestes aux plus extraordinaires, du végétal à l'homme, des plantes communes qui poussent dans les jardins et les terrains vagues de Londres, boutons d'or et fritillaires[1], aux spécimens si l'on veut les plus évolués, ou, si l'on veut, les plus dégradés de l'espèce humaine, travestis qu'on croise dans les bars et banquiers siégeant dans les bureaux des sociétés. Au moment où la vie se rétrécit, s'affaisse, se dessèche, où la variété de ses manifestations se réduit de manière dramatique, où l'ancienne charité

1. Comme dans son jardin à Notting Hill Gate de 1997.

humaine envers autrui disparaît devant la loi d'airain du profit, il est celui, comme autrefois les grands peintres, de Rembrandt à Watteau, qui rend inlassablement et passionnément compte de ce qui vit.

CLAUDIA GIAN FERRARI

(1945-2010)

Un héritage visuel

J'ai dû rencontrer Claudia Gian Ferrari en 1980, alors que je travaillais à l'exposition *Les Réalismes entre les deux guerres*, ou plutôt, comme disait le sous-titre : *Entre Réaction et Révolution : 1919-1939*. J'étais conscient des périls qui m'attendaient : c'était aller à contre-courant de la *doxa* de la modernité, reconsidérer le passé, remettre l'art italien dans le fil d'une histoire autre qui passait par Berlin et Munich, et non par Moscou-Berlin-Paris, New York, cette voie royale… et sans issue. C'était mettre en doute la suprématie de l'art américain, au moment même, la fin des années 1970, où il n'était question que d'art minimal et d'art conceptuel. C'était remettre en valeur l'importance d'une iconographie puissante, choquante, étroitement liée, de la *Neue Sachlichkeit* aux *Valori Plastici*, aux idéologies du temps.

J'hésitais, je tâtonnais. La rencontre avec Claudia balaya mes doutes et mes incertitudes. Elle était de nature généreuse et de tempérament affirmé. Mais en même temps, c'était une lettrée, une historienne, capable de recherches savantes, dont on ne pouvait mettre en doute la sûreté et l'honnêteté intellectuelles. Elle fut le premier galeriste de qui j'osai publier un texte dans un catalogue d'exposition publique. La règle était alors, en France, de ne pas mêler le monde des musées et celui des marchands, pour des raisons dites déontologiques. Mais je voyais en elle l'historienne, l'analyste, le témoin, autant que celle qui faisait commerce d'art.

Cette collaboration intellectuelle ne devait pas cesser. C'est avec elle que je fis la première rétrospective d'Arturo Martini à Paris en 1991. Et c'est encore elle qui devait m'aider, par sa connaissance comme par ses prêts, pour l'exposition *Les Années 1930 : La fabrique de « l'Homme nouveau »*, présentée à la Galerie nationale du Canada en 2008.

J'avais aussi rencontré très tôt celui qui avait été son mentor et son éducateur, son propre père, Ettore Gian Ferrari. Il avait été le témoin et l'acteur de cette époque, le représentant, comme Alberto Savinio, d'une civilité milanaise dont je ne vois guère d'autre exemple. Claudia le vénérait. Un soir, tard, elle m'appela : son père venait de se tuer en automobile. Il roulait vite, trop vite. Claudia aussi devait sacrifier à la passion de la vitesse. Au début, ce fut, je crois, pour trouver un rythme de déplacement accordé à la multiplicité et à la précision de ses projets. À la fin de sa vie, ce fut plutôt pour trouver, dans l'énergie de la machine, un substitut à son corps qui défaillait. Une prothèse étonnante d'un organisme et d'un moteur, dans la foulée du lyrisme futuriste : son corps ne répondait plus, mais la machine continuerait de l'emporter.

L'épisode le plus étonnant, le plus fou de cette passion de vivre alors que la mort était là fut cette traversée des États-Unis, un pèlerinage grandiose, exténuant et superbe, dans tous les musées, d'est en ouest, pour y revoir une dernière fois les œuvres d'art qui avaient été sa raison de vivre.

Le dernier voyage cependant, je le fis avec elle, avec sa sœur et avec ma femme ; elle n 'était plus trop sûre de pouvoir rester seule. Ce fut la remontée du Nil, jusqu'à Abou Simbel, sur un vieux bateau à aube des années 1930. En visitant certains temples, j'ai eu parfois l'impression furtive de me retrouver chez elle à Milan, où cette femme vivait dans le silence, dans sa beauté et dans une grande solitude, habillée de ses robes de soie plissée et coiffée de ses étonnants chapeaux comme une reine d'Égypte, entourée de ses trésors, les tableaux de De Chirico, de Carrà, de Sironi, et au milieu d'eux, ce chef-d'œuvre de la sculpture qu'elle vénérait entre tous, comme une effigie sacrée et comme s'il était lié à elle de multiples façons, *L'Amante morta* de Martini.

1. Pierre Alechinsky, *Dessin à l'encre sur une table de multiplication d'écolier*, 20 × 18,5 cm, 1990, collection privée, Paris

2. Avigdor Arikha, *Portrait de Jean Clair*, fusain sur papier, 40 × 30,5 cm, 1986, collection privée, Paris

3. Avigdor Arikha, *Portrait de Laura Bossi*, fusain sur papier, 67,5 × 51,5 cm, 2002, collection privée, Paris

4. Avigdor Arikha, *Autoportrait*, dessin sur papier, 30 × 22 cm, 2010, collection privée, Paris

5. Baladine Klossowska, *Balthus et son chat*, aquarelle et gouache sur papier, 32 × 24 cm, 1916, collection privée, Paris

6. Henri Cartier-Bresson, *Portrait de Balthus*, photographie, 24 × 30 cm, Rossinière, Suisse, 1990, collection privée, Paris

7. Guido Cadorin, *Lagune* (*La pesca con la fiocina – solitudine in laguna*), huile sur toile, 68 × 98 cm, 1921, collection privée, Paris

8. Henri Cartier-Bresson, *Portrait de Jean Clair*, photographie, 12 × 17 cm, Paris, 1993, collection privée, Paris

9. Henri Cartier-Bresson, *Portrait de Jean Clair*, photographie, 18 × 24 cm, Paris, 1990, collection privée, Paris

10. Henri Cartier-Bresson, *Joseph Erhardy, après l'incendie de son atelier, rue du Commerce, Paris*, photographie, 30 × 24 cm, 1989, collection privée, Paris

11. Henri Cartier-Bresson, *Portrait de Georg Eisler, peintre, Vienne*, photographie, 18 × 13 cm, 1993, collection privée, Paris

12. Henri Cartier-Bresson, *Portrait de Lucian Freud*, photographie, 24 × 18 cm, Londres, 1997, collection privée, Paris

13. Henri Cartier-Bresson, *Léonard Gianadda*, photographie, 30,5 × 24 cm, 1994, collection Fondation Gianadda, Martigny

14. Henri Cartier-Bresson, *James Lord, rue des Beaux-Arts, Paris*, photographie, 30 × 24 cm, 1976, collection Fondation Gianadda, Martigny

15. Raymond Mason, *Biblioteca Marciana, Venise*, encre sur papier, 37,5 × 39 cm, 1997, collection privée, Paris

16. Raymond Mason, *Place Saint-Germain-des-Prés, Paris*, bronze, 39 × 47 cm, 1953, collection privée, Paris

17. Zoran Music, *Autoportrait*, huile sur toile, 39,5 × 26 cm, sans date, collection privée, Paris
18. Zoran Music, *Ritrattino* (*Portrait d'Ida Barbarigo*), huile sur toile, 35 × 27 cm, 1949, collection privée, Paris.

19. Zoran Music, *Nu en pied*, huile et fusain gras sur toile, 162 × 114 cm, 1991, collection privée, Paris

20. Philippe Roman, *Sils, la prairie, le soir*, huile sur toile, 51 × 111,5 cm, 1993-1998, collection privée, Paris

21. Sam Szafran, *Sans titre* (*Atelier avec Lilette assise sur le banc de Gaudi*), technique mixte, aquarelle, fusain et pastel sur papier, 40 × 82 cm, 2000, collection privée, Paris

22. Martine Franck, *Portrait de Sam Szafran et Jean Clair*, photographie, 23,5 × 30 cm, 2005, collection privée, Paris

23. Roseline Granet, *Le passage*, résine, 240 × 145 × 195 cm, 1994, collection privée, Meudon

24. Ivan Theimer, *La contessa Immacolata Rossi di Montelera*, bronze, 33 × 12 × 14 cm, années 1980, collection privée, Paris

25. Roger Parry, *Brice Parain*, photographie, sans date, Archives Gallimard, Paris
26. Jacques Robert, *Jean-Bertrand Pontalis*, photographie, 1977, Archives Gallimard, Paris

LÉONARD GIANADDA

(1935-)

Le sourire de Léonard

Ce qui reste d'un homme, c'est son sourire. Tout s'efface de lui, mais le sourire demeure. Comme du Chat de Cheshire. Non pas seulement quand il est mort et que le sourire, comme le souvenir, se fait d'outre-tombe, mais déjà de son vivant. C'est quand on songe à quelqu'un qui s'est absenté momentanément que son sourire revient d'abord et inscrit son image dans les cellules de notre esprit. Les yeux, les traits du visage, le son des mots ne viennent qu'après se recomposer. Mais son sourire d'emblée sourit, et sans attendre. C'est une sorte de politesse de l'au-delà. Bien plutôt qu'ils ne grimacent pour nous faire peur, comme on le croit, les fantômes sourient pour nous réconforter. Et l'on aime les gens à la hauteur de leur sourire. On les oublie d'autant moins que l'image de leur sourire demeure en nous un peu plus fidèle.

Léonard Gianadda est cet homme qui sourit. Dans la réalité bien sûr, il pique de formidables colères, il est excessif, orgueilleux, souvent tyran. Il n'empêche que son sourire domine tout ça, après tout. Je comprends que, de la culture, qui est comme on le sait ce qui reste quand on a tout oublié, les plus hautes manifestations, l'*Ange* de Reims, les statues gréco-bouddhiques, *Monna Lisa*, se soient toujours distinguées par le sourire, puisque c'est aussi ce qui reste d'une personne quand on a tout oublié de ce qu'elle fut. Ce grand principe de bienveillance à la vie, qui perdure après l'absence des êtres qui sont ou qui furent nos contemporains et qui s'exprime par une crispation particulière des muscles du maxillaire, est le principe aussi qui fonde les civilisations. Pas de culture sans sourire. Pas de sourire qui ne fonde et ne sauve la culture.

Un culte à la civilité

Le mot est lâché : fonder. Pourquoi faire des fondations quand on est architecte, autres que celles qui permettent d'édifier des appartements à vendre ou bien à louer, sinon pour s'attacher à une tâche autrement plus importante : perpétuer par le sourire, le souvenir douloureux d'un être qui vous fut cher, un parent, un ami, un frère ? Et ce monument précis, puisque le mot « monument » vient du latin *memorare*, en faire le lieu ouvert à tous de ce culte à la civilité qu'on nommait encore, récemment, la culture. Musique, expositions, colloques, les instruments, le chant humain, les sculptures, la voix, les tableaux, les photographies, sont autant de manifestations venues du sourire, qui est le signe manifeste, sur le visage d'autrui, de la fraternité silencieuse qui unit les hommes et qui leur fait sentir qu'ils appartiennent à la même histoire et au même genre animal.

J'ai naguère comparé Gianadda à un taureau, son dieu totem, et cet animal quasi éponyme de la ville ancienne dont il a les traits, l'encolure, la puissance et l'opiniâtreté. Si bien qu'en découvrant dans les fondations de son terrain à Martigny, l'effigie du taureau de bronze qui s'y trouve, puis les vestiges du *mithraeum* consacré à son culte, le fondateur de la Fondation Gianadda n'avait jamais fait, fouillant le sol et creusant l'Histoire, que rencontrer sa propre image. Ou son propre destin. Mais ce n'était pas le taureau que je voulais dire. Le taureau ne sourit guère. Il est placide, le regard globuleux, le mufle lourd et soufflant, comme la vache son épouse. Ou bien furieux. Non, Léonard Gianadda, c'est plutôt le sacrificateur du taureau, le taurochtone, celui qu'on voit, cheveux bouclés sur un grand front, torse puissant et bras de kouros italique, apporter en souriant, son offrande à ses dieux.

La première fois que j'ai rencontré le maître des lieux, je lui ai dit, sans savoir ce qu'il était, que la Fondation semblait un bunker. Il n'a pas bronché à ce qui pouvait paraître une offense. Plus tard, en maudissant ma bévue, je me suis rendu compte qu'elle avait un sens. Non seulement parce que le plan centré du temple primitif avait imposé sa forme au bâtiment moderne, mais aussi parce que la double et contradictoire fonction du lieu, exposer des œuvres mais aussi accueillir du public, se satisfaisait mieux de cet arrangement en théâtre, partageant du sanctuaire ancien l'aspect sombre et mystérieux.

Un sanctuaire, un abri

À l'alignement autoritaire ou militaire des salles dans les musées d'art moderne, qui imposent un sens de lecture, un sens de la visite, un sens obligé, le bâtiment de Martigny substituait, dans la pénombre même de sa structure, la transparence d'un panoptique. Sur la coursive, on pouvait à loisir observer plus bas les œuvres exposées, mais aussi se déplacer les gens, s'agiter la foule, resplendir les peintures, tout en goûtant de l'oreille les répétitions du concert qui serait donné à la nuit tombée. Bienheureuse synesthésie des sens, union des esprits et des cœurs, rencontre du hasard et de la nécessité que ce lieu, là où un bâtiment plus léger, plus aérien, plus transparent aurait cassé toute intimité, toute énigme et finalement interdit toute possibilité de rencontre. A-t-on assez parlé, dans les années 1960, des utopies du musée forum ? Gianadda, à sa façon et à son échelle, l'a réalisé. Là où les autres ont fait des supermarchés où l'on se casse le nez sur les parois de verre qui tiennent lieu de murs, Gianadda a su garder le secret du lieu sombre et singulier qui est celui où l'on va seul rencontrer un chef-d'œuvre. D'une guerre où l'on est décidément, partout et toujours, beaucoup trop « exposé », ce « bunker », à contre-courant des « sites culturels » d'aujourd'hui, offre les signes d'un abri temporaire mais sûr. Ne serait-il pas temps de débaptiser les musées pour les appeler des « refuges » ? Non par hasard peut-être, c'est en un point cardinal de l'Europe, par où sont venus, de l'ouest comme de l'est, bien des grands conquérants, que ce bâtiment s'est édifié, comme un abri.

La guerre aujourd'hui est contre la laideur, la sottise, l'ignorance, la grossièreté, la violence, tout ce qui fait naître sur les visages le rictus, la colère, la tristesse et la peur, ces traits que la physionomie nous apprend à connaître. Elle suppose aussi des abris. La forme prise par la Fondation, cette pyramide tronquée, cette grande tente de béton aux quatre pans égaux, c'est aussi l'aveu d'un nomade qui a cherché sa vie durant son lieu définitif. C'est une tente, la tente en dur d'un homme qui a longtemps erré, depuis son grand-père paysan, venu à pied d'outremont, comme on dit en Suisse, pour trouver du travail, jusqu'à lui, bravant le temps au nom du souvenir, en se confiant à l'illusion des arts.

Du musée, il faut garder le secret, particulièrement quand ce musée s'est bâti sur le sacré. Du sacré au secret, le chemin passe par le sourire.

ROSELINE GRANET

(1936-)

Équilibres et envols

S'il s'agit bien encore de sculpture, plus rien ici qui pèse ou qui pose. Au lieu du monument, un petit théâtre d'ombres gesticulantes et nerveuses qui fait défiler sous nos yeux les figures rapides de notre dissipation ou de notre enracinement. Équilibres et envols, élans, trébuchements et chutes scandent nos démarrages, nos abords et nos retours. Baladins, funambules, perchistes, moins théâtreux finalement que nous-mêmes, patients saltimbanques du quotidien.

Ces personnages secs et sarmenteux affichent ouvertement leur affinité matériologique avec les arbres dont ils recherchent la protection ou l'appui, la frondaison ou les branches hautes. Moins divinités dryades cependant que follets des vergers, ils rappellent, dans une vie livrée aux horaires et aux errances, la nécessité d'un centre. Ou bien désignent-ils le jardin clos d'une enfance, où l'on retourne encore après tant de départs et de tribulations ?

Tout comme le musicien courbé sur son instrument se tient dans les sons qu'il produit, c'est un couple, un homme, une femme, tournés l'un vers l'autre, qui peut aussi offrir l'image rare d'un repos, d'un accord, d'une balance en équilibre et qui frémit à peine, d'une assiette enfin trouvée entre deux dérobades ou entre deux silences : miracle où le monde se fait soudain léger, délivré de la pesanteur des corps, de la longueur des jours, de la gravité des vies. Quoi de plus léger dans les bras qu'un corps qui s'abandonne à vous ? Quoi de plus lourd en revanche à porter que le même corps quand il ne se tient plus ? Les indications de la bascule sont dans ces occasions de peu de secours. L'art du sculpteur y voit un peu plus juste.

Parfois aussi, en quête de cet allègement que cherchent les amants et les équilibristes, consumées, évidées, creusées, brûlées au cœur, ces figures ne se présentent plus à nous que comme des enveloppes glorieuses ayant renoncé à toute incarnation. Comme de Marsyas ou de saint Barthélemy, leur dépouille, tendue et mouillée, claque comme un linge. Ce sont les mêmes drapeaux déchiquetés qui claquaient déjà autour des personnages de Jacques Callot, de Salvator Rosa ou de Magnasco, gros d'une troupe agitée, mélancolique et fantasque, qui traverse les siècles et accompagne leurs turbulences. C'est un peu de son avant-garde égarée qui est venue jusqu'à nous dans les sculptures de Roseline Granet.

DAVID HOCKNEY

(1937-)

Perspectives dépravées

« Quand on regarde des choses de près, on ferme parfois un œil — c'est-à-dire que l'on devient comme un appareil photo. Sinon, les choses commencent à se brouiller, et il devient difficile de les maintenir dans l'espace visuel. Les Cubistes, vous savez, ne fermaient pas les yeux. Les gens se plaignaient au sujet de Picasso, par exemple, de ses distorsions du visage humain. Je ne crois pas du tout que c'étaient des distorsions. Citons, entre autres, les merveilleux portraits de son amante, Marie-Thérèse Walter, qu'il a faits dans les années trente ; il a dû passer des heures avec elle, au lit, très près, à observer son visage. Un visage vu ainsi paraît effectivement différent de celui qu'on voit à cinq ou six pieds. Des choses étranges arrivent aux yeux, aux joues, au nez — de fabuleuses inversions et répétitions. Certaines "distorsions" apparaissent, mais elles ne peuvent être distorsions puisqu'elles sont réalité. Ces peintures traitent de ce genre de vision intime[1]. »

Hockney parle de son art de portraitiste et de ce que

1. David Hockney, *Cameraworks*, Londres, Thames and Hudson / New York, Alfred A. Knopf, 1984, p. 17.

Picasso lui aurait appris. Il relate une expérience que chacun d'entre nous a connue et dont pourtant peu de peintres nous ont jamais entretenus. Prudent, le regard du créateur tient d'ordinaire le monde à distance. Du monde et, avec lui, des êtres qui le peuplent, il s'éloigne, il se protège de leur contact. Ce n'est pas sous le nez qu'il veut son modèle, mais au bout du regard. La peinture ne saurait mélanger la vue, l'odorat et le toucher — ni la palette fondre la règle avec la main. Ou bien le peut-elle ?

Ces réflexions de Hockney, en attendant, viennent directement en écho à des remarques que Picasso avait faites, cinquante ans auparavant, pour calmer un amateur qui s'alarmait de voir son modèle affublé d'un double profil : « Ce double profil, ainsi qu'on l'appelle, est seulement que je garde toujours les yeux ouverts. Tout peintre devrait toujours garder ses yeux ouverts. Et vous pourriez demander comment l'on arrive à voir véritablement, un œil ou deux yeux ? C'est tout simplement le visage de ma petite amie, Dora Maar, lorsque je l'embrasse[1]. »

La simplicité des deux propos cache une critique de la vision perspective classique, en tant qu'elle est, on le rappelle, une vision monoculaire, fixe et centrée, assimilant, depuis Alberti, le tableau à une fenêtre.

« On ferme un œil... On devient comme un appareil photo » : un clin d'œil suffit à changer l'humain en machine. L'abolition de la profondeur[2] a transformé notre perception de l'espace en une image plate, et notre visée concrète s'est changée en tableau abstrait.

Hockney rappelle ici que la technologie de la reproduc-

1. Cité dans *Memoirs of an Art Gallery*, New York, Jullian Levy, 1977.
2. La stéréoscopie de la vision binoculaire.

tion, la fameuse reproductibilité des images dont parlera Benjamin, telle qu'elle s'est développée depuis l'invention de la photographie, en 1830, jusqu'à l'imagerie virtuelle d'aujourd'hui, est une conséquence de l'invention par Alberti, Pomponius Gauricus et quelques autres, quatre siècles auparavant, vers 1430, des règles d'une *perspectiva artificialis* qui, la première dans la culture du monde occidental, a réussi à mathématiser le domaine sensible, et particulièrement la façon dont on voit le monde — jusqu'à ériger cette vision en un paradigme de la clarté intelligible, en un pur reflet de l'intelligence. Aura ainsi été hypostasiée la vision claire et distincte des choses, la *fruitio lucida rerum*, évacuant le flou, l'indistinct, le brouillé, comme variétés de la pensée confuse, du concept mal fondé, et qui, s'ils demeurent en de rares occasions des catégories esthétiques, ne sauraient en aucun cas accéder à l'éminence du regard qui distingue, qui voit au travers — le *perspicere* latin, d'où la perspective tire son nom et son pouvoir —, qui, perspicace, isole, distribue et analyse.

Pour être intelligible, le monde doit donc se faire moins sensible. La vision proche est source d'erreurs et de confusions. On ne mesure pas ce que l'on a sous le nez. On se contente de le sentir. Mélanger le toucher et la vue, c'est mêler la passion à la raison. Le tremblement et la chaleur de la peau faussent les mesures.

« Comme un appareil photo » : c'est la fiction d'une vision monoculaire et fixe, telle que la science de la perspective l'installe, qui autorisera le fabuleux essor de la technique moderne : la grille de l'écran vidéo n'est que le énième avatar de l'échiquier que mettent en place les frères Lorenzetti, par exemple, dès 1330, tout comme les manipulations au clavier des ordinateurs qui ont permis la naissance des imageries virtuelles depuis une dizaine d'années relèvent d'une construction géométrique « correcte » fondée, comme au temps de Brunelleschi, sur le présupposé d'un espace rationnel, infini, continu, homogène et isotrope. Le postulat demeure que, à partir de chaque point de l'espace, il est possible d'effectuer des constructions semblables en tout lieu et en toutes les directions.

À bien y regarder, le premier à avoir réfléchi sur la diplopie et sur les différents phénomènes du loucher que la vision de près entraîne, quand on est sur le point de mettre le nez sur le visage de l'être aimé, par exemple, le premier aussi à avoir mis cette expérience en rapport avec l'invention de la photographie, qui, en rendant légitimes toutes les formes de perspective saisies par l'objectif, avait du même coup ruiné la légitimité de la seule perspective renaissante, autrement dit le premier à avoir compris ce qui était en jeu dans le Cubisme et dans ses « distorsions », ne serait autre que… Marcel Proust. Écoutons-le, tout au long : « Les dernières applications de la photographie — qui couchent aux pieds d'une cathédrale toutes les maisons qui nous parurent si souvent, de près, presque aussi hautes que les tours, font successivement manœuvrer comme un régiment, par files, en ordre dispersé, en masses serrées, les mêmes monuments, rapprochent l'une contre l'autre les deux colonnes de la *Piazzetta* tout à l'heure si distantes, éloignent la proche *Salute* et dans un fond pâle et dégradé réussissent à faire tenir un horizon immense sous l'arche d'un pont, dans l'embrasure d'une fenêtre, entre les feuilles d'un arbre situé au premier plan et d'un ton plus vigoureux, donnent successivement pour cadre à une même église les arcades de toutes les autres — je ne vois que cela qui puisse, autant que le baiser, faire surgir de ce que nous croyions une chose à aspect défini, les cent autres choses qu'elle est tout aussi bien, puisque chacune est relative à une perspective non moins légitime. Bref, de même qu'à Balbec, Albertine m'avait souvent paru différente, maintenant — comme si, en accélérant prodigieusement la rapidité des changements de perspective et des changements de coloration que nous offre une personne dans nos diverses rencontres avec elle, j'avais voulu les faire tenir toutes en quelques secondes pour recréer expérimentalement le phénomène qui diversifie l'individualité d'un être et tirer les unes des autres, comme d'un étui, toutes les possibilités qu'il enferme — dans ce court trajet de mes lèvres vers sa joue, c'est dix Albertines que je vis ; cette seule jeune fille étant comme une déesse à plusieurs têtes, celle que j'avais vue en dernier, si je tentais de m'approcher d'elle, faisait place à une autre. Du moins tant que je ne l'avais pas touchée, cette tête, je la voyais, un léger parfum venait d'elle jusqu'à moi. Mais hélas ! — car pour le baiser, nos narines et nos yeux sont aussi mal placés que nos lèvres, mal faites — tout d'un coup, mes yeux cessèrent de voir, à son tour mon nez, s'écrasant, ne perçut plus aucune odeur, et sans connaître pour cela davantage le goût du rose désiré, j'appris, à ces détestables signes, qu'enfin j'étais en train d'embrasser la joue d'Albertine[1]. »

À vrai dire, nous avons quelque raison de penser que la phrase de Picasso serait apocryphe, ou qu'elle serait issue d'un propos de Gertrude Stein rapporté dans l'*Autobiogra-*

1. Marcel Proust, *À la recherche du temps perdu*, *Le Côté de Guermantes*, chap. 2, « Visite d'Albertine ».

phie d'Alice B. Toklas, soliloquant sur les images doubles provoquées par la vision rapprochée d'un visage qu'on tient dans ses mains. Et d'où Gertrude Stein aurait-elle tiré ses idées, sinon de la lecture de Proust que nous venons de faire ?

Bien entendu, dans la perception immédiate, « quand on regarde les choses de près », le postulat de Brunelleschi d'un espace isotrope et homogène ne peut jamais être satisfait. Dans cet espace du tout proche, dans ce lieu de l'intime qu'on pourrait appeler l'espace tactile, par opposition à l'espace visuel — métrique et mesuré — de la perspective, on ne trouve aucune homogénéité des lieux ni des directions. Chaque lieu a sa modalité propre et sa valeur. L'avant et l'arrière, le bas et le haut, la gauche et la droite ne sont pas homogènes et isotropes dès lors qu'ils sont passés au filtre du corps. L'espace psychophysiologique, toute notre expérience quotidienne nous l'apprend, toute notre évolution, du fœtus à l'âge adulte, tous les élans et les instants de notre vie active, motrice et sensitive nous l'enseignent, n'a rien à voir avec l'espace rationnel.

Dans son ouvrage classique, *L'Image du corps*, Paul Schilder a patiemment analysé la façon dont le modèle postural qui nous inscrit dans l'espace se construit au cours des années. « Comme le montre l'étude des fantômes[1], le modèle postural enfantin n'est jamais complètement abandonné. Il y a différentes couches d'images du corps qui sont incorporées dans le corps. Même l'investigation qui se dit

1. Schilder fait allusion au phénomène des membres fantômes, soit à la sensation rémanente de leur présence après qu'ils ont été amputés à la suite d'un accident ou d'une maladie.

purement physiologique montre que le modèle postural du corps n'est pas rigidement défini ; le simple contact d'un objet suffit à le modifier, et le modèle postural des individus de son entourage agit sur lui. L'espace, s'il a des qualités d'un autre ordre, a aussi celles que lui confère le modèle postural. La gauche et la droite, le bas et le haut, sont, dans l'espace, des prolongements du modèle postural du corps[1]. »

C'est dire que ce n'est pas le corps qui s'inscrit passivement dans l'espace, c'est au contraire l'espace qui adopte, dans ses déterminations, les attitudes fondamentales du corps. Le corps est essentiellement *plastique*. Élastique, il s'étire de tous les côtés comme un caoutchouc, une gomme à mâcher, un tissu en latex. Lui-même non, mais plutôt la représentation qu'on s'en fait, qui n'obéit en rien aux canons de l'anatomie descriptive, ne s'inscrit pas dans l'espace à la façon dont un corps solide et géométrique, un temple, se contemple, ou un château fort se découpe sur le bleu du ciel. Le corps est décidément le lieu d'une interminable hystérisation de ses parties, et l'approximation la plus saisissante qu'on pourrait en avoir en art serait plutôt à chercher du côté de ces sculptures distordues, les *Métamorphoses*, que Picasso modelait en 1928 au moment même où Schilder recueillait les éléments d'analyse pour son ouvrage — ou bien dans les portraits tout aussi « distordus » que Hockney nous a laissés de ses « proches ».

Diderot, esprit sensualiste — au demeurant le père fondateur de la critique d'art —, dira fort justement que cet

1. Paul Schilder, *L'Image du corps. Études des forces constructives de la psyché* [1935], trad. par F. Gantheret et P. Truffert, Paris, Gallimard, 1968, p. 308-309.

espace de la perspective scientifique est un espace pour les aveugles. Au fond, il ne suppose pas d'être *vu*. Autoréférentiel et autosuffisant, il se construit par des tracés régulateurs qu'un « non-voyant », à l'aide de bâtons, pourrait comprendre. Il n'est point besoin d'*aller y voir*. Il n'est pas utile d'expérimenter *de visu* la façon dont les corps se distribuent dans l'étendue, s'agrègent ou se désagrègent en son sein. Il suffit de supposer un *quantum continuum* fondant l'ensemble homogène des parties de l'espace et de ses contenus, pour déduire, sans avoir à ouvrir les yeux, leur exacte disposition, et pour en fixer les coordonnées qui permettront, point par point et ligne par ligne, de les construire correctement.

Un informaticien, aujourd'hui, n'a pas non plus besoin de *voir* pour taper sur le clavier de sa machine les données qui lui permettront de déployer sur l'écran les caractères d'une « image assistée », volumétrie d'une carcasse d'aéronef ou élévation d'un bâtiment, pas plus d'ailleurs que les fantasmagories d'une imagerie virtuelle, qui, sous l'apparente fantaisie de ses bourgeonnements, obéit docilement à la même grille, est prise, sans surprise, au même filet électronique. Un tel espace, d'une certaine façon, exclut la présence de l'homme.

Dans cette visée rationnelle soumise à la grille mathématique, la forme croît dans l'espace à l'instar d'une cristallisation[1] qui gagne de point à point, toujours identique, du premier plan au lointain. La vision tactile dont parlent Hockney et Picasso relèverait plutôt d'une vision en sus-

1. C'est l'effet d'*intarsia*, de marqueterie, qu'avait remarqué André Chastel.

pension, colloïdale, qui évolue et qui bouge avec le temps, qui change ses propriétés et ses points d'attache.

La perspective, de la Renaissance à nos jours — de nos jours dans ses avatars que sont les technologies de la photo, du cinéma, de la vidéo —, a consisté à tenir le monde à distance. Contre cette privation du sensible, qui nous coupe de la chair du monde, l'effort de la peinture aura été de ramener le point de fuite dans les parages de la saisie manuelle. Voir un visage à quelques centimètres, voir les deux yeux ouverts, dit Picasso, le visage de la femme aimée quand on l'embrasse.

Il n'est pas exagéré de dire que ce fantasme-là, faire voler en éclats la vitre du dispositif perspectif — qui, au plan d'interception de la pyramide visuelle, prétend passer pour une image adéquate de la réalité perçue —, cette *scène primitive*, faire éclater la *parete di vetro* derrière laquelle s'est déroulée toute la scénographie de l'art d'Occident, a été au cœur de toutes les tentatives de l'art moderne depuis le début du siècle.

C'est donc cette expérience érotique simple[1] — voir avec les deux yeux ouverts le visage de l'être aimé quand on l'embrasse — qui fonde la démarche de Picasso, comme elle fonde celle de Hockney. Comme, aussi bien, elle avait fondé, faut-il le rappeler ? la démarche de Marcel Duchamp dans son *Grand Verre*. « Celui qui embrasse passionnément son Double à travers le Verre, le verre s'anime en un point

1. Voir encore P. Schilder, *L'Image du corps*, *op. cit.*, p. 185, note 6 : « Ni les impressions optiques, ni les impressions kinesthésiques, ni les impressions tactiles ne nous donnent une impression toute faite de notre corps. Construire l'image du corps, c'est donner forme à un matériau des plus imprécis. La forme que nous lui donnons correspond à des besoins biologiques. »

et devient sexe, et l'être et l'image s'aiment à travers la muraille. » Ces lignes flamboyantes de Jarry[1], le grand inspirateur de Duchamp, mais aussi, s'en souvient-on ? l'un des grands précepteurs, avec Max Jacob, de Picasso dans ses premières années parisiennes, devraient s'inscrire devant nos yeux comme le *Mané, Thécel, Pharès* de ce festin de Balthazar que fut, au début du siècle, la modernité.

Notre vision, donc, est binoculaire, mobile et orientée. Nous voyons en profondeur et non pas en surface. Et nous établissons immédiatement des distinctions de valeur entre les différents points que nous considérons. Nous avons une visée corporelle précise qui ne tient pas pour équivalent chaque point de l'étendue. Le corps est destin, qui nous impose une vision, et, dans nos gestes et nos regards, de multiples hiérarchies, préférences, attirances ou répulsions. Ces données de l'espace psychophysiologique sont celles dont Picasso et Hockney nous entretiennent. Une érotique de la vision, pas une euristique.

Les « distorsions » dont parle Hockney à propos de Picasso sont ainsi non seulement ces élans, ces progressions ou ces chutes dont le corps est le lieu, mais encore ces bourgeonnements, ces tumescences, ces gonflements, ces « choses étranges qui arrivent aux yeux, aux joues, au nez... », dit Hockney, et qui, loin de respecter l'orthopédie du corps, affirment au contraire sa déroutante liberté.

Non par hasard, Jacques Lacan faisait allusion à l'érection quand il tentait de faire comprendre le jeu de muscade

1. Alfred Jarry, *Les Jours et les nuits*, Paris, Mercure de France, 1964. Je me permets de renvoyer ici à mes études sur Marcel Duchamp, dans *Marcel Duchamp*, catalogue d'exposition, Paris, Centre Georges-Pompidou, 1977, t. IV, *Abécédaire*.

du regard humain, opposé à la vision. Une érection serait-elle, comparée à l'état flaccide de l'organe tel que le représente, par exemple, la sculpture classique, une distorsion ? Pourquoi l'art s'est-il si longtemps refusé à la représenter — sinon sous la forme grotesque de petits démons ithyphalliques ? En quoi un sexe en érection serait-il moins beau, moins susceptible d'être représenté qu'un sexe au repos ? Pourquoi est-il considéré comme une « distorsion » au regard de l'orthopédie du corps humain ?

Modérons le propos : c'est l'Antiquité et le classicisme qui répugnent à représenter le sexe humain dans un état « hors de proportions » ; même ont-ils tendance à en diminuer l'importance, de sorte à se conformer au canon de Polyclète. On l'a dit : la statuaire antique virile est microgénitomorphe. En revanche, la fin du Moyen Âge et les débuts de la Renaissance n'hésiteront pas, dans la vision eschatologique d'une résurrection/érection, à figurer le Christ, serait-il à l'agonie, dans un état que le périzonium a toujours un peu de mal à dissimuler[1].

« Distorsions », cependant, seraient encore ces nus de Picasso qui, bousculés par le regard qui les désire, sont vus simultanément et de face et de dos, pour étaler sur un seul et même plan, comme on le dit du pain sur la planche, tous leurs attraits. La *forza del vedere* serait capable chez le peintre de tordre en effet les corps, comme le magicien tord les cuillers à distance. Marie-Thérèse, sur le plan du tableau, est vue simultanément *a recto* et *a tergo*. Elle présente à la fois, miracle de planimétrie amoureuse, sa face

1. Voir Leo Steinberg, « The Ubiquity of Erection Motif », *The Sexuality of Christ in Renaissance Art and in Modern Oblivion*, Chicago, The University of Chicago Press, 1983, p. 298 et suiv.

et son profil, ses seins *et* ses fesses, son sexe *et* son anus. Elle est tout entière développée sur la toile, pareille à une peau d'orange aplatie.

Dans les jardins chinois, on a disposé des rochers aux formes étranges. Objets trouvés, créations de la nature, on les choisit en fonction de leurs lignes tourmentées. Ils se doivent d'offrir au regard le maximum de facettes, d'aspérités, d'accidents. Ils sont parfois si torturés qu'en eux les notions de « beau » et de « laid » s'abolissent. Telle serait aussi l'esthétique de Picasso quand il peint le corps de Marie-Thérèse vu de tous les côtés à la fois. Et tel aussi le Cubisme, tel que l'entend ici Hockney, dans une version orientalisée comme on peut l'imaginer sur les bords du Pacifique, où il n'est pas rare aussi de voir des déesses à plusieurs têtes, des Albertine multipliées par dix.

Fantasme de l'absorption par le regard et dans le regard. Mais aussi jouissance et délectation du corps plein et entier. Refus du corps partiel. Refus de détacher du corps aimé un sein, un pied, un sexe… Tout est là, présenté, disponible, offert.

On connaît ces magazines américains qui se sont spécialisés dans l'illustration d'une partie du corps féminin. Les uns se sont faits les adorateurs de la poitrine, d'autres de la jambe, les troisièmes de la fesse. D'autres encore ont choisi d'opérer cette découpe selon les attraits dévolus aux différents âges, des débutantes jusqu'aux doyennes[1]. Cette aimable variété moderne du supplice ancien de la roue rompt l'ensemble du corps, soit dans son unité phy-

1. « Les couvertures des magazines à 30 cents, disait Paul Morand, vous savez : *Sweet seventeen with a touch of smart individuality.* »

siologique, soit dans son unité psychologique, et l'érotisme de l'homme fin de siècle s'alimente à ces pratiques, qui, de la femme, font une femme-jambe, une femme-sein, une femme-tronc, ou bien encore une femme-enfant, une femme-mûre, une femme-mère…

Le sentiment de posséder un corps intègre ne va pas de soi. Il est l'effet de l'amour pour soi. C'est sous l'effet des tendances destructrices que le corps se répand dans le monde. L'unité du corps se gagne par l'amour[1]. La tâche du peintre, en tant qu'elle est la manifestation de cet amour, est de recomposer incessamment le corps qui se divise et qui se perd : le tableau en recueille tout entier la substance et en présente en une fois tous les aspects recomposés.

Sans doute il y aura eu, au cœur même de la règle de la perspective artificielle, quelques cas étonnants de perversion. « Quelle douce chose que la perspective ! » était, on le sait, le refus qu'opposait Uccello à son épouse quand elle lui demandait de quitter l'atelier et de regagner sa couche[2]. Était-ce l'instance même de son nom, *uccello*, cet oiseau dont on connaît en italien la signification, qui lui faisait préférer à la vision tactile, rapprochée et binoculaire, dont Hockney et Picasso font l'éloge, la vision monoculaire, fixe et mathématisée de la science perspective, qu'il aimait en amoureux solitaire si fortement illustrer ? Est-il possible de rendre en peinture l'expérience du lit, quand on n'a appris à l'Académie qu'à peindre un modèle allongé au loin sur sa couche, au lieu de lutiner avec lui ?

1. Voir P. Schilder, *L'Image du corps*, *op. cit.*, p. 184-185, note 6.
2. Giorgio Vasari, *Le vite de' più eccellenti Pittori, Scultori et Architetti*, Florence, éd. Milanesi, 1878-1881, t. II, p. 207.

Durant son voyage à Brobdingnag, le petit Gulliver subit lui aussi l'épreuve de la vision de près. Le sein de la nourrice, offert à téter au nourrisson, manque de l'étouffer : « Je ne sais comment décrire ce sein monstrueux. Que l'on se figure qu'il avait six pieds de saillie, et au moins seize de circonférence. Le mamelon était gros comme la moitié de ma tête[1]. »

Dans le registre du dégoût, l'expérience est le reflet de la délice qu'éprouvent Hockney ou Picasso dans les mêmes circonstances. La déformation fait partie de l'excitation : le beau n'est ici aussi que le seuil du terrible, quand, vus comme à la loupe, se dévoilent à l'œil les imperfections, les grossièretés, les poils et les rides que la vision à distance polissait et effaçait. L'ironie de Swift, c'est ramener le plaisir et la morale à des problèmes d'accommodation optique. Question de point de vue. De l'immoralité des myopes ou de la morale des presbytes. Depuis Lilliput jusqu'au monde des géants, l'expérience de la vision de près et de la vision de loin nous enseigne que tout ici-bas, comme en ces parcs d'attractions où les miroirs renvoient au visiteur des images de corps démesurément allongés ou rétrécis, réside en des problèmes de proportion. C'est la place du spectateur face au spectacle considéré qui entraîne son adhésion ou son refus, provoque son attirance ou sa panique, et ces mobiles, l'attrait ou le repoussoir, ne peuvent se mesurer *more geometrico*.

Le sensualisme de Berkeley en ce domaine nous serait plus précieux que la raison de Descartes — et il existe une tradition

1. Jonathan Swift, *Les Voyages de Gulliver*, Paris, Garnier frères, 1873, p. 157.

britannique de la perspective décidément distincte de ce que nous enseigne la tradition continentale, d'Alberti à Panofsky.

*

De cette école insulaire, Ernst Gombrich est de nos jours le représentant, qui, dans *L'Art et l'illusion*, s'appuie sur la fameuse gravure de Hogarth jouant des paradoxes spatiaux sur le proche et le lointain[1], pour nous faire comprendre que la perspective n'est pas une affaire de raison mais une affaire de passion[2]. Les ambiguïtés de la troisième dimension naissent des illusions de nos sens, qu'alimentent nos désirs et nos fantasmes.

David Hockney, quand il « philosophe » sur la vision rapprochée, serait, à son insu, l'héritier de ses compatriotes, Swift et Hogarth.

« Dans les dernières œuvres de Picasso, confie-t-il, le plus important, c'est le sentiment que la distance est abolie. Quand j'observe les figures dans ses tableaux de cette période, je me demande à quelle distance me situer. Cela ne peut pas vraiment se mesurer. Avec un Piero della Francesca, en revanche, je pourrais presque fabriquer une maquette de l'œuvre. Cet aspect des dernières œuvres de Picasso me fascine. Au fond la toile devient la figure. C'est ce que j'essaie de faire moi aussi. Mais je crois que je ne pourrai pas y arriver tant que je n'aurai pas dans ma vie quelqu'un qui me soit vraiment proche. [...] Cependant, il

1. William Hogarth, frontispice de J. J. Kirby, *Dr Brook Taylor's Method of Perspective Made Easy*, Londres, 1754.

2. Ernst Gombrich, « Les ambiguïtés de la troisième dimension », *L'Art et l'illusion*, Paris, Gallimard, 1971, p. 302 et suiv.

n'est pas indispensable de représenter des personnes dans un lit. C'est de sentiment que je parle[1]... »

Contraste entre ce qui m'est « proche » — mon prochain — et le modèle — « la maquette » —, qui me demeure à jamais éloigné. Le proche, celui qui m'est proche, m'aveugle dans sa proximité, le modèle, dans sa minutie abstraite de réduction, déroute et échappe à ma prise[2]. Peut-on peindre quelqu'un qui ne vous est rien ? Picasso n'a jamais peint que lui-même et ses proches, refusant de laisser entrer dans son intimité des modèles étrangers. Quand il le fait, c'est avec quelle réticence — et souvent avec quel désastreux résultat, au bout des séances de pose. On a vanté sa rapidité, mais il n'approche que ceux qu'il connaît déjà depuis longtemps, dont il connaît « par cœur » — comme dans l'admirable dessin qu'il trace de Dora Maar en quelques secondes et sur lequel il écrit « par cœur » — les traits, les moues, les tics, les expressions les plus fugitives ou les humeurs les plus durables. Hockney lui-même n'est ce merveilleux portraitiste qu'il est devenu avec les années qu'à partir du moment où il s'attache aux êtres chers — ceux dont il pressent la disparition, dont il appréhende l'absence —, jusqu'à faire du portrait, en effet, le substitut matériel de la figure de l'absent. Si maints portraits récents de Hockney ressemblent tant, dans leur frontalité et dans leur coloris, aux visages du Fayoum, c'est qu'ils en partagent la mission : rappeler à notre vue, *in absentia*, la présence d'un être cher et singulier, non comme la simple

1. David Hockney, *Ma façon de voir*, sous la direction de Nikos Stangos, Paris, Thames and Hudson, 1995, p. 158.

2. C'est énoncer là, on l'aura compris, une idée contraire à celle que développe Lévi-Strauss à propos de la collerette de François Clouet dans *La Pensée sauvage*.

pellicule de l'éphémère, mais comme une manifestation de l'essence de l'être — d'un être —, la découverte de la nudité abstraite et chaste de cette épiphanie du visage dont parle Levinas[1].

Comment articuler cependant cet attrait du proche, cette approche, et cette capture de l'infiniment cher, dans le brouillage de la vue et dans la turbulence des sens, qui disloquent, on l'a vu, l'ancienne perspective et ses règles — comment les concilier avec l'autre démarche qui consiste, chez Hockney, à déployer au contraire de vastes paysages, des panoramas, qu'il peint, dit-il, en hommage aux grands paysagistes américains du siècle dernier ?

Sans doute il y a, là encore, la même volonté de rompre avec l'abstraction d'une représentation mathématisée de l'espace qu'impose une vision monoculaire et centrée. Il est instructif de l'entendre ainsi comparer l'expérience qu'il fait d'un panorama peint des jardins de Versailles, construit selon les règles de la *perspectiva artificialis*, avec la découverte de la perspective telle qu'elle est abordée dans la peinture chinoise : « Le jour où [l'on] m'a montré au Metropolitan Museum un rouleau chinois, j'ai passé quatre heures à le regarder et j'ai été subjugué par la façon merveilleuse dont il restituait les notions de temps et d'espace, par son côté narratif et par son charme. Après avoir quitté la salle où ces rouleaux sont conservés, nous nous sommes arrêtés dans une salle circulaire dans laquelle est exposée une peinture murale du début du XIXe siècle, représentant la façade côté jardin du château de Versailles[2]. Pour la

1. Emmanuel Levinas, *Le Temps et l'autre*, Paris, Presses universitaires de France, 1983, p. 14.
2. Il s'agit du panorama de John Vanderlyn (1775-1852), *Le Palais et le*

regarder, il faut se tenir au milieu de la salle, sur une petite plate-forme entourée d'une rampe, et tourner sur soi-même pour obtenir la vue panoramique. [...] L'obligation de me tenir au milieu de cette salle circulaire et de tourner sur moi-même pour bénéficier de la vue me semblait vraiment étrange. [...] J'avais l'impression que mon corps était en quelque sorte supprimé, ou réduit à un point minuscule et immobile. En revanche, avec le rouleau chinois, la présence de mon corps, mon déplacement dans l'œuvre étaient indéniables[1]... »

La perspective artificielle, dont le panorama — une invention anglaise — représente à la fois le sommet de l'illusion et le début du déclin[2], est l'effet d'une désincarnation. Dématérialisé, désaffecté, le regard n'y est plus que l'arpenteur d'espaces homogènes et le contrôleur de fabriques systématiques. Le corps y perd sa pesanteur. Il y perd aussi, ankylosé, pétrifié par l'œil unique de la *prospettiva* à face de Méduse, toute épaisseur et tout élan, devenu une pure idéalité mathématique, « réduit à un point minuscule et immobile ».

Le système perspectif de la peinture chinoise, avec, d'une part, l'étagement des volumes en hauteur, que séparent des vides, et, d'autre part, le déroulement en longueur des

---

jardin de Versailles, réalisé en 1819 et déposé aujourd'hui au Metropolitan Museum of Art de New York.

1. D. Hockney, *Ma façon de voir*, *op. cit.*, p. 128, note 17.

2. C'est Robert Barker, à l'extrême fin du XVIIIe siècle, qui construit à Londres et exploite les premiers panoramas. Au siècle suivant, ouvert en 1829, le panorama du Colosseum à Regent's Park devait connaître une immense popularité (voir Stephan Oettermann, *Das Panorama. Die Geschichte eines Massenmediums*, Francfort-sur-le-Main, Syndikat Verlag, 1980, p. 77 et suiv. Il n'est pas étonnant que l'attention de Hockney, aiguisée par tous les problèmes que pose la représentation perspective, ait été attirée par l'existence du seul panorama que possède un musée américain.

rouleaux, s'approche au plus près de la réalité de l'espace psychophysiologique. Espace agrégatif et non plus espace systématique, il mobilise le corps et, par ce mouvement même, comme la rotation dans une capsule spatiale, lui rend sa gravité.

Le panorama est ainsi lui-même comme expérience du lointain, comme délimitation d'un horizon, semblable à ce que sont l'appréhension d'un visage dans un lit et la lecture de ses traits comme expérience du proche : une seule et même capture, où se mêlent désir et tendresse. La saisie du très éloigné rejoint ici la saisie du presque immédiat. Un seul et même mouvement d'enveloppement absorbe la découpe du paysage au loin et le regard dédoublé du visage qui vous frôle.

La vision ample de notre existence planétaire s'est forgée, initialement, avec la question de l'horizon. À l'origine de l'horizon, Heidegger le rappelle, il y a l'*horismos* grec, un mot proche de ce que nous nommons « concept », mais plus subtil encore, qui veut dire à la fois « définition » et « délimitation ». Le même mot servait à définir une entité philosophique et à délimiter un territoire géographique : on parlait d'horizons de l'Égypte pour dire les confins du pays. La ligne d'horizon rassemble, définit, délimite les territoires entre terre et ciel. Elle demeure fuyante et multiple tout en gardant une parfaite précision géo-métrique. Elle évite le concept. « Dans concevoir, dit encore Heidegger, il y a le geste d'une capture. L'ὁρισμός grec au contraire entoure tendrement ce que le regard prend en vue ; il ne conçoit pas[1]. »

Telle serait aussi, opposée au concept et au démembre-

1. Martin Heidegger, « Le séminaire de Zähringen », *Questions IV*, Paris, Gallimard, 1973, p. 339.

ment qu'il suppose, à l'abstraction qu'il entraîne, la leçon de tendresse qu'en peinture, de près et de loin, nous donne, en reflet de Picasso, l'œuvre récente de Hockney. Elle est une recomposition du corps sous un regard qui le garde, le sauvegarde, le regarde et témoigne envers lui des égards qu'on lui doit.

Ce n'est pas un hasard si c'est un philosophe anglais, grand historien d'art de surcroît, qui de cette peinture où la tendresse inquiète de l'objet global a remplacé l'obsession morbide de l'objet partiel, et la fascination du « bon sein » à la Picasso celle du « mauvais sein » à la Swift, nous donne peut-être le meilleur commentaire, sur lequel nous conclurons : « *Certainly the future will need societies devoted to the contemplation of whole-objects. Hence an ever growing importance of art. […]. We have already experienced from art a great deal of anti-art in the sense of anti-whole object themes, in the sense of everything-on-a-par following the breakdown of distinctions, in the sense of a hypnotic envelopment by part-objects […] We are but at the beginning of the cheating or, rather, recheating of whole-objects : the residues of an ancient environment, very largely destroyed already in the youth of us who are older, linger a little*[1]… »

1. Adrian Stokes, « Reflections on the Nude », *The Critical Writings*, Londres, Thames and Hudson, 1978, t. III, p. 308-309 : « L'avenir aura assurément besoin de sociétés vouées à la contemplation d'objets globaux. De là vient que l'art prend toujours plus d'importance. […] Nous avons déjà fait l'expérience, en art, d'une grande quantité d'anti-art, au sens de thèmes d'anti-objet global, au sens où tout est placé sur le même plan par suite de l'effondrement des distinctions, ou au sens d'un enveloppement hypnotique par des objets partiels […]. Nous ne sommes qu'au début de l'arnaque ou, plus exactement, d'une nouvelle arnaque des objets globaux : les résidus d'un ancien environnement, déjà très largement détruit dans notre jeunesse à nous, qui sommes plus âgés, persistent un peu… » (traduction de Pierre-Emmanuel Dauzat).

JAMES LORD

(1922-2009)

Un Américain à Paris

Il était d'une stature un peu plus grande que la nôtre, il parlait d'un ton un peu plus haut, son écriture était une large calligraphie. James Lord était en tout point un homme généreux et d'une belle présence, comme on dit en Italien. De ce milieu parisien qu'on dit à juste titre « petit », il faisait éclater les coutures. Il était venu fin 1944 avec les troupes alliées. Il était resté à Paris. On disait à mi-voix qu'il était dans le Renseignement. De fait, en quelques années, il sut recueillir sur le monde des artistes, un trésor de documentation comme personne avant lui. Il s'était présenté un jour, encore en uniforme, chez Picasso, rue des Grands Augustins. Le petit Andalou avait été séduit par ce jeune et grand GI, vif et ambitieux, et l'avait admis dans son intimité. Il fut son mentor. Plus tard, James resta fidèle à ce carré magique, au cœur de Saint Germain où il habitait, avec l'atelier de Guernica à l'est, l'atelier de Balthus, non loin, passage du Commerce Saint-André, Dora Maar, rue d'Anjou, entre les deux, et plus au sud, vers Alésia, Giacometti, rue Hippolyte Maindron. C'est en 1952 qu'il l'avait rencontré, aux Deux Magots.

Le livre qui le fit connaître en 1965 fut le récit de ses

séances de pose dans l'atelier du sculpteur, la description la plus fidèle, jour après jour, et la plus éclairante, l'anglais dirait *scrutinizing*, du processus créateur. On ne pourra guère écrire sur l'œuvre de Giacometti sans d'abord avoir lu cet essai. La même rigueur, la même probité, la même attention scrupuleuse se retrouveront dans la biographie qu'il lui consacra, en 1985. La franchise de l'approche, la précision des faits rapportés, devaient le brouiller avec quelques-uns de ses amis. Lord, sans fard, racontait sur l'artiste, sur Annette sa femme, et sur les femmes qu'il croisait durant ses longues stations nocturnes dans les bistrots de Montparnasse, de ces choses qui, disait-on, auraient dû rester secrètes. Quarante ans plus tard, on comprend que ce sont ces détails qui éclairent l'œuvre d'une lumière parfaite, clinique et douloureuse.

Une autre occasion de se brouiller avec des amis chers fut un essai, « L'étrange cas du Comte Balthazar Klossowski de Rola », où James n'hésita pas, le premier, à railler les prétentions nobiliaires de Balthus. Ce n'était guère méchant, mais, fort bien documenté, le pamphlet l'isola d'un cercle dont il était, à certains égards, le représentant le plus aimé et l'enferma dans une solitude dont il souffrit dans ses dernières années.

Quand James, au cours d'un dîner, demandait à l'hôtesse la permission de quitter la table un instant, les mauvaises langues chuchotaient que c'était pour aller consigner sur un papier, quelques mots, quelques secrets qui venaient de s'échanger. Mais James, quel que fût l'amour qu'il portait à Paris, n'avait rien du Pipelet d'Eugène Sue. En fait, il était le Saint-Simon de la petite Cour parisienne d'intellectuels dont il notait scrupuleusement les gestes et les mots. Les livres qui sortirent de là sont un trésor pour ceux qui viennent. À un moment, dans les années 1960, où la critique parisienne s'attardait sur des œuvres anecdotiques d'une avant-garde souvent médiocre pour en tirer, dans le sillage lacano-marxiste, des théories prétentieuses, James, dans la meilleure tradition, modeste et minutieuse d'une école américaine de la biographie et à partir d'anecdotes apparemment sans valeur, construisait une œuvre d'une pertinence irremplaçable. Il fut non seulement l'inventeur d'une critique d'investigation mais aussi d'une approche empathique, chaleureuse, humaine, qui rejoint celle de son compatriote Painter, ou d'un Pietro Citati en Italie.

Picasso, Giacometti, Balthus, avaient été sa sainte trinité, à laquelle il faudrait ajouter deux Britanniques, Raymond Mason, le sculpteur, ami des deux derniers, et le peintre Lucian Freud qui avait été, le sait-on ?, le voisin et l'ami de Balthus quand il résidait à l'Hôtel de la rue des Beaux-Arts dans les années 1950, et donc le voisin de James qui habitait en face. Il élargit sa curiosité, dans les années 1970, à une génération plus jeune, dont la fidélité à la figure, et l'exceptionnelle qualité du métier, l'avaient retenu, Sam Szafran par exemple ou Ivan Theimer. La plupart de ses attachements étaient allés ainsi à des étrangers qui avaient choisi de vivre à Paris après la guerre, anglais, écossais, polonais, tchèques… une sorte de seconde École de Paris, mais à laquelle Paris demeura étrangement aveugle. Du plus âgé, Picasso, au plus jeune, tous aussi avaient fait un portrait de James. Aussi ce dernier décida-t-il de faire don de cette galerie précieuse au Musée Picasso et c'est ainsi que les musées nationaux purent s'enrichir, outre Picasso et Giacometti, d'une œuvre de Lucian Freud, parmi quelques autres inconnus des instances officielles mais en qui il voyait, lui, l'Américain tranquille et sans préjugé, non sans raison, des héritiers.

Cet homme qui aimait les hommes fut aussi l'amoureux passionné d'une femme remarquable. L'objet en fut Dora Maar, la maîtresse abandonnée de Picasso, qu'il rejoignit à Ménerbes, et qu'il ne réussit pas à conquérir. L'histoire de cette passion complexe et déchirante, il devait la narrer un demi-siècle plus tard, dans un roman que je tiens pour un chef-d'œuvre, *Picasso et Dora*.

*

L'autre raison pour James, après le New Jersey où il était né en 1922, d'avoir élu Paris c'est qu'il disait, comme Hemingway, que c'était la plus belle ville du monde. Il confiait volontiers, en sortant du restaurant du Quai Voltaire où il avait ses habitudes, que le panorama qu'on découvrait, des Tuileries à l'Île de la Cité, était la chose la plus bouleversante qu'on pût imaginer. Il s'étonnait que les Parisiens y fussent si peu sensibles. Il gardait la flamme des humanités, de la culture et du goût classique qui, chez nous, commençait à s'éteindre. Une telle fidélité lui avait valu, plus rare qu'une Légion d'Honneur, de figurer sur le menu du restaurant en question : l'« œuf James », à 0,75 Fr, d'un prix immuable pour de longues années, l'œuf mayo, qui fut au Parisien de l'après-guerre ce qu'était la boîte de *corned beef* au soldat débarqué : un condensé de protéine, de lipide et de glucide, assurant la ration quotidienne en des temps de vache maigre. L'œuf James est comme la madeleine de Proust : elle a le don de faire renaître, intact, un monde qui a disparu avec lui.

RAYMOND MASON

(1922-2009)

Un orage de passions

> « Personne n'a jamais créé de beauté. On ne peut que ménager des circonstances aimables ou sublimes pour ce qui, parfois, consent à s'attacher chez nous : un autel, des fruits et une flamme… »
>
> R.M. Rilke, *Rodin*

« Pourquoi la sculpture est ennuyeuse ? »

Baudelaire, dans ses *Salons*, n'est pas tendre pour la sculpture. À lui, l'homme amoureux des images, cette forme d'art apparaît ennuyeuse, en vérité incompréhensible, comme un idiome barbare : « un art de Caraïbes ». C'est que son origine se perd dans la nuit des temps. Contrairement à des formes nées dans des siècles plus éclairés, elle plonge encore dans le mystère du sacré, elle se confond « au fétiche, au calumet ». Dans le présent, cependant, elle se perd dans le naturalisme du salon ou de la chambre à coucher, dans la puérilité « de la ride, du poil et de la verrue[1] ».

1. Charles Baudelaire, *Salon de 1846*, chap. XVI, « Pourquoi la sculpture est ennuyeuse ».

Brutale et immédiate dans son apparence quand elle copie le réel, comme l'est la nature vue par les positivistes, elle n'en demeure pas moins, dans son essence, « vague et insaisissable » comme le restent à nos yeux les croyances des primitifs. Des deux parts donc, elle échappe.

La peinture manifeste d'emblée une prise intellectuelle sur le monde : sa platitude est déjà une schématisation, un allègement, un ordonnancement du visible. La sculpture quant à elle, massive et pondéreuse, reste engluée dans le monde des objets. Le péril qui la menace, une fois que l'esprit du fétiche l'a désertée et que le sacré ne l'habite plus, c'est de n'être plus rien, qu'un objet parmi les objets.

La peinture, mise à plat intelligente du monde, saute aux yeux, force le regard. Mais la sculpture laisse l'œil errer autour d'elle. Demeurent en elle la passivité et l'indifférence des choses, qui ne nous regardent pas. Si la peinture se sauve par son pouvoir d'abstraction, comment la sculpture peut-elle se sauver, elle qui n'est que réalisation ?

Peu de peintres savent encore aujourd'hui la destination de l'art qu'ils pratiquent. Mais il demeure à quelques-uns d'en perpétuer le sens. La facture d'une œuvre, de loin en loin, suffit à assurer la continuité du travail de l'esprit. Lorsque Giacometti, un jour de lassitude, avoue à son interlocuteur : « La peinture, la peinture c'est fini[1] », pareil aveu ne l'empêche pas de continuer de peindre. Mais la sculpture, trop directement colletée à la matière, combat de sueurs, essoufflement des *operanti*, peut-elle encore sauver *un sens* ? Lorsque, les dieux n'étant plus, l'homme n'est pas encore, peut-on se fixer pour but de sculpter un visage ?

1. Dans son entretien avec Carlton Lake, *The Atlantic Monthly*, septembre 1965, p. 117-126.

Guettée par le simulacre qu'elle a pouvoir de susciter, la sculpture achoppe à son projet chaque fois que les religions, les dogmes, les idéologies manquent à lui donner le modèle qui transcenderait son pouvoir d'illusion. *Opus publicum*, elle n'est jamais que la fidèle servante d'un propos plus vaste, qui touche au sacré, ou au corps social. *De minimis curat pictor* : dans les périodes de grand arroi politique ou moral, ou de grand désarroi, le peintre peut toujours, solitaire, se réfugier dans la vénération des humbles. Morandi s'illustra par exemple de cette manière, alchimiste des poussières, quand le monde autour de lui s'enflammait. Mais, privé d'une foi, d'une croyance, d'un idéal qui gardent « visage humain », où le sculpteur prendrait-il modèle ? À ne plus honorer les dieux, peut-on encore représenter les hommes ? Culte de la beauté ? De la Vénus de Cnide aux Vénus d'Arno Breker, quel malaise dans l'image que l'homme se fait de lui-même. Culte de la force ? De l'*Aurige de Delphes* au quadrige de Récipon, quelle chute, en vérité. Culte de l'État ? De *La Marseillaise* de Rude aux gigantomachies du réalisme socialiste, quelle dérision.

Autrement dit, si la sculpture persiste à représenter l'homme, où puise-t-elle l'énergie de se désigner encore à l'attention d'un public ? La peinture divise les hommes : le plaisir d'un tableau tend au solitaire. La sculpture rassemble : peu ou prou, elle se refait totem. Aimant, elle agglutine autour d'elle ceux qu'elle représente, illustre ou vitupère, comme ceux en faveur de qui elle intercédait jadis auprès des puissances supérieures. Mais s'il n'y a plus lieu de se rassembler, peut-elle, à elle seule, être cause d'un rassemblement ? Privée de toute destination, la peinture peut se survivre, que son état soit d'un misérable ou d'un privilégié ; mais la sculpture est condamnée à être populaire, ou bien à disparaître.

Sinon, elle n'est plus, comme de nos jours, qu'un jeu formel ou qu'une bouffonnerie, hochets ridicules ou prétentieux, babioles d'une bourgeoisie fourvoyée, aussi sotte que celle que fustigeait Baudelaire. Géométries primaires, assemblages grossiers, vomissures, accumulations, jeux rhétoriques, tautologies : des objets ajoutés aux objets, des choses rendues aux choses.

On sait la boutade : « La sculpture, c'est ce contre quoi on se cogne quand on se recule, dans une exposition, pour regarder un tableau. »

Mason fut à ses débuts, comme tant d'autres, tenté par ce monde clos des objets bruts et des idées pures, étanche à l'expression du sentiment. L'une de ses premières œuvres à son arrivée à Paris, en 1949, *La Maison de l'âme*, se souvient de Brancusi et des constructions surréalistes. Mais le titre déjà appelle autre chose. La forme elle-même, qui évoque la boîte à perspective des Hollandais, la fabrique des Italiens, le cube du théâtre, annonce l'espace scénique que l'œuvre va plus tard déployer. Dans son intérieur même, un agencement qui se veut purement abstrait, et qui fait moutonner des volumes anthropoïdes les uns derrière les autres, annonce plus aussi qu'un échafaud conceptuel où se tramerait la perte du sentiment. C'est déjà le moutonnement de *La Foule*.

Lorsque Giacometti est amené à voir l'œuvre, il ne lui jette qu'un bref regard, ajoutant pour faire bonne mesure que *Le Palais à quatre heures du matin* n'a jamais été chez lui qu'une idée dont il avait abandonné la réalisation à un artisan du 14e arrondissement. Mason, qui vient de peiner plusieurs mois à fabriquer sa « sculpture », comprend qu'il fait fausse route.

Trois ans plus tard, en 1952, les premières têtes de Raymond Mason se souviendront encore de Giacometti. Leur frontalité rigoureuse, les orbites profondément creusées, le visage dévoré par le regard évoquent les hautes figures de femmes que Giacometti façonnait en 1949. Mais c'est à l'esprit de sa démarche que Mason est désormais fidèle, non plus à la lettre.

Il n'y a plus de mythes pour nourrir le sujet de l'artiste, remarquera Francis Bacon[1], plus de croyance en des dieux ni en des idéaux. Ni *numen*, ni *socius*, ni extase, ni élan. Mais demeure l'individu, avec ses humeurs, ses passions, ses souffrances, ses sursauts : humain, trop humain, l'homme à faire advenir.

L'orifice et l'oralité du visage

Les premiers visages de Mason sont donc des visages troués. Trous noirs, comme forés par le doigt sur un fond blanc, pareils aux murs de plâtre des vieux quartiers de Paris que Brassaï photographiait, où l'on croit voir des physionomies. Trous, balafres, crevasses, sillons, coupures aiguës. Ouverture de l'orbite, ouverture de la bouche, ouverture des oreilles, ouverture des rides du front, comme un homme trop lucide, qui ne trouve pas le sommeil. Le visage se constitue à partir d'un vide, tout comme cette sculpture, humaine à nouveau, se reconstitue à partir de l'absence de sculpture, de son manque essentiel. Ce vide est le néant primitif à partir duquel l'être naît, renaît. Le

1. Dans ses entretiens avec David Sylvester, *L'Art de l'impossible*, Genève, Skira, 1976.

trou, l'orifice rejoint ici l'énigme même de la langue : *orificium* et *os* sont les deux dérivés du même radical. Le visage à l'origine est une embouchure, une gueule, un trou. La face, la figure, les traits, les expressions se dessinent autour d'une absence, d'un vide par où l'être hurle sa souffrance et sa joie de naître au monde[1].

Rilke, à propos d'une sculpture de Rodin, dit que « ce qui était écrit dans le visage, cette expression souffrante d'un lourd réveil [...] se lisait jusque sur la moindre partie du corps de ce corps : chaque endroit était une bouche qui le disait à sa manière[2]... »

(Faut-il ici rappeler que Francis Bacon, réinstaurant en peinture le mode de la représentation, commence par peindre, en 1949, des visages qui sont d'abord des bouches, ouvertes sur l'*os* des dents ? L'histoire de la représentation, en ce demi-siècle, est l'histoire de cette renaissance sanguinolente.)

Par l'orifice passe le souffle du vivant ; telle est l'oralité de l'orifice. Tout visage est cri. La forme essentielle est l'expression d'un cri. Paradoxe du sculpteur : le plein de la ronde-bosse ne se dessine qu'à condition que soit posée l'*origine* de ce visage, cette racine, cet *os* qui est béance, absence de visage.

(Faut-il voir dans la passion de Raymond Mason pour l'opéra, moins la plainte sombre de l'opéra wagnérien, que le déchirement, le ressac, le déferlement, l'extase de l'opéra italien, pure expression des sursauts amoureux, de Monteverdi à Puccini, l'expression de cette même attirance

1. Voir Christiane Rabant, *Les trous du visage viennent des Sources du Nil*, in *Du visage*, Presses Universitaires de Lille, 1982.

2. Rainer Maria Rilke, *Auguste Rodin*, trad. Maurice Betz, Paris, Émile Paul, 1953, p. 47.

pour le déchirement vocal de l'être, qui est sa pleine affirmation ?)

Tout homme ne fait sans doute que chercher sa vie entière à retrouver intactes les sensations qui ont baigné son enfance. Chez Raymond Mason, le souvenir d'une façade de brique rouge, ou bien encore d'un nuage au soleil couchant, et celui d'une prairie vert cru, déterminent une pariade — la même qu'on trouve au demeurant dans la peinture anglaise des victoriens et des préraphaélites jusqu'à Stanley Spencer — qui va fonder la coloration majeure de l'œuvre. Mais, avant ce chromatisme, il semble, à son arrivée à Paris, que Mason ait voulu, dans ses premiers plâtres, retrouver le choc qu'avait provoqué à ses yeux la vision des crépis qui recouvraient encore, dans les années cinquante, les façades des maisons du Quartier latin, crevassées et trouées comme des falaises de craie. À quelle œuvre mieux qu'à la sienne appliquer l'expression qu'inventa Romain Rolland à propos de l'émotion de la musique, et dont on sait la fortune que Freud devait tirer : « le sentiment océanique » ? La houle qui emporte l'auditeur d'une symphonie de Sibélius est de même nature que celle qui berce l'enfant rêveur ou qui va s'endormir, celle que l'artiste encore essaie de ressaisir indéfiniment dans son travail. Il y a un lyrisme propre à Raymond Mason qui fait qu'un seul et même tourbillon fondamental, remué dès les premiers ennuis d'enfance, emporte lentement dans son sillage falaises et nuages, foules et feuillages, façades et figures.

Dire que le visage — orifice — est, à son origine, une oralité, c'est dire que le monde est une expression, que le réel est un théâtre. Il n'y a pas de réel autre que dans l'expression du sentiment du réel.

On trouvera là, peut-être, la permanence d'une tradition qui remonte au sensualisme anglais. *Nihil in intellectu quod non prius fuerit in sensu.*

Le fait est : dans la petite maquette que Mason, encore sous l'émotion de la catastrophe minière de Liévin, réalise, il écrit cette légende : « Une Tragédie dans le Nord. L'hiver, la pluie, les larmes », qui deviendra le titre de l'œuvre monumentale. Mais il ajoute aussi ces mots, comme une profession de foi : « Amour des siens. RÉALITÉ », traçant une équation que, par ailleurs, il appellera souvent d'un autre mot, longtemps désuet, auquel il redonne sens et gravité : « humanisme ».

Un phénomène déconcertant, choquant pour une sensibilité contemporaine, qui est une sensibilité d'ère glaciaire — et choqués furent les rares critiques qui commençaient de regarder cette œuvre[1] —, prenait place : le retour d'une catégorie esthétique que l'on avait crue à jamais disparue en dépit du fait qu'elle a dominé toute la grande sculpture, de Scopas à Pigalle : le pathétique, la représentation du *pathos*.

Sa première œuvre, Mason l'avait nommée « Maison ».

1. « Sculpture décevante et mélodramatique », écrivait David Sylvester en 1956 — opinion partagée, vingt-quatre ans plus tard, par le critique du *New York Times* Hilton Kramer, qui à propos d'*Une tragédie dans le Nord* parlera d'une « gestualité de plomb » et d'une chose qui semble « un désastre dans son genre ». La critique britannique ne sera pas en reste qui, en 1984, parle d'une « horreur sans égale » (Richard Shone dans le *Burlington Magazine*).

Mais elle était vide. Il fallait qu'elle devînt ce théâtre des passions pour s'animer et être en effet une maison de l'âme.

Il n'est pas indifférent de constater que le dernier ouvrage critique à traiter du pathétique en art fut aussi, au siècle des Lumières, à l'orée du monde moderne, et face à ce qui commençait d'être la débâcle des valeurs esthétiques, le premier à tenter de fonder un nouveau *nômos* de la sensation, une nouvelle loi esthétique. Confrontant la peinture des sentiments et la poésie du sentiment, Lessing, dans son *Laocoon*, affirme ainsi la primauté du poème sur le tableau : la continuité du récit permet au cri de se dérouler, alors que sa représentation plastique le fige dans l'instant :

> Plus nous regardons, plus il faut que nous puissions ajouter par la pensée à ce qui est offert à nos yeux [...] De toutes les gradations d'une affection quelconque, la dernière, la plus extrême, est la plus dénuée de cet avantage : il n'y a plus rien au-delà. Montrer aux yeux ce dernier terme, c'est lier les ailes à l'imagination. Ne pouvant aller au-delà de l'impression reçue par les sens, elle est forcée de s'occuper d'images moins vives, hors desquelles elle craint de retrouver ses limites dans cette plénitude d'expression qu'on lui a offerte mal à propos.
>
> Si Laocoon gémit, l'imagination peut l'entendre crier ; s'il crie, elle ne peut se représenter ce qu'il souffre d'un degré plus faible ou plus fort, sans le voir dans un état plus passif, et par là moins intéressant. Elle ne l'entendra plus que soupirer, ou bien elle le verra mort[1].

1. G. E. Lessing, *Du Laocoon ou des limites respectives de la poésie et de la peinture*, trad. Ch. Vanderbourg, Paris, Renouard, 1802, p. 22-23.

L'imagination de la poésie, qui opère dans le temps, permet de suggérer le paroxysme de la passion. Mais la réalité de la sculpture, qui se manifeste dans l'instant, fige l'entendement. Sans doute Mason, à un certain moment de son art, fut-il conscient du dilemme, qui réalisa quelques œuvres que, bien imprudemment, certains critiques placèrent dans la catégorie de la « figuration narrative ». Si la sculpture achoppe à représenter le déroulement — théâtral — d'une affection, la démultiplication des moments pouvait-elle suggérer la croissance ou la décroissance d'une émotion ?

L'homme qui tombe, de 1963, figure trois moments d'une action, comme les photogrammes d'une séquence photographique. De même les registres superposés de *La Rue* de 1964. Mais Mason renoncera à ce qui ne pouvait, bientôt, n'être plus qu'un procédé. C'est aussi le moment où, revanche sur les théories de Lessing, à l'autre bout du mouvement moderne, un poète, cette fois, non un critique, non un philosophe, discernait l'importance de cette œuvre, plus proche que toute autre de ce retour de l'humain en l'homme, où se faisait entendre « la fureur en tout cas où l'être vibre à nouveau sur ses gonds[1] ».

Le visage et le masque

Autant et mieux que la poésie, la sculpture montre en effet la voie pour appréhender l'intensité de la passion. Mais elle ne peut le faire en représentant la succession des

1. Yves Bonnefoy, *Paysages de Raymond Mason*, Villeneuve-lez-Avignon, La Maison du livre et des mots, 1977.

diverses figures de la passion. C'est dans une seule et même *composition* qu'il lui faut appréhender la dialectique, le jeu sanglant qui se joue entre ce qui est visage, *os*, orifice et ce qui est masque, *simulacrum*.

Comment le souffle peut-il devenir effigie ? Comment arrêter le souffle dans le masque ? Le souffle est ce que l'homme a de plus précieux : comment le conserver, pour, osons le mot, une sorte d'éternité ?

Le souffle est dans l'instant, mais l'effigie est posée dans la durée. Le cri échappe à l'être, dans le paroxysme de la douleur ou de l'amour, pour se figer dans le masque du personnage. *Persona* : le masque incarne sous une forme définitive ce que le souffle n'exprime que dans l'instant. Un masque mortuaire n'est pas une effigie ; il lui manque la voix, l'oralité de l'orifice. Opposé au masque mortuaire, le masque statuaire garde en lui ce cri : il incarne, sous une forme définitive, ce que le cri exprime dans le présent. Le trait doit tendre ainsi à la grimace, le geste à la mimique, l'allure à la posture.

Peu d'années après *La Foule*, quand on considère certains personnages qui peuplent le petit théâtre du *Départ des fruits et légumes*, on ne peut manquer d'être frappé par l'importance que le trou, là encore, revêt au sein du visage. Le porteur de cageots, au centre de la composition, a littéralement la face trouée par deux ouvertures rondes et noires… C'est bien cette fois le trou qui désigne l'extériorité du masque, masque dont une polychromie violente vient encore accentuer le caractère, comme ces fards dont se paraient les acteurs du théâtre antique. C'est derrière, désormais, qu'est la peau. Le masque, figé, est posé sur la peau à vif. La passion, qui naît dans la chair, s'immobilise dans le masque.

Cet effet de mascarade atteindra son effet le plus saisissant dans la sculpture consacrée à la catastrophe de Liévin. Devant la femme du premier plan, le visage penché sur la poitrine, les bras repliés contre elle, comment ne pas songer à cette autre pauvre femme qu'évoque Rilke, au début des *Cahiers de Malte Laurids Brigge* : « Mais la femme, la femme : elle était tout entière tombée en elle-même, en avant, dans ses mains [...]. La femme s'effraya, s'arracha d'elle-même. Trop vite, trop violemment, de sorte que son visage resta dans ses deux mains. [...] Cela me coûta un effort inouï de rester à ces mains, de ne pas regarder ce qui s'en était dépouillé. Je frémissais de voir ainsi un visage du dedans, mais j'avais encore bien plus peur de voir la tête nue, écorchée, sans visage[1] » ?

La forme extrême du masque tend alors au parchemin étiré sur le crâne. Or, souvent, la face du transi, le profil du moribond, semblable à ces personnages des danses macabres que la fin du Moyen Âge multiplia, se glisse inopinément dans les cortèges somnambuliques de Raymond Mason. Nous sommes au milieu des vivants, dans une rue, dans un marché, à un carrefour, sur le carreau d'une mine, mais voici que, caché derrière un visage, se glisse le visage de la camarde : ainsi, au centre de *La Foule*, caché derrière le personnage central, si fier et dressé de front, s'insinue un profil au nez camus saisi dans la tétanie de la mort.

Toute mascarade tend ainsi à se changer en danse macabre, à mesure que le masque sarcastique prend le pas sur le visage de chair. « La beauté du corps est tout entière dans la peau », rappelait Odon de Cluny. Qu'on arrache cette peau : la sanie et la corruption apparaissent.

1. R. M. Rilke, *Les Cahiers de Malte Laurids Brigge*, *op. cit.*, p. 8-9.

Le théâtre des passions de Raymond Mason, c'est aussi, inattendu, un renouveau du dit du mort et du vif.

(Sous une autre forme, dans cette sculpture qu'il appelle *Le Voyage* et qui représente deux automobilistes assis côte à côte, un homme et sa compagne, c'est encore de la vie et de la mort qu'il est question, non seulement de la traversée de la vie, mais encore de cette autre vie souterraine et joyeuse que l'on célèbre à Paestum : comment ne pas voir dans ces deux effigies un souvenir des tombeaux de l'Étrurie ?)

Têtes de caractère

J'ai évoqué Condillac. C'est encore un Anglais, Francis Bacon[1] qui, au seuil de l'âge classique, s'est le premier interrogé sur les possibilités de soumettre la nature humaine à une théorie des gestes. Dans son essai sur l'*Advancement of learning*, en 1605, il avance que l'étude du langage du corps est essentielle au philosophe qui cherche à connaître des mouvements de l'esprit : « *chiefly in regard to the knowledge concerning the sympathies and concordances between the mind and the body* ». Or, si l'on conduit cette étude, la physiognomonie, « *which discovereth the disposition of the mind by the lineaments of the body* » est tout à fait insuffisante : elle ne couvre qu'une partie de la question. Si l'on peut questionner « *the factures of the body* », il reste que « *the gestures of the body, which are no less comprehensible by art*, [are] *of greater use and advantage* ». À l'étude des « *lineaments* », la science moderne doit donc s'adjoindre celle des

1. Francis Bacon (1561-1626), Lord Chancelier d'Angleterre et philosophe. À ne pas confondre avec le peintre Francis Bacon (1909-1992).

« *motions* », et notamment des mouvements qui suscitent les passions. « Une physiognomonie doublée d'une pathognomonie, voilà ce que Bacon appelait de ses vœux », écrit Yves Hersant[1].

Autrement dit, une esthétique du corps au repos, un *nômos* de la statique est insuffisant à rendre compte des affections de l'âme. Il faut lui adjoindre une esthétique du corps en mouvement. Descartes reprendra cette idée dans son traité sur *Les Passions de l'âme*, en 1649. Et c'est un artiste, Charles Le Brun qui, le premier, en tirera les conséquences pour l'art de graver, peindre et sculpter dans ses conférences de 1668 sur *L'Expression générale et particulière des passions* et dans celle de 1671 sur la *Physionomie*. En 1678 paraîtra son *Traité de l'expression*, orné de quarante et un masques des passions simples et de leurs dérivés composés[2].

Le Brun n'est pas le premier à tenter de fonder *more geometrico* la physiologie humaine. Nombreux avant lui les essais d'appliquer une grille mathématique sur le visage qui permettrait d'en lire, comme un chiffre, le secret. Nombreux, après lui, ceux qui tentent de normaliser les traits du visage et de les ramener à un « système de signes » dont les différentes coordonnées se liraient comme on lit un diagramme, comme on relève un graphique. Le XIXe siècle sera plein, on le sait, de cette manie classificatoire. Mesure des angles faciaux, figures de triangles équilatéraux ou isocèles appliqués sur le visage, répertoire des bosses du front, mesure de la curvature du nez : phrénologie, caractérologie,

1. Yves Hersant, *Figure des passions : la pathognomonie de Charles Le Brun*, in *History and Anthropology*, 1984, vol. 1, p. 163-173.

2. Voir Jurgis Baltrusaitis, *Physiognomonie animale*, in *Aberrations. Essai sur la légende des formes*, Paris, Flammarion, 1983, p. 8-53.

physiologie normative des théoriciens racistes, ou des partisans de l'atavisme, l'histoire de cette gnose du corps reste à écrire. Cela commence avec Lavater et Gall, mais cela finit aussi, d'une part avec les fictions théoriques d'Humbert de Superville dans son *Essai sur les signes inconditionnels dans l'art*[1], d'autre part avec les travaux d'anthropologie criminelle de Lombroso. L'héritier des théories d'Humbert de Superville, c'est Mondrian, qui réduira l'expression du monde à la combinatoire de quelques signes inconditionnels qui auraient, en quelque sorte, pouvoir de symboles premiers.

Or, l'intérêt des théories de Le Brun, c'est précisément qu'elles ne se limitent pas à une herméneutique, à une tentative d'interprétation normative des traits : ce qui prime chez lui, comme chez l'Anglais Bacon, plus que la codification des *lineaments*, c'est l'analyse des *motions*, c'est-à-dire précisément de ce qui, dans la figure, échappe à la figure, se soustrait à la saisie, dérange l'ordre des mesures : à la limite, c'est le non-représentable, en tout cas le hors-norme. Le visage humain, parce qu'il est humain, n'est pas réductible à une *figure*, au sens que le mot prend dans le français classique. La pathognomonie de Le Brun réintroduit donc en l'homme ce qui est irréductible à une loi, à un ordre.

La gesticulation, la mimique, la grimace, le rictus, toute une rhétorique des passions vient sans arrêt bousculer l'ordonnancement des lignes où l'on croyait lire un texte — comme ces légendes tracées sous les portraits de face

1. Voir Éric Michaud, *La Fin de l'iconographie – Une nouvelle iconographie du sensible*, in *Cahiers du Musée national d'art moderne*, Paris, 1980, n° 5, p. 446-455.

et de profil des criminels, qui prétendent résumer leur « nature[1] ».

Par exemple, reprenant l'idée cartésienne que le siège des passions ne réside pas dans le cœur mais dans la glande pinéale du cerveau, Le Brun avance que l'expression des passions simples et de leurs dérivés composés se voit essentiellement dans le mouvement des arcades sourcilières. C'est dans les rides du front et dans l'arcature des sourcils que se situe le lieu d'une sémiologie des émotions. C'est là qu'elles se laissent le plus aisément percevoir : « Et comme nous avons dit que la glande qui est le milieu du cerveau est le lieu où l'âme reçoit les images des passions, le sourcil est la partie de tout le visage où les passions se font le mieux connaître[2]. » La gestualité du corps est sans doute fort importante — « quoiqu'on dise que le geste de tout le corps soit un des plus considérables signes » — mais c'est dans la tête, miroir du corps, que se résume, de manière capitale, cette expression et, dans la tête elle-même, dans ce point central, les sourcils, que rayonne, pourrait-on dire, le sens, au monde entier.

Ce n'est pas seulement une esthétique qui est ici en cause, pas seulement une cosmologie, mais aussi et surtout une éthique. L'homme est irréductible à un canon : la passion déborde toujours l'ordonnance qu'on lui veut imposer. Charles Le Brun, plus qu'un théoricien d'une esthétique française classique, tout autant du moins, se situe dans la lignée d'une esthétique anglaise qui privilégie la mimique singulière sur la règle générale.

1. Voir *La Scienza e la colpa – Crimini, criminali, criminologi : un volto dell'Ottocento*, catalogue d'exposition, Milan, 1985.

2. Cité par J. Baltrusaitis, *Physiognomonie animale*, *op. cit.*, p. 22.

Il n'y a pas de « beauté idéale » : c'est le Laocoon, et sa posture de souffrance, qui est préféré aux Hermès et aux Aphrodite de Praxitèle. C'est la grimacerie, la *mimicry*, la caricature, l'homme saisi dans un instant de paroxysme préféré, c'est l'homme individuel et irréductible qui est préféré au caractère régulier : c'est Hogarth, Rowlandson, Cruikshank, préférés aux physionomies régulées de l'art français. Nous sommes là dans toute une lignée d'artistes qui, pour sortir du domaine anglais, privilégient l'instant du débordement sur celui de l'apaisement : c'est le règne de la fête, du burlesque, de l'accidentel, du grotesque, de la mascarade, de l'hors-de-soi, de l'extravagant, du *punk* londonien, du *hippie* new-yorkais et du masque vénitien, mais aussi de la souffrance extrême ou de la jouissance. C'est Giandomenico Tiepolo et ses visages emportés dans le tourbillon de la fête, Géricault et ses têtes de cadavres, ou ses études de fous, Daumier et ses visages vermiculés.

Qu'on réfléchisse à cela : si l'on veut peindre aujourd'hui, représenter, quelle voie choisir entre l'abstraction, mutilante, et un néoclassicisme d'imposture ? Si l'on refuse les signes « inconditionnels » de Mondrian et de ses consorts, si l'on refuse tout autant la fausse classicité d'un Breker ou, aujourd'hui, des partisans de la *pittora colta*, quel autre chemin que celui qu'a pris Mason, nourri par ses origines ?

Regardons, dans la sculpture de la catastrophe de Liévin, le Polonais qui tend le bras droit, les sourcils lourdement accusés, le front raviné ou encore, dans la sculpture des Halles, le masque de vieil homme tirant un diable avec, gravée sur le front, une grille de mots croisés dont aucun ne sera trouvé : ces traits outrés, ces quasi-caricatures (mais, justement, ce ne sont pas des caricatures), ces êtres gesticulants qu'un Le Brun eût aimés, ont agacé, ont choqué nos contemporains, que ne choquent ni ne déconcertent les dégoulis de l'abstraction ni les gribouillis forcenés de la trans-avant-garde. L'homme est-il allé si loin de lui-même, pour refuser de se voir ?

*

Le fait est qu'il existe, outre-Manche, une tradition figurative, en particulier un art du portrait, qui ne s'est jamais démentie. Qu'on songe à Francis Bacon, à Graham Sutherland, à Lucian Freud, à Kitaj, à Hockney, à Frank Auerbach, à John Lessore... Une institution comme la National Portrait Gallery de Londres ou celle d'Édimbourg qui, aujourd'hui comme hier, commande, conserve et expose les effigies des grands personnages de la nation sont des institutions peu imaginables chez nous. Une telle volonté de pérenniser, pour le peuple, les traits de quelques individus, ne relève pas seulement de la croyance monarchique — essentiellement « figurative » — qu'un roi est nécessaire à symboliser, par sa présence physique, la cohésion du corps social, tout comme l'homme politique — croyance essentiellement « abstraite » — l'assure par son action : elle relève tout autant de la volonté démocratique qu'incarne l'idéal juridique d'un *habeas corpus*.

L'homme n'est pas réductible à la masse, pas plus qu'il n'est réductible à la norme. Ni idéologie ni esthétique ne peuvent rendre compte de ses traits : ceux-ci ne sont redevables que de ses passions, de ses humeurs, de ses sentiments, des idées qui le traversent, qui modèlent pour un instant son effigie, le défigurent ou l'illuminent.

Les masses, telles que les totalitarismes modernes les ont forgées, abolissent l'individu. La foule, telle que Mason la représente, non seulement n'attente pas à l'individu : elle le sauve, elle le préserve, elle le rehausse au-dessus de sa condition d'homme seul.

Les scènes de rue des grands moralistes anglais, de Hogarth, de Gillray, de Cruikshank, sont toujours des scènes où se révèle le paroxysme d'un tempérament individuel, qui trouve à se manifester dans une communauté. Toute masse est funèbre ; toute foule est, peu ou prou, de carnaval. De là l'extravagance, apparente, des traits des individus qui la font, des couleurs qui la parent.

Comme chez Edgar Poe, l'homme n'est véritablement un homme, il n'advient un homme que s'il est *The man of the crowd.*

L'homme des foules

On peut donc avancer que, s'il reprend l'enseignement de Giacometti, Mason le reprend là où Giacometti l'avait laissé. L'homme de Giacometti resurgit de la solitude, mais n'échappe pas à la solitude. Être cellulaire, son existence se réduit à la cellule. Ce n'est qu'au terme de son existence, dans *Paris sans fin*, que vont réapparaître les éléments d'un théâtre urbain, où l'homme non seulement croise son semblable, mais à l'occasion y voit son reflet : murs de maisons, voitures, immeubles, lampadaires forment à nouveau un monde habitable. C'est ce monde que Mason désormais va repeupler.

Mason et, avec lui, quelques amis. Un historien futur devra s'interroger sur le fait qu'après-guerre il y a eu un moment singulier de l'art français, l'un des plus riches peut-être, qui vit la naissance d'un thème, et la renaissance d'une figuration. Les trois moments en furent, en 1948, la sculpture de Giacometti nommée *La Place*, en 1951, la *Grande Allégorie journalière* de Jean Hélion, et enfin, la même année 1952, *Le Passage du Commerce Saint-André* de Balthus et *L'Homme dans la rue* de Mason.

L'espace, chez Giacometti, agissait comme un milieu isolant (protecteur ?), doué en tout cas d'un pouvoir ségrégatif. Illustrant le paradoxe éléatique, l'être qui lui est soumis ne rejoint jamais son apparence ; plus la distance se raccourcit, plus la ressemblance s'éloigne. Chez Mason, tout au contraire, l'espace agit comme un milieu agglutinant, rassembleur. L'être appelle l'être. L'individu, seul encore au début, comme perdu à un carrefour, va bientôt se démultiplier, foisonner, gonfler, s'élever, déferler. *The tumultuous sea of human heads* : un cyclone invisible draine dans l'étendue les figures solitaires, les rassemble dans son tourbillon, les gerbe, puis les abandonne aussi soudainement, dressées maintenant, tout effarées, tandis que l'orage s'éloigne.

Car ce désordre des passions, un ordre plastique rigoureux l'ordonne. Ces manifestations singulières des humeurs, des frayeurs, des élans de chacun, un régisseur invisible en distribue l'entrée de jeu. Cet ordonnateur, ce chiffre invisible qui se retrouve d'œuvre en œuvre, cette morphologie récurrente qui, en sourdine, fait que le tumulte le plus extrême ne se peut représenter que soumis à composition, relève d'une catégorie formelle qu'on pourrait dire la volute, l'arceau, la vague, le moutonnement d'un phénomène élémentaire, tourbillon d'eau et de vapeur.

Ce n'est pas par pure métaphore qu'on parle de l'« orage des passions » : ce qui semble chaos et fureur, quand on est en son sein, se montre à distance obéir à des courants de convection précis : l'œil du cyclone, c'est aussi l'œil de l'artiste, cœur immobile à partir duquel s'engendrent les tourbillons.

L'une des premières œuvres de Mason, malheureusement perdue aujourd'hui, *L'Idylle*, figure deux amoureux sous des arbres. La masse des frondaisons inscrit une arche au-dessus d'eux, mais creuse aussi un grand tourbillon qui s'enfonce dans l'épaisseur de l'air. Le titre de cette œuvre aurait pu être, comme dans le tableau de Kokoschka : *Die Windsbraut*[1], la fiancée du vent.

De 1956, *Les Épouvantées* enroulent autour de leur corps, en une série d'enveloppements, leurs bras et leurs mains. Dans la moitié gauche de la composition, un rideau répète ce mouvement spiralé de torsion.

L'homme qui tombe, déjà cité, de 1963, évoque une vague déferlante, plus fidèle que jamais à l'enseignement de la « ligne serpentine » que Hogarth décrit dans ses *Studies in Anatomy*.

Dans le décor que Mason réalise pour *Phèdre*, le motif de la spirale se trouve clairement exprimé dans le système d'arceaux qui creuse la scène. C'est aussi dans *La Foule*, bien sûr, qu'on devine ce mouvement moutonnier, qui inscrit à la crête des personnages un ressac de vagues. On retrouve le même mouvement dans la frise frontale du *Départ des fruits et légumes*.

Ces rythmes, ces flux tourbillonnaires qui structurent la composition, apparaissent enfin à l'évidence dans *Les Vendangeurs* où non seulement la terre se soulève devant l'œil

1. Littéralement « La Fiancée du vent », mais en allemand *Windsbraut* signifie aussi la tempête, l'ouragan.

comme une vague, mais où les butées des alignements de ceps moutonnent comme une mer.

Les merveilleux nuages

La métamorphose de ce schème, ou plutôt son incarnation la plus sensible, en est aussi la clef : ce sont les nuages qui se gonflent dans la série des bas-reliefs du Lubéron. Études formelles, sans doute, tentatives d'établir une typologie de ce qui est, par essence, mouvant ; extraordinaire faculté perceptive qui tente de saisir le fugitif, le glissant, *Das Gleitende* — et quel œil plus aigu, plus rapide, plus perçant aujourd'hui que celui de Raymond Mason ? On songe à Constable, quand il copiait les planches d'Alexander Cozens : « Nuages en bandes allongées sur le haut du ciel », « Bandeaux de nuages dans un ciel bas », « Ciel nuageux pesant sur la plaine », autant d'essais de codifier l'infinie diversité du monde des météores. Mais il y a plus de choses dans les nuages qu'on en peut voir sur terre.

Souvenons-nous :

> *Sometime we see a cloud that's dragonish,*
> *A vapour, sometime, like a bear or lion,*
> *A tower'd citadel, a pendant rock,*
> *A forked mountain, or blue promontory*
> *With trees upon't, that nod unto the world,*
> *And mock our eyes with air*[1]...

1. « Nous voyons parfois un nuage comme un dragon / Parfois une vapeur en forme d'ours ou de lion, / Un château fort avec ses tours, un rocher abrupt, / Une montagne fourchue, un bleu promontoire / Couronné d'arbres, hochant la tête aux yeux du monde, / Et moquant nos yeux d'illusions... » (William Shakespeare, *Antoine et Cléopâtre*).

De même, c'est bien autre chose que des nuages que l'on découvre dans les bas-reliefs de Mason. Apparaissent des bourgeonnements étranges, des trouées inquiétantes : des orbites viennent ici creuser un volume et c'est là une tête de mort qui apparaît ou, là encore, un fœtus qui se découvre. Les nuages sont comme des spores qui, indéfiniment, engendrent des formes inattendues de la vie. Si la foule est moutonnière comme le sont les nuages, les nuages eux-mêmes, en retour, forment cortège, procession, théorie, non seulement de formes, mais d'effigies à qui nous donnons sans arrêt des noms. Le nuage est comme l'image même de toute métaphore : la représentation de cette métaphorie perpétuelle que l'œil exerce sans cesse sur les propriétés du monde visible.

Le nuage est ainsi l'image de la rémanence obstinée d'un sens, celui que nous nous attachons à donner à tout ce que nous envisageons — à quoi nous donnons apparence humaine.

L'activité de donner forme et sens à toute apparence, surtout à la plus labile, à la plus dénuée apparemment de tout sens, demeure l'activité fondamentale de l'œil — et, entre tous, de l'œil de l'artiste.

Aussi n'est-il pas étonnant de remarquer que cette forme du nuage est aussi, dans l'œuvre, la forme originelle, la forme primale pourrait-on dire, la matrice à partir de laquelle l'œuvre entière a grandi. C'est en effet dans le grand *Paysage de Birmingham* de 1958 qu'on voit pour la première fois apparaître ce grand nuage rouge qui ensuite ne cessera d'imprimer son mouvement aux foules et aux scènes de rue, et de courir au-dessus des paysages. « *In memoriam* » : c'est dans l'enfance, dans le monde infiniment triste et ennuyeux de l'enfance — je soupçonne toute enfance d'avoir été triste et ennuyeuse, qu'on ait été fils de prince ou fils de prolétaire — que l'œil s'est exercé, une fois pour toutes, à regarder le ventre fécond des nuages. Ce nuage fait songer à un autre célèbre nuage rouge de l'histoire de l'art de ce temps : celui que Mondrian peint à trente-cinq ans, et qui marque son adieu définitif au monde réel[1]. Il n'est pas possible de copier un nuage ; il n'y a pas de *mimesis* possible du nuage. Tout projet « réaliste » se dissout face à la réalité du nuage. Toute organisation du sensible échoue, face à cette nuée infiniment mouvante. Mais la réponse n'est pas pour autant dans l'abstraction — pas plus qu'il n'y a de canon dans la beauté, aujourd'hui, qui permettrait à un sculpteur de remodeler des Vénus ou des Apollons ; pas plus l'absence de ce canon ne doit nous pousser à déserter le sens ni à vouloir instaurer la terreur du signe absolu. Cozens échoue à fonder la typologie des nuages ; la forme achoppe. Mais, en revanche, la mythologie nous le rappelle : Ixion fait l'amour avec un nuage et le féconde.

(Une autre image élémentaire et complémentaire du nuage est peut-être cette *Main* que l'artiste sculpte en 1960. Elle est aussi un soleil aux cinq doigts rayonnants, soleil dont on retrouve le rayonnement dans le décor pour *Phèdre*, ou encore dans les sillons labourés des champs de vigne où s'affairent *Les Vendangeurs*. Sa lumière est celle qui va éclairer *La Foule illuminée*.)

1. Voir Yves Bonnefoy, *Le Nuage rouge. Essai sur la poétique*, Paris, Mercure de France, 1977, p. 115-123.

Amorphes, ces nuages ont une forme. Anonymes, ces foules ont une légende. Il faut évoquer là le côté hugolien de Mason. Nombre de ces œuvres évoquent le ton des chapitres des *Misérables*. On songe, devant tel épisode représenté par le sculpteur, à ces pages qui ont pour titre *L'Idylle rue Plumet* ou encore *Accomplissement de la promesse faite à la morte*. Il s'agit là d'une esthétique du fait divers, qui remonte en effet au XIXe siècle, et dont on ne mesure sans doute pas assez l'importance.

Qu'un accident dans un puits de mine, qu'une révolution avortée dans une colonie lointaine, qu'une scène de bar ou qu'un meurtre dans une rue parisienne puissent être à l'origine d'une œuvre d'art, voilà qui choque encore la sensibilité des contemporains. C'est oublier que les plus grandes œuvres du siècle dernier, qui furent des œuvres populaires, s'alimentaient de la chronique des faits divers, de la lecture de feuilles volantes qui ravissaient les lecteurs. Le cas Fualdès a inspiré à Géricault quelques-unes de ses plus belles études. Le meurtre d'Antoine Berthet, tel que la gazette des tribunaux nous le rapporte, a été ce dont Stendhal s'est inspiré pour écrire *Le Rouge et le Noir*. Balzac était journaliste autant que romancier.

À Vienne, aujourd'hui encore, lorsqu'on pénètre dans un café, on ne peut manquer d'être frappé par le silence recueilli qui y règne. Dans cette ville abandonnée de l'Histoire, des hommes attentifs feuillettent des journaux l'un après l'autre, pendant des heures. Entre eux, vêtue de blanc et noir comme une officiante, une serveuse circule silencieusement, apportant les boissons. Les faits divers du quotidien sont lus, épluchés avec la plus scrupuleuse attention.

On étudie les variantes, d'une édition à l'autre, d'un titre à un autre, avec le même sérieux que le scoliaste établit un texte ancien, que le rabbin commente le Talmud. Nulle part mieux qu'en ces lieux se vérifie ce que Hegel disait de la lecture du journal. Mason, à cet égard, est un artiste pieux.

Les relations des crimes dans les canards du siècle passé, leurs postures grandiloquentes, leur rhétorique outrée, les couleurs criardes du *Petit Journal* ont le génie naïf des choses vraies. C'est la vie à l'état natif. On comprend que les esprits fins, les plus avertis, les plus déliés en aient fait leur pâture. Ainsi Mason, aujourd'hui, du même mouvement spontané qui fait de lui un grand sculpteur populaire. La reconnaissance du temps ne se gagne que sur la conscience aiguë de l'instant.

« A great joker at the universe »

Il semble que les plus anciennes œuvres d'art accomplies aient été des sculptures. Elles étaient polychromes. Au paléolithique, la Vénus de Willendorf était peinte en rouge. La couleur était sans doute symbolique. Pas plus qu'il n'y a une simple *mimesis* de la forme qui serait garante de son réalisme, il n'y a un « naturalisme » de la couleur.

À la suite de ces Vénus aurignaciennes, la sculpture a toujours été polychrome, sauf aux rares moments de son histoire où elle s'est effacée pour faire corps avec une architecture, ou quand elle est devenue bibelot pour orner un intérieur.

Bien sûr, la sculpture antique était polychrome, souvent de couleurs violentes. Plus tard, l'art romain du portrait s'est plu à user de marbres de différentes couleurs pour mieux s'approcher de l'illusion d'un rendu des matières : les cheveux étaient traités en marbre noir, la chair du visage en marbre statuaire, la toge en albâtre jaspé (vers 1900, Max Klinger s'ingénia de nouveau à ce genre de combinaisons).

Toute la statuaire médiévale était colorée. Non seulement les retables de bois mais encore les sculptures de pierre des cathédrales. Lorsque Adam Kraft se représente agenouillé à l'église Saint-Laurent de Nuremberg, offrant son œuvre, son pourpoint de calcaire est peint d'un vert délicat, le visage est rose, la barbe bouclée est d'un violet noir. À la Renaissance, les madones lucquoises et siennoises façonnées en bois ont de longues tuniques de couleur carmin, les brodequins sont écarlates, avec de fins rinceaux d'or. Le visage est ivoirin, rehaussé de rose aux pommettes et sur les lèvres. Dans le même temps, en Allemagne du Sud, Veit Stoss multiplie les violets, les pourpres, les incarnats et les ors sur ses figures d'angelots réjouis.

C'est à l'époque classique que la distinction entre peinture et sculpture est la moins perceptible. Le désir de la spiritualité baroque d'impressionner tous les sens et de faire « vrai » pousse à des réalisations où ronde-bosse et polychromie concourent à donner l'illusion d'un *theatrum mundi* plus réel que le réel. L'un des exemples les plus saisissants est sans doute le Sacro Monte de Varallo où la vie du Christ est représentée en quarante-quatre chapelles où se pressent, en grandeur nature, six cents statues et quatre mille figures. Les murs sont peints à fresque et donnent l'impression de la profondeur spatiale, les personnages gesticulent en trois dimensions entre ces murs d'illusion. Le passage du mur peint à la ronde-bosse est souvent insensible, ménagé par des artifices comme celui où un personnage est pour moitié peint à fresque et pour moitié traité en relief, participant ainsi de deux espaces, l'espace imaginaire et l'espace réel. Et c'est l'usage de la couleur qui permet la transition.

Et, sans doute, le procès que l'on a fait à Mason d'avoir abandonné la « pureté » du bronze patiné pour la polychromie relève du faux procès. Il est dans l'essence d'un art populaire, c'est-à-dire d'un grand art de retrouver ces magies que dressent à nos yeux ces théâtres de sculpture.

La même abstraction qui éloigne la peinture du monde réel a tenu éloignée la sculpture de la polychromie. La même rigueur puritaine qui pousse à décaper les églises, à faire saillir les poutres et les moellons dans les demeures, à exhiber partout des « structures » là où jadis on s'ingéniait au contraire à masquer, à décorer, à cacher, à ravaler et à farder a fait de la sculpture cet art dépouillé, d'où l'expression a été bannie.

Qu'elle revienne en force chez Mason, c'est là ce qu'André Malraux avait prévu lorsque à la première de *Phèdre* il avait dit de l'artiste, encore inconnu : « Celui-là sait sortir quelque chose d'une boîte. » La phrase évoque la magie des tréteaux, la puissance de l'illusion scénique, le pouvoir aussi d'une plastique qui fut d'abord et pour longtemps un théâtre coloré de pierres et de lumière.

*

Tel est ce théâtre, peuplé de bouffons, de grotesques, de fous, d'énamourés et de désespérés. Devant lui, devant ces boîtes noires dans lesquelles se renouvellent la féerie ou la grimace de la parade foraine, on songe à l'inscription qui ornait le fronton du *Globe Theatre* où jouait Shakespeare : *Totus mundis agit histrionem*. S'il n'y a plus de certitude à quoi se raccrocher, plus de canon, plus de tradition du Beau ou du Noble, plus d'ordre, c'est alors qu'advient le règne du saltimbanque. Crocheteurs des Halles, mineurs, vendangeurs, vagabonds, simples passants, cortège ou cavalcades de polichinelles et d'arlequins, de pierrots blafards et de clowns bigarrés : voilà ceux qui se dressent aujourd'hui, quand les dieux et quand les héros ont été à leur tour relégués au magasin des accessoires. Ce monde de passions et de larmes, ces visages trop violemment fardés se jouent une dernière fois le spectacle pathétique et tendre, ironique et désespéré que notre culture se donne de sa propre disparition. Il est aisé d'y lire, comme Starobinski le faisait, rappelant la geste de Pulcinella peinte par Giandomenico Tiepolo dans une Venise déclinante, « le premier signal de cette relève des dieux par les pitres[1] ».

1. Jean Starobinski, *Portrait de l'artiste en saltimbanque*, Paris, Gallimard, coll. « Art et Artistes », 1970, p. 12.

ZORAN MUSIC
(1909-2005)

L'Ange à Dachau

Music a appelé l'une de ses dernières toiles le *Viandante*, un autoportrait à la silhouette haute et agitée. On pourrait traduire par le « passant », le « passager », cette figure particulière du promeneur entre le chemineau et le pèlerin. *Peregrinus Viator*, celui qui passe son chemin, dont la démarche règle l'allant du pas et l'écoulement du temps, une cadence qui est au corps ce que le sablier ou la clepsydre sont aux éléments. Mais le *viandante*, c'est aussi l'émigrant, celui qui n'a pas de limite où arrêter son pas, le *heimatlos*, l'errant, l'apatride, le sans-lieu.

Quand Zoran Music est né, au début du siècle, l'Europe était encore, comme l'avait appelée Stefan Zweig, *die Welt der Sicherheit*, le monde de la sécurité. Le milieu lettré qu'il décrit, c'était un peu celui, plus modeste mais aisé, dont Music était issu, une famille de vignerons et de maîtres d'école, à Gorizia, l'ancienne Görz, dans les collines du Collio, à la frontière de l'Italie et de l'ancienne Yougoslavie. On y parlait indifféremment le slovène et l'italien ; l'allemand était utilisé dans les documents administratifs ; le français était d'usage dans la bourgeoisie ; on glissait souvent quelques mots de russe et de quelques-unes encore des ces langues que les Balkans multiplient à plaisir. À ce tournant du siècle, l'opéra, universel par sa musique, polyglotte par ses livrets, « œuvre totale », fut peut-être la forme d'art la plus raffinée que cette culture cosmopolite et optimiste d'Europe centrale pût produire, à laquelle deux années, entre les guerres balkaniques et le naufrage du *Titanic*, en 1912[1], et le déclenchement de la Grande Guerre, mirent fin.

À cet âge tendre où les souvenirs s'impriment profondément dans la mémoire, Music fut le témoin de cet effondrement soudain. Né sur les bords de l'Empire, là où les langues, comme les bras d'un fleuve, se mêlent et se confondent, il fut désormais ballotté, d'une frontière à une autre, d'une langue à une autre. Plus dangereusement aussi, il fut sommé d'adhérer aux idéologies du temps. C'est ainsi qu'après avoir failli être enrôlé de force dans les SS, il paya son refus d'un séjour dans un lieu où langues et nationalités tombaient dans le néant en même temps que les vêtements, les cheveux ou les autres signes distinctifs qui font un homme.

Rien cependant, dans ses lectures, ses amitiés, ses curiosités et enfin ses refus ne vint jamais démentir la liberté spirituelle du *viandante* qu'il était, voulant ignorer, jusqu'à risquer sa vie, l'artifice meurtrier des frontières et leur emprisonnement.

C'est ainsi qu'à quarante ans, *nel mezzo del cammin*, Zoran Music eut à choisir une seconde fois sa carrière. Il

1. Beaucoup d'historiens allemands ont vu dans la concomitance de ces deux événements le début du conflit mondial et la fin de l'utopie technologique, qui avait bercé une fin de siècle positiviste. Voir par exemple Friedrich von Bernhardi, *Deutschland und der nächste Krieg*, Stuttgart, 1912. Ernst Jünger a fait du naufrage du *Titanic* le « signe » de ce qu'il nomme « l'avènement du travailleur ».

quitta l'Italie et Venise, sa seconde patrie, et décida de venir vivre en France. La légende encore vivace de l'École de Paris, l'influence de Massimo Campigli, son ami, l'exemple de tant d'autres écrivains qui, d'Alberto Savinio à André Pieyre de Mandiargues, avaient choisi une double terre de part et d'autre des Alpes, l'attention d'André Chastel et de Marcel Arland, de Jean Bouret aussi, critique trop oublié, tout l'avait poussé vers la capitale française. À Venise même, la Biennale, dans cette décennie de l'après-guerre, affichait une francophilie, sinon inattendue, du moins intempestive, qui lui faisait rendre hommage, de deux ans en deux ans, à toutes les gloires artistiques de Paris, alors que New York avait décidé que la France n'existerait plus dans l'histoire de l'art.

Mais il y avait peut-être, dans ce voyage, comme un malentendu. Pour longtemps, il brouilla l'image que l'on se faisait, tant en Italie qu'en France, de Music et de sa peinture. On voulut voir en lui un paysagiste abstrait, tantôt un représentant italien de l'École de Paris, tantôt un Byzantin perdu sous les brouillards, l'auteur discret d'une petite musique singulière ou exotique dans le concert de l'abstraction germano-pratine, que sais-je encore ? Or, italien, Music l'était sans doute, mais sans que cela signifie grand-chose. Il y a plus de distance entre un Pisan et un Lucquois qu'entre un Triestin et un Vénitien. Et, abstrait, il ne l'avait jamais été. À cet héritier des sécessions d'Europe centrale, la modernité parisienne, habile à manipuler les formes, pour lui si hésitant, prodigue à multiplier les couleurs, pour lui l'homme des ocres et des terres, demeurait profondément étrangère.

En fait, si la guerre n'était pas venue tout bouleverser, c'est sans doute à Munich, de l'autre côté du Brenner, que ce Slovène aurait naturellement tenté sa chance. Son maître avait été, à Zagreb, Babic, un disciple de Stuck, qui lui avait fait aimer Grosz et Dix, dont ses premières gravures s'étaient inspirées. À vingt ans, c'est Klimt et Schiele qu'il découvrait à Vienne, qu'aujourd'hui encore il avoue être sa vraie patrie. Aussitôt après, un long séjour à Madrid ne fit que confirmer son affinité pour un art qui, dans ses déformations, griffait une morphologie du corps humain si singulière qu'on n'en trouve aucun équivalent en Italie ni en France, mais il y retrouvait aussi un art qui marquait pour le macabre et pour la mort un attrait fait d'horreur et de fascination[1]. C'est là qu'il puiserait un enseignement assez puissant pour le préparer à ce qui l'attendait.

Dans cette culture danubienne — et l'on ne retrouvait cela en effet qu'en Espagne, cet autre État des Habsbourg, — dans cet espace imaginaire qui, recoupant les frontières du Saint Empire, s'étendait de Madrid à Vienne et à Trieste, et dont Venise avait durant trois générations fait partie, un sentiment tout baroque de la chair, d'un *logos* devenu chair, d'un Verbe incarné, s'opposait tout autant à l'ascèse de l'abstraction conceptuelle du luthéranisme du Nord européen qu'au rationalisme analytique des Français et à l'élégance d'une *maniera* italienne. Les nus de Music, ni héroïques ni érotiques, sont plutôt que des nus des corps mis à nu, figures solitaires de philosophes ou de stylites, des avatars de la *vanitas* baroque, des mortifications plus que des glorifications. Ces corps mobiles, élastiques, noueux, allégés parce qu'ils obéissent à l'ordre de l'esprit

1. Voir Werner Hofmann, « La mort dans la peinture autrichienne », dans Jean Clair (dir.), *Vienne. L'Apocalypse joyeuse*, catalogue d'exposition, Paris, Éditions du Centre Pompidou, 1986, p. 82 et suiv.

et non aux désordres du désir, ces torses étrécis aux côtes saillantes, ces membres élongés, qui ne respectent plus les règles d'un *nômos* car ils tendent vers ce qui n'est pas de ce monde, ces attaches fines qui semblent près de se rompre comme des brindilles et ces mains enfin aux doigts très longs et qui voltigent (je ne vois guère que l'admirable portrait *Hans Tietze et Erika Tietze-Conrat*, de Kokoschka, pour offrir ce ballet de mains sans pesanteur, ces doigts devenus des ailes et qui s'appuient sur l'air) convoquent derrière eux une inoubliable théorie d'effigies semblables qui, du Greco à Schiele, de Klimt à Bœckl, de Goya à Kokoschka, se déroulent comme une danse macabre, sans rien pourtant en eux d'effrayant ni de sordide. Cette chair précaire, dont aucune loi de construction ne garantit la survie ni aucune règle d'harmonie la perfection, ou la perpétuation, est toujours là saisie comme au seuil de la *rigor mortis*.

À Zagreb, aux Beaux-Arts, dans les années 1930, Music, comme il était d'usage, avait appris à disséquer les cadavres. On peut s'étonner que l'on ait accordé si peu d'importance au fait que cette pratique, aussi ancienne que l'art de peindre, ait disparu de l'enseignement artistique après la Seconde Guerre[1]. Quelque explication qu'on ait avancée pour justifier cette éclipse, ce refus de la peinture d'*envisager* l'homme plus longtemps, son besoin d'éloigner de l'atelier ses traits et son image, demeure un des accidents les plus singuliers et les plus graves que son histoire ait connus.

Que l'homme éprouvât un certain dégoût de l'humain après les charniers, cela semblait évident. Dans ce mouvement de

1. Voir Jean-François Debord, « De l'anatomie artistique à la morphologie » dans Jean Clair (dir.), *L'Âme au corps*, catalogue d'exposition, Paris, RMN, 1993, p. 102 et suiv.

recul s'entendait le refus d'une figuration que les théories nazies sur le Beau antique avaient semble-t-il à tout jamais ruinée. Il demeurait la peur de s'attaquer au physionomique en l'homme, à ses caractères, à ses traits, à ses humeurs et à ses passions, après toutes les déviations des théories raciales. Il demeurait une horreur du sang et du singulier après les abattoirs de masse. Seul un art comme l'art américain, identifié à la démocratie, mais qui proscrivait la figure, un art rincé, dépouillé des sanies et des singularités du corps, un art assez poli pour ne plus provoquer comme polémique que la dérisoire argutie linguistique sur le *vir sublimis* de Barnett Newman, semblait encore acceptable, envisageable, en ces années d'après la tuerie, sur lesquelles retomba ainsi, pendant un quart de siècle, le voile d'une iconoclastie moderne.

Or Music, plus qu'un témoin oculaire de ces tueries, avait été un figurant. L'aurait-il été si l'enseignement des Beaux-Arts, dix ans auparavant, ne l'avait préparé à voir ce qu'il aurait à voir ? La question peut se poser. Qu'aurait-il vu, qu'aurait-il retenu s'il n'y avait pas eu, comme préalable, la pratique, même fragmentaire et maladroite, de la table de plomb et du prosecteur ? Sans doute, copier quelques membres découpés et conservés dans du formol peut être un exercice de peu d'intérêt, voire ennuyeux. Mais cette première approche, si brève ait-elle été, fut peut-être, comme l'est en clinique la sensibilisation de l'organisme à l'agent allergique, au tout autre que soi, une rencontre de l'ordre du mort qui saisit le vif. N'était-ce pas à Duino, à quelques lieues de Gorizia, que Rilke avait écrit les premiers vers de sa première *Élégie*[1] : *Denn das Schöne ist nichts als des Schrecklichen Anfang…* ?

1. « Car le beau n'est autre que le commencement de l'horreur. » Music

La révélation soudaine d'une beauté tragique, dira Music en parlant de ces corps empilés à Dachau, de ces murs de cadavres édifiés sur des dizaines de mètres. Le temps, le froid, les intempéries les avaient vidés de leurs fibres et de leurs humeurs. Desséchés, ils étaient devenus pareils à des fœtus. Et de quoi accoucheraient-ils, à leur tour, dans ce monde décidément « à l'envers », dans ce monde de fous qu'était le monde concentrationnaire ?

Rarement, Music se laisse aller à raconter des souvenirs du camp. Le fait-il, ce sont autant de *capricci*. Il y a l'histoire du détenu n° 4. Dans la généalogie du camp, c'était le quatrième prisonnier à avoir été enfermé à Dachau, dès 1933, le plus ancien sans doute parmi les dizaines de milliers de détenus qui y passèrent. Ancien communiste, il était devenu dans la terminologie du camp un *Ältester*, un chef de bloc. On n'avait jamais vu l'exemple d'une telle longévité. Il ne survécut pas à la libération du camp : un mois après, il était mort.

Il y a aussi ce comptable dont Music a dressé l'effigie raide dans l'un de ses dessins. Debout sur une caisse, il surveille l'arrachement des dents en or sur les cadavres. Il ne lève jamais les yeux. Il se contente d'écouter le petit bruit métallique de la dent quand elle tombe dans le seau et ajoute chaque fois un trait sur son carnet.

De tous ces *capricci*, certains sont à la limite du rêve tant ils paraissent irréels. Ainsi de ces détenus jetés vivants dans le ciment frais des fondations. Longtemps après, on vit, affleurant à la surface des murs, les os et les fragments des corps qui étaient remontés.

---

se souviendra que sa mère, en 1912, eut l'occasion de rencontrer Rilke dans l'unique petit café de Duino.

Aussi Music avoue-t-il en souriant, parfois, que la seule école qu'il reconnaisse, plus importante que les Beaux-Arts de Zagreb, fut pour lui celle de Dachau. Avant d'être une tuerie, le nazisme avait d'abord été cet énorme mensonge au cœur du langage, une perversion, qui, de proche en proche, atteignait tous les noms du vocabulaire, altérait, renversait leur sens, pourrissait leur histoire, contaminait lieux et gens. Au pays de Goethe et de Stifter, de Heine et de Liebermann, il existait donc, à quelques kilomètres de Munich, un lieu nommé Dachau. Attirée par la beauté de ses paysages autant que par la renommée de Ludwig Thoma, une colonie d'artistes s'y était établie au milieu du XIXe siècle, si bien qu'en 1900[1], le nom de *Dachauschule* sonnait aux oreilles comme chez nous les noms d'école de Barbizon ou d'école de Fontainebleau. Mais quand Music avait franchi la porte de cette étrange école, en 1944, le terme n'évoquait plus l'idylle mais l'épouvante. Opposée à cette contamination qui infectait de proche en proche les noms et les lieux les plus aimés ou les plus vénérés[2], la tâche de la poésie et de la peinture n'était-elle pas, toujours, de redonner le sens originel, la forme essentielle ? Primo Levi raconte comment, en recomposant l'un après l'autre, par un effort de sa mémoire, des vers de la *Divine Comédie*, il s'était sauvé dès ce jour-là de l'enfer où il était plongé, et qu'il avait aussi sauvé avec lui — car à ce salut, il faut encore un auditoire, si petit soit-il — son ami Pikolo. Confronté de même aux cadavres, Music fait appel aux leçons de Zagreb, mais aussi au souvenir des peintures vues

1. L'école de Dachau est aussi liée à l'histoire de la photographie : Theodor et Oskar Hofmeister laissèrent de ses paysages de superbes clichés.
2. C'est dans la même logique que Buchenwald fut édifié aux portes de Weimar, et Auschwitz non loin de Cracovie.

à Madrid et à Vienne, à la beauté « tragique », comme il dit, entrevue là de ce que sont la maladie, la souffrance et la mort, pour en accepter l'imminence.

Qui, comme il l'a fait, a jamais vu et noté avec vérité, sinon les anatomistes et quelques rares artistes, que dans l'état d'extrême cachexie les orifices du corps, qui interrompent la continuité du tissu humain, tendent à tout envahir ? Béances : la bouche, les narines, le sexe, tout ce par quoi le corps s'écoule ou s'exprime tend à gagner sur sa clôture ; l'enveloppe se troue de toute part, s'affaisse. Dans le visage aussi, l'épiderme se laisse manger : ce sont les yeux qui dévorent tout. Le corps semble ainsi se réduire à un regard exorbité et à un sexe proéminent, comme si, à mesure que les traits s'effacent et tirent le visage vers l'anonymat, et à mesure que la vie se retire, les organes de la vue et de la génération, en un ultime effort, recueillaient en eux les dernières gouttes d'énergie. Cette beauté indicible, dit Music, qui voudrait presque s'excuser de l'avoir ressentie telle, c'est ainsi qu'elle se montrait à ses yeux, elle était celle de ces corps blancs et transparents, pareils à des chrysalides, et qui se préparaient à une ultime et indicible métamorphose.

Car bien plus que le pauvre enseignement transmis par l'école, c'est le pouvoir quasi prophylactique d'une tradition, fondant la sacralité de l'être humain dans la visibilité du visage, qui permettrait au peintre de supporter, souffrir — *ertragen* — cet insupportable dont parle Rilke, sans être du même coup détruit — *zerstört* — par lui. Quelle culture a jamais mieux, si magnifiquement, parlé de la chair, non pas du corps abstrait, pris comme modèle d'une beauté parfaite, ni comme construction intelligible, illustration d'une théorie toujours reconduite, mais de la chair précaire et précieuse, que cette tradition d'une Parole que les thèmes de la Pietà ou de la Descente de croix ont, durant des siècles, admirablement illustrée ?

À Venise même, il y avait Titien, la *Pietà* de 1576, sa dernière œuvre, peinte pour la chapelle du Christ aux *Frari*. Il espérait, en échange, qu'on lui donnerait là sa propre sépulture, et il voulait y perpétuer « *l'antica devozione del Crocefisso* ». Comment, face à ce corps pantelant, ne pas évoquer les derniers nus de Music ? Mais, trois siècles plus tard, il n'y aura guère, à notre époque, que ces peintres déjà nommés — Klimt, dans les grandes compositions de *La Vie et la Mort* ou des *Trois Âges*, Schiele dans *La Famille*, Kokoschka dans la *Pietà* de 1908, ou bien encore Boeckl dans l'*Anatomie* de 1931 — pour oser encore dresser ces effigies singulières, friables, vulnérables, qu'on dirait livrées à cet étirement du *Gleitende* dont parlait Hofmannsthal à la même époque, à ce « flottant » qui semble autant les soutenir que les engloutir.

Ainsi, au moment où l'iconographie du corps pantelant, de l'effigie qui s'effondre sur elle-même ou qui se raidit en un long arc de cercle, s'effaçait de l'art moderne (l'homme de la modernité ne se voulait-il pas « nouveau », *neuer Mensch* fonctionnel, à la beauté terrible de machine, voire immortel ?), c'est la réalité même qui sembla refluer. Déniée, la mort, ou plutôt cet aspect singulier de la mort qui est le sentiment de la vulnérabilité, revint revendiquer sa présence de la façon la plus épouvantable. Qui pouvait en soutenir le choc ? En l'absence des figures médiatrices de la Mère de Dieu ou de saint Jean dans la peinture catholique, qui pouvait encore comprendre, accueillir, recueillir et doucement déposer au sol ces corps vidés et tétanisés que découvrirent, effarés, les libérateurs des camps en 1945 ?

Derrière le sinistre petit comptable des dents d'or, il fallait aussi un autre gardien du réel, un comptable des apparences, pour trait après trait garder le souvenir et, caché, invisible — eût-il été pris à dessiner que l'exécution aurait été immédiate —, donner corps enfin à cette comptabilité. À l'amnésie qui s'étendrait sur l'art de la peinture au point qu'elle se détourne du corps durant vingt ans et plus, Music en 1970 répondit par l'anamnèse qui l'amena à repeindre ces visions qu'il avait voulu jusque-là tenir cachées, jusqu'à ce qu'elles revinssent occuper le cœur de l'œuvre et la nourrir.

Balancement de l'œuvre de Music. Équilibre impérieux et toujours instable — *das Gleitende* — du vivant et du mort. D'un côté, il peint l'inerte, l'indifférencié, l'inanimé. Ce peut être le minéral, la colline arrondie des paysages siennois, les massifs calcaires des Dolomites. Ce peut être, dans le midi de la France, après un incendie, le végétal, le tronc desséché d'où retombent en arceaux les branches cassées. Mais ce peut être aussi, plié par la même courbure, affaissé selon la même loi, raviné par les mêmes eaux, l'élément humain, la masse des cadavres, le tas de chairs entremêlées et ramenées à l'anonymat. Stangl, commandant de Treblinka, disait des détenus dont il avait la garde : « Je les ai rarement perçus comme des individus. C'était une masse. » Et ces corps se dissolvent comme se dissout la dolomie sous la pluie acide, la terre des collines sous le ravinement des eaux. L'individu fond, perd conscience d'avoir eu un visage, des traits distinctifs, une personnalité, un regard. « Il faut être lisse », écrivait Robert Antelme, évoquant son expérience du camp. « Chacun porte ses yeux comme un danger. »

Et puis, de l'autre côté, parce qu'il y a justement, parce

qu'il y a eu ces non-visages, ces corps comme des sarments, ces monticules de suif et de calcium, dont la beauté étrange, « lisse », participe de celle des pierres, des plantes ou des larves, il y a, chez Music, obstinément, répétée jour après jour, la peinture du visage, toujours à ressaisir et à sauver, abrupte et escarpée. Le visage, le *visum*, ce qui est destiné à être vu, distingué, une suite de portraits, inlassablement retracés, dont chaque trait surgit de l'informe, unique et inconfondable.

De là peut-être que ces figures, ces dernières années, non seulement respectent dans leur morphologie le *principium individuationis* qui gouvernerait cette peinture d'un Saint Empire idéal dont j'ai évoqué des exemples, mais encore se présentent de plus en plus comme des apparitions. Si l'apparence, peu ou prou, relève toujours de la tromperie, qui prétend faire croire à une vérité de la représentation, l'apparition est un phénomène qui, en soi, ne peut être jugé « vrai » ou « faux ». Elle est le fait de la peinture même, une manifestation, un surgissement du visible au bord de l'invisible. Ces affleurements de l'être, ces effigies qui montent à la surface évoquent beaucoup plus, là encore, l'étrangeté de l'*Andere Seite* de Kubin que la franche clarté méridienne. Elles inquiètent plutôt qu'elles ne rassurent, mais c'est cette inquiétude même, ce trouble à la surface, qui les fait vivre. Poussé à sa limite, le réalisme s'ouvre au fantastique, s'auréole de lueurs irréelles.

*

Music n'aura jamais peint que l'immédiat et que l'irrémédiable. L'immédiatement proche et l'irrémédiablement loin. Son œuvre, c'est son propre visage ou celui de sa compagne, ce qui lui est demeuré infiniment familier et qu'il tient, qu'il contient, qu'il retient. Et c'est aussi, à l'autre bord des sens, la nature indifférente et muette (nulle complicité romantique dans ces paysages) ou bien encore l'homme massifié, chosifié, le cadavre, ce qui n'est plus de ce monde, hors d'atteinte. Entre eux, entre ces deux extrêmes de l'infiniment familier et du radicalement étranger, tout ce qui existe, qui passe et fait le quotidien, les visages que l'on croise, les apparences, les rencontres, les mots que l'on échange, ne serait que frivolité, mondanité, dissipation, façon de passer le temps qui ne mérite pas son attention. Non par indifférence, car personne ne fut plus attentif aux autres, mais pour que l'essentiel demeure dans l'œuvre.

Cet homme qui confiait, il y a dix ans : « Je voudrais peindre les yeux fermés », se tient aujourd'hui, *de facto*, dans un éloignement qui est aussi la plus éclatante des proximités. Peindre les yeux fermés, c'est-à-dire alléger encore ce corps trop lourd, en faire supporter le poids à la toile, en n'utilisant pour le représenter que le minimum de la matière, et s'approcher au plus près de la lumière. Retrouver peut-être la présence de cet *angelo necessario* dont parle un philosophe de Venise, celui dont le vol allège la pesanteur de la dépouille humaine, le dernier des intercesseurs possibles quand les dieux ont disparu. Les yeux fermés, c'est-à-dire, au-delà du visible, cette possession si intime de soi, du soi reconquis et recomposé, qu'il n'est plus besoin du miroir pour se reconnaître.

ZORAN MUSIC
(1909-2005)

Les derniers portraits

Ainsi qu'il apparaît dans ses derniers dessins, l'homme est grand, le buste allongé, une haute stature que l'âge n'a pas cassée ni même inclinée. Dans les assemblées, on le voit de loin. Ou bien est-ce sa réserve qui le désigne à notre attention ? Peu de gestes, peu de paroles ; il semble renvoyer les mots autour de lui à ce qu'ils sont ; une éphémère et dérisoire agitation, une gesticulation et un peu de vacarme au-dessus du néant. Il paraît vivre en un temps différent, où les gestes seraient plus rares et plus lents, les paroles plus éparses et plus précieuses.

Depuis quelque temps, cependant, il avoue à ses proches avoir du mal à voir.

Parfois, à la recherche d'une légèreté parfaite du pinceau sur la toile, pour mieux transmuer les poudres en lumières, dans cet envol de la main qui n'aurait plus obéi qu'à la seule impulsion intérieure, sans plus recourir au contrôle incessant de l'œil, il aurait souhaité, avouait-il, « pouvoir peindre les yeux fermés ». Aujourd'hui, comme la fée maléfique d'un conte enfantin, l'affaiblissement des yeux a cruellement exaucé le vœu d'autrefois, que rien ne peut plus défaire. Il déchiffre les titres des journaux avec peine, il ne reconnaît ses amis que lorsque ceux-ci sont à distance de la main. Sur une photo, on le voit tenir dans la main gauche, comme un éventail, une poignée de crayons dont il essaie de reconnaître la couleur. Les yeux et le front se plissent sous l'effort et donnent le sentiment d'une intense douleur. Le monde est là, tout entier à portée, ouvert dans la déclinaison réglée des couleurs, et l'œil, qui les connaît pourtant par cœur, ne discerne plus avec certitude les tons de la gamme. Comment dire cette immédiate proximité de la présence du monde, que l'on croyait sienne à jamais, et qui soudain se dérobe, ou plutôt, se cache ? Les contractions qui figent alors les traits, comme un poing qui se ferme, sont pareilles à celles, amères, qui barrent et meurtrissent le visage quand, d'un coup, la colère l'emporte, lui d'ordinaire si mesuré, si calme. À quoi bon vivre, dit-il, si le lien qui vous reliait au monde, cet écheveau d'or du soleil, chaque matin offert et démêlé fil à fil, est devenu si confus, si fragile qu'il ne s'ordonne plus à l'œil et paraît au contraire chaque jour, chaque heure, chaque instant, sur le point de se rompre ?

Et même, ces hautes figures qu'il dessinait de lui-même, il semble dans certaines qu'un vent violent les retourne à présent : elles se dérobent, elles fuient, elles tournent casaque, elles renoncent à la rigoureuse frontalité qui jusque là nous les avait offertes dans un face à face majestueux, chaleureux et sublime. L'impression, devant ces effigies sereines, dressées et tournées vers nous, le regard grand ouvert (je pense à l'admirable série des autoportraits de 1986-1988), était parfois si proche de celle qui nous saisissait quand nous nous trouvions face à face avec le Pantocrator d'azur et d'or à la voûte d'une basilique. Et voici, parfois, sur tel ou tel feuillet, comme un cri non réprimé, qu'elles se détournent, furieuses, imprécatrices, pareilles à ces envols furieux de draperies qui nous désignent quelque grand vieillard vindicatif de la Bible, et s'échappent, et veulent disparaître.

Mais non, dans les tout derniers tableaux le grand corps revient, renaît, s'inscrit à nouveau sur la surface de la toile ou du papier. Dans le calme regagné sur quelle lutte intérieure, il consent à s'affaisser, à se courber sous la nécessité d'un joug, et à reconnaître sa défaite. L'homme est nu, Job dépouillé de tout, il se lave, il affronte le miroir, ce face à face cruel du petit matin, ce jeu de dés du nouveau jour quand le reflet vous tend à nouveau l'énigme qu'il faudra résoudre. Il n'y a eu que très peu de peintres à oser reproduire ce terrifiant et sublime affrontement, ce drame intime qui se joue dans la pénombre des ablutions du matin, le Titien, Rembrandt, Bonnard, Giacometti. Consentement à la perte, et dans cet accord, ce sont, le voit-on assez ?, les plus belles œuvres que ce peintre ait jamais peintes : tracées d'une écriture blanche, comme on dit d'une voix qu'elle est blanche quand, brisée par l'émotion, toute coloration, toute chaleur s'en sont retirées. C'est de cette écriture exténuée, admirable dans son exténuation, de ce coloris essentiel qu'usait aussi Le Tintoret à San Rocco, ce graphisme suprême des fins dernières, ces engrammes de l'indicible. C'est là cette inscription des derniers temps quand le temps se recourbe sur lui-même, que le dernier instant rejoint le premier, et que la nuit qui commence annonce aussi la pointe acérée de l'aurore. Tant il est vrai que les trois crayons dont Music use aujourd'hui avec une telle maîtrise, et dont on retrouve l'économie dans la palette réduite des huiles — le noir, le blanc et les ocres, rouges ou miellées — sont les premières couleurs dont l'homme a usé, à l'aube de son histoire, quand il voulut rappeler sur les murs, avec un peu de charbon, de craie ou de chaux, enfin quelques rehauts d'hématite, qu'il n'était pas seulement mortel, une carcasse vouée à la destruction et à l'oubli.

Couleurs et douleurs. L'allitération trahit la proximité. La vie a si profondément affaire avec la vue. Voir le monde, c'est être au monde, voir le jour, c'est naître au monde. Il y a là un lien si étroit, si ancien, si biologiquement inscrit dans les cellules qu'on ne s'imagine pas qu'il puisse ne pas exister, ni cesser d'exister. Dans l'avant-propos à son *Traité des couleurs*, Goethe écrit que « les couleurs sont les actes de la lumière, les actes et les souffrances » — « *Die Farben sind Taten des Lichts, Taten und Leiden* ». Pourquoi l'actualisation de la lumière en couleurs est-elle une souffrance ? Peut-on, de la lumière qui se manifeste en acte à nos yeux sous forme de l'iris des couleurs, dire qu'elle souffre à la manière dont l'écrivain parle des souffrances — *Leiden* — du jeune Werther ? Quelle affinité subtile, quelle physiologie secrète unit notre corps aux phénomènes du monde physique ? La lumière se manifeste à nos sens parce que notre corps participerait de la nature de la lumière ? Si notre œil voit la lumière produite par le soleil, c'est parce que notre œil est lui-même un soleil qui émet une lumière. Goethe reprend, en le citant, le vieux discours de l'analogie, que Jacob Boehme avait imaginé : « *Wär nicht das Auge sonnenhaft / Wie könnten wir das Licht erblicken* ? » — « Si l'œil n'était pas solaire / Comment apercevrions-nous la lumière ? » C'est par une sorte d'héliotropisme que nos organes ont développé en eux la faculté de voir la lumière, que s'est ouverte dans notre corps une fenêtre par laquelle nous entrons en relation avec cette qualité énigmatique du monde objectif, qui est sa visibilité. Ainsi l'action des couleurs en nous est-elle, à proprement parler, une passion, une souffrance et une joie, à travers lesquelles l'homme affirme qu'il est au monde, et que de ce monde il ne peut tomber.

Sans doute, il y a eu, en Occident comme en Islam, de la Renaissance à aujourd'hui, des optiques et des esthétiques qui ne supposent pas de voir le monde. Ainsi de la dioptrique de Descartes, cette théorie de la visibilité qui ne suppose pas qu'on puisse aller y voir et que, *more geometrico*, même un aveugle pourrait saisir. Ainsi d'une certaine abstraction en art, qu'elle soit présente ou passée, orientale ou occidentale : il n'est pas besoin, dans cet art de la décoration, du schéma ou de l'emblème, de voir le monde pour réaliser ces configurations, ordonner ces couleurs ou disposer ces lignes. Indifférentes à celles, trop singulières, trop irréductibles, trop irréfragables, qui lient l'œil d'un peintre à la lumière de Dieu, elles évacuent le drame humain autant qu'elles s'épargnent la souffrance et la passion. Un ange ou un ordinateur, cet avatar technologique de l'angélisme en art, pourraient les faire. Mais qu'un peintre, un seul encore, s'obstine, en dépit de la lumière qui s'affaiblit, à nous montrer que son travail est le lieu, le seul, où puisse se vérifier à chaque minute, à chaque instant, que nous appartenons à ce monde, et qu'être au monde, c'est voir à tout instant, dans l'exercice de la peinture, sa couleur unique, sa configuration sans égale, éprouver son odeur et son humidité, sa clarté ou sa brume, tels qu'ils ne seront jamais plus, être au monde ainsi, bienheureusement et douloureusement, et non dans l'univers abstrait des idées pures, des réalités virtuelles, des géométries, des théodicées ou des fantasmagories, alors est réaffirmé, sauvé ce lien indissoluble qui lie le corps, même au moment de sa plus grande défaillance, aux apparences, qui ne sont si précieuses que parce qu'elles sont périssables.

*

Sans doute abordons-nous là le seuil du mystère. Voir n'est pas seulement voir avec les yeux physiques, pas plus que connaître ne serait que reconnaître. Car ce peintre, dont nous admirons tant les portraits, étonnamment, n'a jamais peint personne. La connaissance qu'il pourrait avoir de l'autre, dans l'exercice de la séance de pose, on dirait qu'il avoue ne pas l'avoir, ou ne jamais avoir voulu l'embrasser. Ses modèles, c'est de quelque affinité secrète, d'une proximité absolue, qu'il les a admis dans son œuvre, comme si l'intimité de soi à soi qui se trahit dans sa passion de peindre, ne pouvait s'élargir que de la compassion de quelques figures si intimes, qu'elles sont devenues part de lui-même : sa compagne, inlassablement représentée, et puis des ombres — plutôt des silhouettes, que des visages à vrai dire —, celles de ses compagnons de captivité et de souffrance. C'est là, à ce petit cercle, entretenu dans la plus étroite sympathie avec soi — ou faudrait-il, avec les Allemands, parler d'*Einfühlung* ? — à ce réseau de visages toujours inlassablement scrutés que le peintre nous introduit, si connus en effet, qu'il pourrait les peindre, comme il le disait, les yeux fermés, si consubstantiels, si incarnés en lui, et comme devenus le prolongement invisible de sa main, qu'ils prennent corps à nouveau, pour s'illuminer d'une lumière dont la source nous demeurera inconnue, mais qu'un poète avait déjà nommée de ce nom oublié qu'est l'amour : « *When most I wink, then do mine eyes best see […] / When in dead night thy fair imperfect shade / Through heavy sleep on sightless eyes doth stay !* » (Shakespeare, *Sonnets*, XLIII).

BRICE PARAIN

(1897-1971)

Parain entre expressionnisme et communisme

Le cœur de la philosophie de Brice Parain, si l'on peut user de ce terme de philosophie pour un homme qui aurait voulu n'en pas avoir et moins encore s'en prévaloir, disons plutôt le noyau de sa morale, demeure à mes yeux les deux derniers chapitres de ses *Recherches sur la nature et les fonctions du langage*, sa thèse de doctorat publiée durant la guerre, en 1942. Parain s'y attaque à ce qu'il appelle l'expressionnisme.

Ce qu'il désigne par ce mot, ce n'est pas ce qu'on désigne aujourd'hui de ce terme, c'est-à-dire un mouvement artistique autour de Munch, de Van Gogh, de Kirchner, de Nolde et de Beckmann qui naît en Allemagne au début du siècle, entre 1900 et 1905, dure jusque vers 1915, et connaît des renaissances affadies dans l'époque contemporaine. Parain n'était guère un visuel. Il avait peu d'indulgence pour les musées, la mode pour les arts, le culte envahissant des images ; la peinture lui semblait, comme la littérature, « une menterie », un décor pour tromper la vie. C'était à sa manière un protestant, un réformé, ou plutôt un janséniste qui se méfiait du *sophistès* qu'est le peintre, qui rend aimable en effigie ce qui ne l'est pas en réalité.

Non, par « expressionnisme », il entendait une chose beaucoup plus vaste, une théorie linguistique, née vers 1830, et qui dominerait notre siècle, qu'il disait être un mixte de nominalisme à l'anglaise et de réalisme à la française, et qu'il voyait comme un aboutissement du mouvement de la philosophie allemande. Il plaçait ses prémisses quelque part entre Hegel et sa théorie de l'Histoire et Herder et sa théorie d'une poésie populaire exprimant spontanément, immédiatement, comme son émanation propre, l'âme des peuples. La forme achevée de l'expressionnisme, il la voyait dans Nietzsche à la fin du siècle dernier, et concluait en disant que, pour le pire plutôt que pour le meilleur, cette conception dominait désormais notre rapport au langage, et qu'il fallait y voir la source de bien de nos maux.

J'avoue avoir eu longtemps quelque difficulté à comprendre ces pages qui s'appuient sur un corpus si vaste, qui s'étend d'un contemporain de Goethe à un contemporain de Marx, qu'il peut sembler périlleux d'en vouloir saisir l'unité ou la continuité. Pourtant, elles m'ont toujours semblé centrales à la position de Parain, homme de parole, écrivain et philosophe, face au langage et, partant, essentielles à sa position morale comme citoyen, fils d'instituteur de la République et petit-fils de paysan briard, de religion catholique, face au destin d'une France qu'il ressentait déjà usée, fatiguée, résignée ou cynique. Ce destin crépusculaire, il n'aura cessé d'en analyser les caractères et les causes, jusqu'à sa mort, en particulier dans *France, marchande d'églises*[1].

En fait, je me suis souvent demandé d'où Parain avait eu, en 1940, l'idée d'user de ce terme d'« expressionnisme »,

1. Brice Parain, *France, marchande d'églises*, Gallimard, 1966.

spécifiquement venu du vocabulaire de la critique et de la théorie de l'art, pour l'appliquer à un phénomène linguistique, englobant beaucoup plus que les caractéristiques d'une école de peintres.

Il me semble qu'il entendait par « expressionnisme » ce que les Allemands voulaient dire au début du siècle par un mot qui ferait fortune, le mot *Einfühlung*. En 1907 était parue la thèse, destinée à devenir célèbre, de Wilhelm Worringer, *Abstraktion und Einfühlung*[1]. Par « abstraction », le jeune philosophe allemand désignait ce mouvement de repli devant la réalité, de peur, de crainte, une sorte d'« agoraphobie spirituelle », de rétractation qui pousse l'artiste à se bâtir une barrière, une protection imaginaire dont les composants seront essentiellement faits d'éléments géométriques et réguliers, une sorte de cristallisation, loin de la vie, loin de l'organique. On devait bientôt voir dans ces lignes d'un jeune philosophe la préfiguration, voire la description de ce que serait en art la peinture de Mondrian, de Klee, une certaine peinture abstraite de Kandinsky, et finalement, en général, de toute l'esthétique issue du Bauhaus. Un mouvement artistique assez comparable, dans ses affinités spirituelles, avec la théosophie et les mouvements occultistes du tournant du siècle, une sorte de démarche gnostique.

L'*Einfühlung* à l'opposé, difficile à traduire, serait une empathie, une intuition, une sympathie, un mouvement de projection vers le monde, dans le monde, une tendance à s'ingérer, à s'envaginer, à s'absorber, à se fondre en lui — dans laquelle on a vu par la suite le trait essentiel de l'expressionnisme. La jouissance esthétique de l'*Einfüh-*

1. *Abstraktion und Einfühlung*, trad. fr. par E. Martineau, Klincksieck, 1978.

lung serait, écrit Worringer, la jouissance objectivée de soi, la jouissance de soi-même dans un objet sensible distinct de soi[1]. Il s'agit donc là d'un subjectivisme absolu qui ne fait plus partir ses recherches de la forme de l'objet esthétique mais du comportement du sujet observateur. La beauté devient ainsi un épanchement vital (*Sichausleben*). Là encore, plutôt qu'à une démarche rationnelle et logique, on a affaire, dans cette volonté de faire parler les couleurs et les formes, à un mouvement teinté de gnosticisme.

Worringer, jeune auteur, avait en réalité pillé deux de ses vieux maîtres. D'une part, il reprenait un mot allemand, *Einfühlung*, qui venait de passer de la littérature à la philosophie, c'est-à-dire de Schlegel, Jean Paul et Novalis à Vischer, qui entendait par là une projection de l'âme, « une tendance panthéiste propre à la nature humaine de ne faire qu'un avec le monde ». Cette idée serait développée par Lipps, en 1903, dans son ouvrage majeur, *Aesthetik. Psychologie du beau dans l'Art*, qui définirait l'*Einfühlung* dans des termes que reprendrait Worringer *ne varietur*.

La description que fait Worringer de l'abstraction, par ailleurs, n'est pas non plus originale. Il fait dériver cette tendance à la géométrisation et à l'ornementation de l'historien d'art viennois Aloys Riegl, qui introduit dans l'histoire des formes l'idée, destinée en effet à révolutionner le XXe siècle et l'art moderne, du *Kunstwollen*, d'une « volonté d'art », d'un vouloir artistique absolu, c'est-à-dire d'une exigence intime, totalement indépendante de l'objet et du mode de création, qui se comporterait en tant que volonté *a priori* de forme. L'histoire de l'art, l'histoire de la création des formes, n'était plus dans cette optique une histoire

1. *Ibid.*, p. 43.

du *pouvoir* — qui faisait de l'œuvre le produit de trois facteurs : le but utilitaire, la matière première et la technique, autrement dit, par l'exercice raisonné d'un savoir, le pouvoir de donner à l'objet la forme exacte qu'on entend lui imprimer, ce qui correspond au fond à l'ancienne idée de la représentation classique selon Brice Parain, une correspondance exacte, dans la vérité, entre l'ordre des idées, l'ordre du langage et l'ordre des choses —, l'histoire des formes de l'art devenait au contraire une histoire du *vouloir*, et ce à partir de l'hypothèse psychologique que le pouvoir n'est qu'une manifestation secondaire du vouloir. L'histoire de l'art devenait l'histoire des impulsions primitives, des besoins primordiaux de créer, comme si créer et crier par exemple, comme si chanter et communiquer, comme si s'exprimer et dire quelque chose, n'était qu'une seule et même chose.

La fusion immédiate dans le réel, sans le truchement de la raison, l'abandon à la « volonté d'art » sans la règle directrice d'une *technè*, d'un métier, ce seront là en effet les traits constitutifs de l'art qui se développe de 1905 à nos jours, de l'art qu'on appelle « moderne ». Désormais, la valeur d'une ligne, d'une forme, tient pour nous à la valeur de la vie qu'elles renferment et que, grâce à l'*Einfühlung*, cette sympathie innée, nous appréhenderions immédiatement. Car spontanément, sans la médiation d'une langue que j'aurais apprise et maîtrisée, le monde me parle, je trouve en lui ma félicité par une sorte d'accord préétabli, si par ma seule volonté je consens à me fondre en lui. Ainsi Van Gogh parlera-t-il du « rouge et du vert des terribles passions humaines », comme si les couleurs, spontanément, exprimaient par quelque transparence exacte entre le monde naturel et la réalité psychique à la fois leur être et l'être du sujet. Ainsi dira-t-il encore que « le rouge par lui-même exprime quelque chose, le vert par lui-même exprime quelque chose ». Pour prendre un autre exemple, Edvard Munch, dans ses portraits, exprimera cette fusion ondoyante, vertigineuse, de l'homme absorbé, englouti par les formes et par les couleurs d'un paysage, qui seraient les émanations naturelles et immédiates, comme les halos des spirites, les nimbes et les auras d'un corps astral, de son moi intérieur le plus profond.

Rien évidemment ne pouvait être plus étranger à Parain que ces fantasmagories et ces abracadabras. S'il se méfiait de la littérature qui tournait si facilement à la « menterie », il était aveugle à l'œuvre d'art. Et il n'est pas étonnant que toute sa discussion sur le langage semble reprendre, parfois presque mot pour mot, pour s'y opposer, les théories de Lipps, de Riegl et de Worringer, enfants directs de la *Naturphilosophie* allemande et du romantisme, et qui trouveront leur plein développement dans l'esthétique de l'expressionnisme. L'expressionnisme, dit-il, est « une doctrine qui peut passer pour une synthèse du réalisme et du nominalisme, gardant du second l'idée que le langage est une émanation de l'homme et du premier la conviction qu'il exprime, mais parce que l'homme lui-même exprime l'univers, l'essence du monde créé par Dieu[1] ». Et il ajoute un peu plus loin, significativement : « Il est la cosmologie du nominalisme [...]. Ce n'est pas une théorie de la connaissance mais plutôt une histoire de la connaissance [...]. Ainsi se rattache-t-il spontanément aux grands poèmes cosmolo-

1. Brice Parain, *Recherches sur la nature et les fonctions du langage*, Gallimard, 1942, p. 188.

giques de l'Antiquité grecque. Le goût des penseurs allemands pour les philosophes présocratiques et platoniciens en est le témoignage[1]. »

Évoquant Herder et la poésie populaire, l'une de ses sources, Parain dit de l'expressionnisme, « dont l'influence s'est étendue sur toute la pensée allemande moderne », qu'il « nous représente le langage comme une expression de notre être tout entier, comme une sorte de chant symphonique qui rassemblerait et ordonnerait la totalité de ce que nous apportent nos sensations et les images qui en naissent[2] ». Sans doute est-il le plus fidèle au mouvement de notre vie intérieure, le plus proche de notre intimité, sans doute aussi nous fait-il prendre conscience de la fragilité, de l'évanescence de nos impressions et de nos paroles, c'est une sorte de chant, de lyrisme. Il a l'avantage « de nous rapprocher de certaines formes de la poésie lyrique plutôt que de la géométrie, et par conséquent de nous défendre contre le dogmatisme[3] ». Disant cela, l'effusion lyrique contre la géométrie, il reprend l'opposition sur laquelle se fondait l'essai de Worringer entre *Einfühlung* en tant que chant spontané de l'âme et « abstraction » en tant que défense, dogmatique, contre un réel ressenti comme hostile.

En revanche, ce langage qui ne porte plus aucun jugement, qui ne répond plus de rien, qui n'est plus « responsable », parce que, contenant en lui-même les lois de notre connaissance expérimentale, ce langage n'est plus le langage du *réel*, il est devenu le langage du *possible*, remettant

1. *Ibid.*
2. *Ibid.*, p. 190.
3. *Ibid.*

à un futur indéfiniment différé l'espoir de trouver une *vérité* décidément indécidable. Ce langage qui, mû par la *volonté* de puissance, ou par la volonté d'art, le *Kunstwollen*, dans le cas du poète ou de l'artiste, et qui prend donc pour norme l'avenir, n'a plus en fait de *norme* du tout[1]. « Cette doctrine qui aboutit à l'action, et ne débouche que sur l'action, se révèle en même temps incapable de définir la règle de l'action vraie[2]. »

Analysant le contenu de la certitude sensible, telle que Hegel l'expose — et nous sommes là au cœur de sa discussion —, Parain remarque que l'expressionnisme pose le postulat qu'elle fait sortir de l'existence pure deux choses, un « moi » et un « objet ». Autrement dit, il fait sortir le médiat de l'immédiat. L'impression n'est pas seulement une impression proprement dite, le *Es ist* de l'objet, le « Il y a quelque chose », « Quelque chose se présente à mes sens », mais c'est aussi une dénomination, une proposition. L'objet de lui-même se serait nommé. De lui-même, il aurait exprimé son essence. Il ne dit pas seulement « Il y a là quelque chose », *hier und jetzt*, ici et maintenant, il se nomme aussi du même coup. C'est ce que Parain va obstinément refuser. Cette possibilité de l'objet de se nommer lui-même — ce que serait la théorie des couleurs, du rouge et du vert chez Van Gogh, la théorie des formes chez Steiner ou les idéalistes postromantiques, la forme en elle-même exprimant *a priori* quelque chose —, qui extrait le médiat de l'immédiat, est la grande *fallacy* de la théorie moderne du langage. Ce serait supposer que le langage, si l'on en croit la dialectique de Hegel, réunit en lui deux

1. *Ibid.*, p. 193.
2. *Ibid.*

propriétés incompatibles, d'être l'expression de la certitude sensible et d'exprimer en même temps l'universel[1].

À rebours de la pensée dominante de son temps, Parain prônera inlassablement, malgré les sourires ironiques des philosophes de la déconstruction et des rhétoriqueurs du beau langage, ses contemporains, le retour vers un langage qui serait, qui était, qui fut celui de la représentation classique, soit une correspondance exacte dans la vérité entre l'ordre des idées, l'ordre du langage et l'ordre des choses. Le langage, répète-t-il, n'est ni un objet de communication ni l'expression de notre moi, il est notre règle.

Il s'agit donc de revenir de la dialectique à la logique, non pas bien sûr à la logique formelle, mais à la logique du *legein*, du *logos*. La dialectique, telle que l'expressionnisme en est l'application dans les mots et dans les formes, subordonne le langage à l'expérience. La logique, entendue chez Parain comme *logos*, subordonne au contraire l'expérience au langage. Le langage n'est pas une machine à communiquer, bien qu'il existe désormais un ministère de la Culture et de la Communication qui ravale la langue à n'être plus que cela. Le langage n'est pas non plus un code de signaux comme le langage chez l'animal, gesticulations, pleurs, mimiques, grimaces et cris, bien que les médias et les jeux de la télévision nous convainquent chaque soir qu'il n'est peut-être que cela. Le langage enfin n'est pas non plus une expression idiosyncratique de notre être, l'émanation de notre moi profond, le chant singulier et souvent incompréhensible de l'artiste ou du créateur contemporain, qui nous pousse à n'être plus que des monades, séparées

1. *Ibid.*, p. 208.

les unes des autres par leur idiotie propre. Non, le langage est notre règle commune, le lieu de la loi et du partage. Je dirai même qu'il est notre mesure commune.

Ce que Parain entend par « logique », c'est ainsi quelque chose qui a affaire avec le vieux logos de la théologie, le *logos* né de Dieu, qui est venu habiter parmi nous, le Logos qui dialogue avec la chair, et même qui, par le Verbe, en est la communion. Il est le langage dont chaque mot est lesté, régulé, pesé du poids de chair qui doit gager chaque chose que l'on prononce. Et là où le mot, dans sa vérité, défaille, c'est la chair qui vient combler la faute. Tout comme les millions de morts de la Première Guerre vinrent combler les trous laissés par les défaillances, les mensonges, les à-peu-près lyriques des dirigeants politiques du début du siècle. La violence — violence physique, violence du corps, violence contre la chair — grandit et se déploie partout où le langage manque à sa loi. Car ce n'est pas nous qui gouvernons le langage, c'est lui qui nous gouverne. Il est notre règle, et non pas notre expression.

Il ne faut pas oublier que lorsque Parain travaille à sa thèse, la philosophie allemande après Kant est encore, en France, *terra incognita*. Parain s'y attaque avec audace, sept ans avant que Kojève ne donne ses leçons sur Hegel et alors qu'on ne dispose de Nietzsche que de pauvres et parfois fautives traductions. Finalement, son approche, si maladroite et incomplète semble-t-elle, alors que la France va connaître la défaite de juin 1940, me paraît aujourd'hui d'une étonnante lucidité. Il annonce, douloureusement, et dans l'indifférence sinon dans l'hostilité générale, la condition qui nous est faite aujourd'hui, entre le mensonge politique, l'imposture morale et la frivolité intellectuelle. Il annonce parfaitement ce monde, notre monde, qui sera un monde livré à l'incantation de l'absence, au nihilisme et à la désinvolture.

Ici comme ailleurs, il a seulement le tort de défricher le terrain trop tôt. Tout comme il se rend en Russie trop tôt, en 1922, et en revient trop tôt, dans un mouvement d'aller-retour qui le situe en marge des autres écrivains français, de Gide par exemple, qui ne publiera son *Retour de l'URSS* que douze ans plus tard. Cette position d'éclaireur, il la paie du silence — car on met à la mort civile, on condamne au silence le porteur de mauvaises nouvelles. Parain est le premier à quitter le communisme au moment où les intellectuels français se font un devoir d'y entrer. Sans doute, il restera fidèle à un certain dialogue avec le communisme et la Russie, avec la terre russe, et ce peuple qui est le peuple du silence. C'est Pierre Klossowski, dans un essai d'une grande profondeur, qui analysera cette étrange et peu commode position[1].

Cette lucidité, il va la payer aussi. Après la condamnation prononcée contre lui par Jean-Paul Sartre, compagnon de route aveugle et obstiné du communisme dans *Situations I*, Parain sera mis à l'écart. Pourtant, il est aussi le premier à deviner ce vaste mouvement de catastrophe du langage qui nous a fait passer de la raison, de la dénomination, ou de la représentation classique, à ce langage de la modernité qui est celui de l'expressionnisme. Ce langage-là, ce langage de la modernité, c'est celui qui sera soumis à ces nouvelles empiricités que sont le sens de l'Histoire, le devenir, le vouloir, la volonté de vivre, l'inconscient, la violence, les passions, l'éros, les pulsions, tout ce que Michel Foucault,

1. Pierre Klossowski, « Le langage, le silence et le communisme », dans *Un si funeste désir*, Gallimard, 1963, p. 133-157.

avec fougue et superbe, mais aussi dans quelle confusion, analysera dans *Les Mots et les Choses*, vingt-deux ans exactement après la thèse de Parain.

Mais là où Foucault, dans une langue brillante et gongorique, chante ces hérauts de la modernité que sont à ses yeux Mallarmé, Roussel, Artaud, et le marquis de Sade, bien évidemment, quand il se réjouit d'arriver « non pas au cœur de soi-même, mais au bord de ce qui le limite, dans cette région où rôde la mort, où la pensée s'éteint, où la promesse de l'origine indéfiniment recule [...] », quand il s'exalte de voir dans le langage « une pure et simple manifestation qui n'a pour loi que d'affirmer sa volonté escarpée[1] », Parain au contraire, on le sait, s'inquiète et s'inquiétera de ce pouvoir d'un langage de ne plus exister que pour lui-même, d'être à lui-même sa propre limite, sans plus savoir désigner la vérité de l'être.

Ce problème, que le langage puisse ne plus dire la vérité, obsédera Parain toute sa vie, et jusqu'à ses derniers ouvrages, *Petite métaphysique de la parole* en particulier[2]. Alors qu'il voit monter autour de lui une génération qui remet en question, de plus en plus frénétiquement, la réalité de ce monde, et qui se livre à une incantation de l'absence, d'une absence de monde des choses et des êtres, il se demande ce que peut être, par exemple, l'enseignement, l'éducation. Que peut être, se demande-t-il, une éducation qui serait fondée sur l'impossibilité de dire la vérité ? Peut-on imaginer une université de l'angoisse, du doute perpétuel, de l'interrogation ? Un enseignement

1. Michel Foucault, *Les Mots et les Choses. Une archéologie des sciences humaines*, Gallimard, 1966, p. 395.

2. Brice Parain, *Petite métaphysique de la parole*, Gallimard, 1969.

officiel consistant à affirmer qu'il n'y a pas de vérité nie le principe même de l'enseignement. Les émeutes de 1968, on le sait, et l'effondrement de l'Éducation nationale dans les trente ans qui ont suivi, donneront aux inquiétudes de Parain une résonance particulière. On lui reprochera son pessimisme, son esprit religieux, « messeux », voire réactionnaire. Il est proche parfois de Bernanos, de Berl, et même de Drieu la Rochelle, qu'il essaiera de sauver de ses obsessions et de sa mortelle mélancolie. Et de fait, il demeure obstinément proche du peuple, des simples, des pauvres, un paysan qu'effraie l'assurance dans les mots et l'ironie mortelle d'une certaine bourgeoisie intellectuelle qu'il est amené à fréquenter. J'ai lu récemment ces lignes : « Il faudrait réapprendre à danser. La France est demeurée heureuse jusqu'au rigodon. On dansera plus jamais en usine, on chantera plus jamais non plus. Si on chante plus, on trépasse, on cesse de faire des enfants, on s'enferme au cinéma pour oublier qu'on existe, on se met en caveau d'illusions [...]. » Elles pourraient être de Parain. Elles sont en fait de Céline[1]. Proche d'eux, ses frères en misère, et pourtant si différent, par la religion de son enfance peut-être, à laquelle il demeure fidèle, par l'expérience de la Russie aussi, qui lui fait croire, malgré tout, au socialisme, plutôt qu'à la violence.

On oublie que d'autres grands penseurs, en dehors de nos frontières, et bien peu suspects d'avoir été des esprits « réactionnaires », ont pensé comme Parain, sans encourir pour autant les foudres de la critique en place. Je pense en particulier à la tradition du positivisme logique, *logique* en effet, de la philosophie autrichienne de l'entre-deux-

1. Louis-Ferdinand Céline, *Les Beaux Draps*, NEF, 1941, p. 148.

guerres, aux antipodes de la philosophie allemande, fondée qu'elle est sur le rationalisme et le nominalisme et qui, avec des auteurs aussi importants que Karl Popper dans l'histoire des sciences et Ernst Gombrich dans l'histoire des arts, ont soutenu, récemment encore, des positions quant au langage très proches de celles de Parain[1].

Terminons comme j'ai commencé, sur des problèmes d'histoire de l'art. Une exposition s'est déroulée en 2002 au Centre Georges-Pompidou, intitulée *La Révolution surréaliste*. Elle a attiré près de 400 000 visiteurs. C'est le plus grand succès populaire qu'une avant-garde ait jamais reçu d'un grand public. On y avait cependant gommé les positions politiques du surréalisme, alors même qu'elle était intitulée « La Révolution surréaliste ».

Ce dernier exemple permettra de montrer que, par « expressionnisme », Parain n'entendait pas évidemment la seule doctrine du mouvement artistique qui porte ce nom, mais toute forme de langage, issue du romantisme et de la *Naturphilosophie*, dont j'ai brièvement analysé les prémisses. Le surréalisme donc, en art et en poésie, autant que l'expressionnisme, par son culte d'un langage instinctif, immédiat, ou « automatique », d'une logorrhée ou d'une graphorrhée sans contrôle de la conscience, dans sa dévotion au hasard, à l'occulte et à la gnose, dans sa fascination enfin de la violence, comme forme exacerbée du « vouloir » de l'art, a fait partie de cette dérive catastrophique de la langue qui nous a fait échouer là où nous en sommes.

1. Je me permets de renvoyer ici à mon essai *La Responsabilité de l'artiste. Les avant-gardes entre terreur et raison*, Gallimard, « Le Débat », 1997, p. 115 et suiv.

Parain disait qu'il faisait partie de cette génération sortie des tranchées de 1914-1918, qui n'avait eu pour issue que deux voies, la solution politique ou la solution esthétique, soit le communisme, soit le surréalisme. Le communisme, il lui tourne vite le dos, dès son retour de Russie, où il a vu, avant les autres, ce qu'il en était. Quant au surréalisme, il a raconté les détails de sa rencontre avec André Breton, au lendemain de sa démobilisation, et qui fut une méprise.

« J'ai lu *Les Pas perdus*. Et j'ai été outré. Pour moi, c'était de la menterie. Il prêchait le suicide, et il était toujours là [...]. J'avais beau être contre la logique, ça ne passait pas [...]. J'ai donc écrit à A. Breton qu'il était un menteur et un tricheur [...]. Je ne pensais pas du tout naturellement qu'A. Breton était un mauvais garçon. Non. Mais je croyais aux idées. J'étais convaincu que l'homme le plus honnête dans son cœur, avec les meilleures intentions du monde, pouvait devenir très dangereux lorsqu'il ne prenait pas assez garde à ce qu'il disait. [...]A. Breton m'a répondu, ce qui était déjà bien, mais sur un papier abracadabrant à l'en-tête de *Littérature*, sa revue. Une grosse tache d'encre rouge y figurait, j'imagine, le sang régénérateur. Moi, le sang, j'en sortais, ça me faisait plutôt horreur. [...] Dans sa réponse, A. Breton me décrivait avec une barbiche, un faux col haut et un lorgnon de cuistre. Si j'avais été cultivé, je lui aurais rappelé qu'avec des barbiches, des faux cols et des lorgnons pareils, Tchékhov et Toulouse-Lautrec avaient fort bien travaillé. [...] Il a dû me trouver plat. Moi, je me faisais l'effet d'être avec un professeur. Ses cheveux étaient trop longs, aussi, en paquet sur le derrière du crâne, son visage était mou, un peu méprisant. [...] Tout se passa le plus galamment, le plus inutilement du monde. Après, je n'ai guère eu envie de m'intéresser au surréalisme. J'étais dans la direction contraire, la vie[1]. »

Il me semble en effet qu'il est temps, trente ans après sa mort, de rejoindre Parain sur le chemin de la vie.

P.-S. : Me relisant, je m'aperçois que j'ai tracé de lui un portrait trop sévère. Il n'était pas le rationaliste dont j'ai voulu esquisser les sources. Moins encore le positiviste à la Popper, soucieux de faire de la langue une science exacte. En fait, fils de paysan, il aspirait au silence. Il voulait respecter le silence. Il souffrait que les mots vinssent toujours briser le silence, parfois le fracasser. S'il n'avait été philosophe par devoir, il aurait peut-être été poète, par désir. Il rêvait d'une langue qui, tout en parlant, eût su respecter le silence et se fût accordée à sa paix. Dans ses meilleurs moments, il pensait que la poésie populaire réussissait ce miracle, quand elle devient célébration, sous le regard d'un Dieu personnel, de cette « vie, là, simple et tranquille[2] ».

1. Brice Parain, *De fil en aiguille*, Gallimard, 1960, p. 29-33.
2. B. Parain, *Recherches sur la nature*..., *op. cit.*, p. 218.

JEAN-BERTRAND PONTALIS
(1924-2013)

Art et psychanalyse

La Nouvelle Revue de Psychanalyse aura été, entre 1970 et 1994, un lieu de réflexion exceptionnel, à un moment où les revues traditionnelles, de littérature ou de politique, de *La NRF* aux *Temps modernes*, voyaient leur audience se raréfier. Un lieu de rencontre où se croiseraient tous les champs du savoir. Elle était née au moment où la psychanalyse, refusant de se donner un « Ordre », et prétendant ne « s'autoriser que d'elle-même », explosait en chapelles, et se déchirait à coup d'opuscules, de querelles byzantines et d'exclusions. *La NRP* était l'ouverture à ceux qui ne s'autorisaient pas de la science analytique mais n'avaient cessé de nourrir un certain savoir de l'inconscient, par l'histoire, la religion, la mythologie, l'ethnologie, l'art, la littérature, aussi. Ceux qui ne savaient plus trop où publier y trouvèrent leur patrie, des figures majeures, de Jean Starobinski à Jean-Pierre Vernant, de Jacques Le Goff à André Green, et à Blanchot… Elle était aussi ouverture à l'étranger à un moment où la France se refermait sur ses certitudes : Gomez Mango, Remo Guidieri, Masud Khan, John Jackson, Winnicott… Malgré ceux qui ne cessent de dresser le procès de Freud, la psychanalyse a été un humanisme de notre époque, dont il serait temps de réécouter la voix.

Une autre revue était née, plus rare : *Le Temps de la réflexion*. Ces épais numéros, sur l'immortalité, sur les figures des Dieux, demeurent, trente ans après, des références sans guère d'équivalent.

Pontalis tenait ces deux revues à bout de bras, avec une cohérence et une intensité qu'un directeur ne peut guère tenir plus de trois ou quatre ans. Sous son apparente douceur, l'éditeur était inflexible.

En attendant, il continuait son métier d'analyste, ce « métier impossible » avait dit Freud, et recevait chaque jour ses patients dont il écoutait l'interminable plainte, toujours à peu près la même, et dont il lui fallait cependant trouver la singularité — et l'exprimer.

Dans les dernières années, il osa se dédier presque tout entier à son unique, sa seule passion, la littérature. Les écrivains au fond avaient tout dit, et mieux que les autres : ils avaient été ses meilleurs amis et ses principaux rivaux. Ce fut le sens de son essai, *Freud et les écrivains*.

Ç'avait été aussi le sens de la collection « L'un et l'autre », qu'il crée en 1989, et qui, sous sa couverture bleu nuit et de format oblong, devait publier plus de 130 titres. « L'un et l'autre », c'était l'auteur et son héros, le peintre et son modèle, les réflexions du « je » devant le miroir de l'âme, l'analyste peut-être aussi, face à l'analysant…

JB y publia de jeunes écrivains, des écrivains méconnus ou peu connus qui, loin de la scène et du bruit, avaient élaboré une œuvre secrète, intime, confidentielle, aussi éloignée du roman-fiction contemporain que de la confession impudique. On y trouve les noms de Pierre Bergounioux, Christian Bobin, Florence Delay, Sylvie Germain,

Guy Goffette, Roger Grenier, Pierre Lartigue, Richard Millet, Jacques Réda, Michel Schneider, parmi d'autres. Jean-Michel Delacomptée a l'honneur et la mission difficile de clore cette collection, dont nul après sa mort n'aurait pu assumer la direction singulière.

C'était le sens de sa propre œuvre d'écrivain, tout à la fois mémorialiste et moraliste, essayiste et clinicien de l'âme. *Perdre de vue* est sans doute l'un des plus beaux livres qu'on ait écrits sur l'amour et sur l'amitié, sur la mère et sur les attachements que la vie provoque et dénoue. L'expérience de l'analyste avait nourri, comme nul autre, la souffrance de la perte et son sens, et le malheur suprême de l'homme qui est de ne pouvoir aimer.

PHILIPPE ROMAN

(1927-1999)

Philippe Roman en Engadine

> « Toutes les fins de siècles se ressemblent. »
>
> Huysmans, *Là-bas*

En un moment de désarroi du goût, une œuvre qui ne ressemble à rien de ce que l'on est accoutumé de voir, pourrait seule apporter la surprise. Elle est comme après les catastrophes, pareille à ces poches d'humanité où la vie reprend souffle et sens. Singulière et secrète, la peinture de Philippe Roman a crû depuis trente ans à rebours, un *unicum* d'autant plus précieux que, pour user d'un autre titre de Huysmans, tout le reste allait à vau-l'eau.

On aura vu récemment des régimes que l'on croyait éternels, disparaître en quelques mois de la surface du planisphère. Ce qui est vrai des utopies politiques ne le serait-il pas des utopies esthétiques ? Quatre-vingts ans après leur diffusion, que reste-t-il des « avant-gardes » ? Qu'un homme à l'écart des modes ait conservé un goût et un art de peindre aux antipodes de leur laisser-faire, voilà de ces petits faits têtus qui obligent à reconsidérer le sens de la modernité.

Peut-être, jugeant de cette dernière, aurons-nous été victimes d'une illusion. Nous aurons mesuré selon des chronologies courtes des phénomènes qui ne s'apprécient que sur la longue durée. Octavio Paz qui voyait dans le phénomène de l'avant-garde le spasme ultime du romantisme, était là-dessus plus clair sans doute que le critique, le nez sur le moment, qui ne cesse de parler de l'histoire comme d'un fracas d'innovations.

Du moins si l'on n'accepte pas cette hypothèse — la nécessité des longues durées —, il y a peu de chance de pouvoir saisir le sens d'une œuvre qui, comme celle-ci, ne trouve pas ses origines dans le jour précédent. Proche et lointaine, brûlante et glacée, elle est à l'image de ces glacis précieux qui la recouvrent, fine couche cristalline qui la protège du moment et l'offre intacte à notre œil.

On sera en revanche moins désorienté si l'on considère que cette œuvre s'inscrit naturellement dans un battement autrement plus vaste que celui de la fibrillation moderniste, en même temps qu'elle relève d'un monde spirituel fort différent de celui des cercles parisiens.

Il n'y a guère de doute en effet, quand même son auteur se défend de ses origines, que nous sommes là dans une Lotharingie de l'esprit et du sens, à mille lieues de la tradition intellectuelle des Français « de l'intérieur ». Entre le Rhin et l'Italie, et plutôt dans ces régions de frontières, de cols et de passages, où deux cultures hésitent et se fondent parfois un instant harmonieusement. Ce n'est pas à la Sainte-Victoire de Cézanne que font ainsi penser ces grands paysages de montagne. Ces observations si fines de la lumière que je n'en connais guère de semblables, cette attention scrupuleuse aux accidents géologiques, aux plis des terrains, à la nature des roches, aux coloris des sols, ce respect porté aux aspects, aux accidents, aux caractéristiques enfin, nous mènent aux antipodes de l'analyse rationnelle des formes et du mépris du spécifique qui prévalent chez nous et qui mèneront à l'abstraction.

Ce regard est celui d'un empirisme demeuré fidèle à la *Naturphilosophie* qui, loin de vider la forme de son sens pour la doter d'une illusoire autonomie, cherche au contraire un sens aux couleurs et aux formes.

Non pas cependant un sens religieux, symbolique ou mystique : ce n'est pas à Caspar David Friedrich, à Runge, que l'on doit penser : nulle religiosité. Non, c'est plutôt à Carus et à ses paysages « géognosiques ». *Erdlebenbildkunst*, l'art de la représentation de la vie de la terre, tel est en effet le mot qu'avait inventé Carus, dans sa correspondance avec Goethe, pour commenter ce don d'observation où le regard du naturaliste, du géologue et du météorologue, se confond à celui du peintre pour distinguer et tracer les traits d'une physiologie terrestre.

Rien de la sécheresse cézannienne, mais rien non plus du paysage – état d'âme à la Rousseau : le pays dont il est ici question est le lieu d'une initiation spirituelle. Montagne où dominent les schistes, les gneiss et les granits, ou bien encore, ailleurs, falaises de craie : devant ces murs blancs du Pays de Caux, lucides et sévères c'est encore à Carl Blechen que l'on pourrait penser, aux falaises à Rügen, dressées elles aussi comme des phénomènes naturels.

On demandera : qui s'attarde à peindre aujourd'hui de telles choses ? Qui succombe encore à cette vieillerie poétique ? Ce serait trop vite oublier que la montagne n'a jamais disparu de l'art contemporain. Compatriotes de Bénédict de Saussure, comme l'est aussi Philippe Roman pour une part, Segantini, Hodler et Giacometti n'auront cessé de la peindre. Et Balthus lui-même, une fois sorti du plat pays polonais et des landes de la Prusse, n'aura de cesse que d'élire sa patrie dans ces hautes terres, inaugurant son œuvre par la monumentale *Montagne* du Beatenberg, et abritant sa vieillesse au Pays d'en Haut.

Trait de culture alémanique, sans doute, que cette quête, de Ludwig Thieck à Thomas Mann, d'un *Zauberberg*, d'un *Runenberg*, que cette volonté d'élire des lieux, Ascona, Sils-Maria, qui sont des configurations géologiques étroitement liées à une connaissance, à un savoir, aux processus d'une lente ascension spirituelle.

Le temps nous serait-il accordé qu'il faudrait ici évoquer, puisque le nom de Balthus vient d'être cité, l'ombre de l'autre grand aîné et de l'autre ami, Pierre Jean Jouve, dont la silhouette s'inscrit en filigrane dans maints tableaux, le poète uni au peintre, présents tous deux à l'origine de cet art fermé sur son secret. Bien des pages, des chapitres de romans, des poèmes, trouvent leur résonance directe dans ces peintures que hante aussi le souvenir de Blanche Reverchon, la femme de Jouve, qui durant des années suivit Philippe en analyse.

Qui osera un jour, à cet égard, parler du rôle métaphorique de la montagne dans la formation du savoir analytique ? L'image d'un Freud en maillot de bain près de la mer serait aussi saugrenue qu'est naturelle son image en *Lederhosen*, sur fond de sommets enneigés.

La peinture du paysage, du sol et du rocher, dans la juste lumière qui les éclaire, et jusqu'à son sens caché — géognosique, en effet, est le mot qui convient —, introduisait tout naturellement cet art à retrouver un certain sens de l'allégorie. Dans les premières pages du *Monde désert*, Jouve évoque *Le Château enchanté*. L'image de l'architecture merveilleuse a surgi comme naturellement du décor montagneux.

Le tableau se trouve à la National Gallery de Londres. La légende qu'il évoque est celle d'Éros et de Psyché, telle que nous la conte Apulée au livre V des *Métamorphoses*. L'épisode représenté est celui où Psyché, mollement étendue sur la prairie humide de rosée, découvre, à son réveil « un palais bâti non de main d'homme mais par un art divin… » C'est la demeure du dieu, dans laquelle elle pénétrera, pour y découvrir celui qu'elle ne voit pas, mais dont elle entend la voix…

Cette image saisissante, insistante du dieu caché, terrible et douce à la fois, cette scène primitive de l'amour et de la mort, est peut-être — et je ne peux ici qu'indiquer brièvement ces choses — l'une des sources élues de la peinture de Roman. Sous une forme ou une autre, on la retrouvera nourrir tel ou tel tableau. Il sera l'un des rares peintres à avoir osé ce rougeoiement de sang aux vitres dans le crépuscule, senti ce tremblement imperceptible des feuilles qui annonce l'irrémédiable et qu'après Claude, seul Turner peut-être, cet autre amoureux fou de la lumière, avait su percevoir et nous faire entendre.

> Il y a dans le rapport de ces régions quelque chose d'inépuisable et de mystérieux. Il y a une qualité qui ne parvient pas à son terme. Il y a plusieurs régions étagées, enfermées dans les cent vallées bleues des montagnes creuses, ou au contraire sur le piédestal de roc, de lumière et d'abstraction, tout en haut.

Qui a jamais lu ces lignes[1] sur lesquelles s'ouvrent les *Années profondes* de Jouve, ne les oubliera plus. Elles se

1. Pierre Jean Jouve, « Dans les Années profondes », in *La Scène capitale*, Paris, Mercure de France, 1961, p. 169.

gravent dans la mémoire, avec la force du chef-d'œuvre. Elles sont aussi la plus belle légende qu'on puisse trouver aux grands panoramas que Philippe Roman, à diverses reprises, tout au long de son œuvre, a peints. Rarement accord n'aura été plus sûr, plus mélodieux, entre une œuvre plastique et l'univers d'un poète. La pudeur, la réserve de Philippe ont souvent empêché qu'on sût exactement ce qu'avait été, outre l'amitié, le commerce des idées entre Pierre Jean Jouve et lui. À l'occasion pourtant, on entend des échos. Dans le journal d'Henry Bauchau, racontant une promenade en Engadine, on rencontre ces lignes sur « le peintre R. » qui confiait à l'écrivain : « Pierre est vraiment un maître du regard. Il apprend à voir comme à entendre. Constamment il vous fait découvrir[1]. »

On aurait aimé savoir en retour ce que le regard du peintre R. a pu apporter au poète de *La Scène capitale*. A-t-il aussi su apprendre à voir à travers l'extraordinaire qualité atmosphérique de ces paysages, dont l'étagement des ombres et des plans ne cesse de ménager des surprises au regard ?

Il y a chez Philippe, comme parfois chez les paysagistes — je pense à la maladresse en cette occasion du Lorrain —, une difficulté manifeste à peindre les figures. Autant les montagnes, les collines, les prairies se dessinent, se déroulent ou s'élèvent avec aisance, autant c'est avec la plus grande gaucherie que la silhouette d'un être humain s'y glisse. Il y a comme une polarité contraire entre la matière dont sont faits cette terre, ce ciel, ces rochers, et le corps trop raide de l'individu qui s'y aventure, qui pré-

1. Cité dans Henry Bauchau, « Pierre Jean Jouve en Engadine », L'Herne, *Cahier Jouve*, 1972, p. 158.

tend y engager son pas ou bien s'y poser. Impalpable, la lumière dénonce ici le caractère décidément trop pesant et trop gourd de la silhouette d'un être humain. Celui-ci en retour, trop fugace ou trop distrait, passager ignorant de la permanence de leurs configurations, demeure en ces paysages, peu ou prou, un étranger. Il semble que, pour goûter à la splendeur de ces horizons, il lui faille, préalablement, s'effacer, ou du moins se figer, se raidir, se faire oublier, se fondre dans le paysage comme un poteau ou un épouvantail.

Cette gaucherie, faut-il le dire, semble à l'opposé de la poétique jouvienne qui tend, tout au contraire, à mêler perpétuellement la figure au paysage, et surtout à faire du personnage principal du récit l'émanation et comme l'emblème du paysage qui le contient. Le paysage de Sils-Maria est « le pays d'Hélène ». Hélène, en retour, est le paysage. Prairies, noyers, rochers, composent son effigie, sont sa substance même, à l'image de ces paysages anthropomorphes dont s'enchantaient les maniéristes. Et même, les météores qui balaient la vallée sont comme les incarnations subites de son être propre et tumultueux. Hélène, en Engadine, est aussi, comme dans le poème, « L'orage changé en femme ».

Mais les deux démarches ne sont pas antagonistes. Si des blasons du corps de l'être aimé, Jouve a tiré les vastes horizons de Juliers et de Silvaplana, Philippe Roman, en retour, a déroulé des horizons si habités, si hantés par la présence de l'homme, que la figuration de ce dernier y devient superflue, et quasiment gênante, quand elle apparaît. La lumière des tableaux est ici si vivante — et je n'en connais aucune, dans l'art d'aujourd'hui, qui ait cette qualité — qu'elle exclut tout autre souffle.

J'ai un jour fait connaître à Philippe Roman un petit

texte oublié de Marcel Proust, qui évoque une idylle de jeunesse à Sils-Maria. Voici ses premières lignes : « Nous nous sommes aimés dans un village perdu d'Engadine au nom deux fois doux : le rêve des sonorités allemandes s'y mourait dans la volupté des syllabes italiennes. À l'entour, trois lacs d'un vert inconnu baignaient des forêts de sapins. Des glaciers et des pics fermaient l'horizon. Le soir, la diversité des plans multipliait la douceur des éclairages. N'oublierons-nous jamais les promenades au bord du lac de Sils Maria, quand l'après-midi finissait, à six heures ? » Il fut étonné, et de la précision de la description, si fidèle à sa propre œuvre — les trois lacs « d'un vert inconnu », « la diversité des plans et la douceur des éclairages » —, du parallèle émouvant avec le récit d'initiation des *Années profondes* — car là aussi, le rapport amoureux naissait de la proximité d'un paysage, sans qu'on sût exactement ce qui était réalité et ce qui était rêve — et jusqu'au titre si jouvien de ce récit de jeunesse que Proust avait écrit vers 1896, *Présence réelle*[1].

Savait-il aussi qu'une quinzaine d'années avant que Jouve ne découvrît Soglio et ne s'y établît — le village perché aux toits de lauzes et l'ancienne demeure des Salis, deviendrait alors le Sogno des *Années profondes* — Rilke, à la fin de l'été 1919, y avait séjourné ? Et c'est très peu de temps après que, regagnant Genève, il y rencontrait Baladine, la mère de Balthus. Jouve en dresserait l'imposante et intrigante figure comme personnage central du *Monde désert*. Plus tard, en 1924, il rencontrerait le poète dans le salon même de Baladine à Paris, rue Malebranche.

Destins mêlés, croisés, séparés. Philippe revenait, avec un

1. Marcel Proust, « Présence réelle », in *Les Plaisirs et les Jours*, XXII.

secret désespoir, sur l'épisode qui devait marquer la brouille entre Jouve et Balthus et dont il se croyait — à tort — le principal responsable. Je tentais de calmer ses scrupules en lui montrant à quel point Balthus s'était en fait éloigné, après la guerre, de ses amis les plus proches, de ceux qui avaient assisté à son ascension, comme s'il eût voulu ne rien devoir à personne, et que nul ne pût douter du roman familial aux nobles ascendances qu'il tentait alors d'accréditer. C'est alors aussi que Philippe avait perdu, croyait-il, l'amitié de Balthus, dont l'influence avait été si décisive pour lui faire abandonner la banque en faveur de la peinture.

Nous avions à maintes reprises caressé le projet d'aller à Sils-Maria. Nous avions même, pour un juin idéal qui ne viendrait jamais, loué des chambres au Waldhaus, sa mort prématurée devait nous en empêcher.

SAM SZAFRAN

(1934-2019)

Quatre thèmes dans l'œuvre de Szafran

Le jardin clos

C'est l'une des œuvres les plus secrètes et les plus poétiques de ce temps. On la connaît peu car peu en a été montré. Aucune rétrospective ne l'a honorée. À part quelques dessins abstraits des années cinquante, elle est demeurée résolument figurative et à ce titre a été jugée « inclassable ». Ceux qui la collectionnent la conservent avec un soin jaloux[1].

Un pareil éloignement du forum, durant quarante ans, aura été bénéfique. Production sauvage née de la main d'un écorché vif, l'œuvre a évité les hybridations, les contaminations et les compromis. Abritée par les hauts murs de brique d'une ancienne fonderie de Malakoff, elle a pu, à l'image de ce qu'elle représente, laisser grandir à l'aise des arborescences de plus en plus somptueuses et subtiles.

Ces tapisseries mille-feuilles, tissées de philodendrons, de caoutchoucs, d'aralias, ces cascades de verdure et de

1. Dont la collection Jacques et Natasha Gelman, aujourd'hui déposée au Metropolitan Museum of Art de New York.

lianes entre lesquelles se glisse la silhouette furtive d'un être humain, ont au premier regard l'enchantement des légendes, des contes pour enfants. Derrière les apparences, un génie du fantastique habite ces feuillages. L'œil qui se confronte à ces taillis, futaies, broussailles, épines, a vite la sensation de franchir un seuil. Au-delà du mur, dans la trouée, commence la magie. C'est le plaisir retrouvé du *Voyage au centre de la Terre*, quand le lecteur atteint le lac intérieur sur les bords duquel poussent les palmiers, les fougères, les graminées géantes d'un monde originel.

On connaît d'ailleurs l'amour du peintre pour les insectes dont il collectionne avec soin des spécimens rares, pour les pierres curieuses, pour les livres précieux à la typographie soignée, dont il a constitué une bibliothèque exceptionnelle. *Naturalia* et *artificialia* composent l'univers d'un curieux raffiné, d'un lettré dont la seule école n'aura pourtant été que la rue.

La lumière des tableaux, sous les verrières bleu nuit de l'atelier, est celle d'un monde premier. Géologie et botanique, zoologie et géomancie, génie : cette œuvre qui parle de feuillages, de plantes, d'escaliers, d'élévations et de vertiges, d'ascensions et de maelströms, de croissance et de corruption, de lumière et d'ombre, qui ploie et qui déploie des espaces, qui plie et qui tord des espèces, est d'abord une genèse, un jardin antérieur à la Chute.

Les premiers dessins — des fusains — avaient le noir de cette houille originelle. On en retrouve les traces dans le poussier qui tapisse le sol de l'atelier. À leurs éclats noirs et luisants se sont plus tard mêlées les poudres colorées des pastels, comme la poussière de milliers d'ailes de papillons. De sorte que, de la nuit à la lumière, du noir qui fonde cette œuvre et qui est, pour ainsi dire, son assise obscure, jusqu'à l'arc-en-ciel des couleurs, de l'épaisseur des filons à la légèreté des météores, une chimie s'opère, qui est pareille à une sublimation.

Le seul support de ces opérations aura été, non pas le bois ni la toile, trop résistants, trop solides, trop massifs, mais le plus aérien, le plus fragile, le plus souple sous la main : le papier. L'œuvre avoue dans ce choix son affinité avec l'écriture et son goût pour un art plus proche de l'Orient que de notre propre tradition. Elle est une calligraphie autant qu'une peinture, une pensée en mouvement plutôt qu'une image au repos.

Mais cet univers clos et végétal, la cornue de ces transformations de couleurs et de formes, évoque aussi des images plus lointaines et plus savantes dont nous avons souvent oublié le sens. Cette représentation qui court d'œuvre en œuvre comme un leitmotiv, ces feuillages protégés par des murs au milieu desquels est assise une femme silencieuse, c'est l'image ancienne, protégée par son muretin de brique rouge, d'un jardin clos. L'œuvre obéit dans l'ordre de l'image peinte à ce que dans l'ordre de l'esprit on appelait la clôture : un exercice solitaire et rigoureux, à l'abri du monde extérieur et de ses distractions.

Les ateliers

Les ateliers de Szafran sont des désastres. La nuée obscure les menace, la pluie les inonde, la neige tombe sur eux, le vent les ravage. Sous l'orage, tout est jeté pêle-mêle, les meubles, les tréteaux, les tables, les cadres, les feuilles. Le peintre lui-même est pris par le tourbillon, il est délogé, expulsé, rejeté hors-champ. On ne voit plus de lui qu'une main, dans l'angle inférieur gauche, qui, comme un sismographe, enregistre les tremblements de terre, trace les progrès de la destruction.

Faisant de l'atelier un motif privilégié et récurrent — non seulement les ateliers qu'il a occupés à Paris, rue du Champ-de-Mars et rue de Crussol, puis rue Vincent-Morris à Malakoff, mais aussi l'atelier Bellini de taille-douce où les lithographies ont été tirées, et l'atelier de certains amis comme celui du sculpteur Raymond Mason —, Szafran est revenu à l'un des thèmes les plus riches que la peinture en Occident ait créés.

L'atelier, à la fin du Moyen Âge, devient ainsi un genre, analogue à d'autres genres comme la peinture de portrait ou d'intérieur, mais chargé d'une symbolique bien particulière. Thème nouveau, il indique, parallèle à l'iconographie du tableau dans le tableau, cette mise en abyme du travail du peintre qui, au sein de son art, le pousse désormais à produire une maquette en réduction de sa structure, un modèle intelligible des conditions de son apparition.

Que l'atelier devienne un motif nouveau, c'est l'indice que le peintre ne se voit plus comme un artisan anonyme mais comme un individu singulier et créateur. C'est le signe aussi que l'art qu'il pratique n'est plus, dans l'ordre de la transcendance, l'appel à un au-delà, mais qu'il se réfléchit désormais lui-même, dans l'histoire, et dans sa propre immanence, pris dans un métier où se pose la question de sa production. Cette longue interrogation ne s'achèvera qu'à notre siècle.

Le motif de saint Luc peignant la Vierge, dès la fin du XVe siècle, autant qu'un geste rituel de vénération envers la Madone devient ainsi, subrepticement, un acte d'autocélébration du peintre. Pour la première fois, entouré des emblèmes de son nouveau pouvoir, la mine d'argent ou le pinceau, la palette, les pots de pigments, le chevalet, ce dernier affiche un statut social qui le rendra bientôt l'égal des plus grands.

Au XVIIe siècle, chez Rembrandt et les Hollandais, mais aussi chez Vélasquez, chez Poussin, la promotion de l'artiste à travers l'instance de ce nouveau motif se poursuit sûrement. Au siècle suivant, chez David, l'atelier devient peinture d'un lieu élu, tout à la fois l'officine où se forment les disciples et l'antichambre des Académies. Au moment du romantisme, chez Friedrich et Kersting, chez Delacroix et Courbet, l'exaltation du génie créateur fait de l'atelier un lieu dépouillé comme une cellule de moine où le peintre élabore son art en secret. Il peut aussi, à l'inverse, chez Boilly, chez Makart, devenir ce lieu somptueux et surchargé, élégant et mondain, où l'on reçoit amies et collectionneurs. Menzel, Bazille, Seurat continueront ce relevé fidèle des lieux.

À notre époque, Matisse, Picasso, Giacometti, Balthus semblent cependant les derniers à vouloir avec assiduité prendre comme motif leur atelier. Ils sont aussi parmi les derniers à vouloir sauver la peinture de sa destruction. En dehors d'eux, au-delà d'eux, l'avant-garde ne se satisfait plus guère de ce lieu clos où le secret de la création servait à célébrer le sacré du monde créé. Elle parle d'« investir », elle rêve de lieux publics, de manifestations, de soulèvements, d'envahissement généralisé du monde extérieur par un poison qu'elle s'obstine à nommer de l'art. Pop-artistes, actionnistes, land-artistes et autres furieux désertent l'atelier en décrétant la vanité du tableau. Prétendant abolir, selon leurs propres mots, la frontière entre l'art et la vie, détruire les seuils qui marquaient l'accès à un savoir et parfois le passage à une sagesse, tout leur effort ne tend qu'à niveler, homogénéiser, neutraliser, c'est-à-dire à dégrader un espace qui était en art celui de la distinction, et donnait naissance à une œuvre qui était sens, valeur et pourquoi pas ? au regard du visiteur, promesse indéfiniment répétée d'un salut. C'est la nature entière qui est requise à leurs yeux de devenir « atelier » et c'est n'importe quoi, aussi bien, en ce lieu désormais sans murs, sans portes ni frontières, qui devient « œuvre ». Ils manipulent et débitent l'espace par leurs « actions », là où le peintre ancien l'habitait.

C'est oublier cependant, comme nous le rappelle l'histoire des religions — et qu'est-ce que l'art en Occident, du XVe siècle à nos jours, sinon le substitut souvent très acceptable d'une religion éteinte ? —, que toute fondation, que toute création, que rien ne peut se faire sans la délimitation d'un point fixe au sein de l'étendue, la fondation d'un lieu consacré au milieu du chaos indistinct et neutre. Qu'était l'atelier, substitut du sanctuaire, sinon la fondation de ce centre, de ce point fixe à partir duquel l'espace profane s'éclairait, prenait sens et valeur ?

Le destin particulier du peintre qu'est Szafran, en cette occasion, ne répète-t-il pas en miroir, et plus profondément, le destin de l'homme singulier et le sort du peuple où il est né ? Il faudrait relire à cet égard les pages que Gershom Sholem a consacrées à l'exode d'Égypte, événement historique fondamental mais qui ne peut seulement s'être passé une fois et sur un seul plan : c'est un événement qui à tout moment a lieu en nous-mêmes, la fuite d'une Égypte intérieure dans laquelle nous sommes tous des esclaves.

Après beaucoup d'errances, de la Pologne à l'Australie,

Szafran a rebâti cette demeure où, dans le poudroiement des poussières colorées, coulent le miel et le lait du Canaan dont sont faits les pastels.

À son insu peut-être, il appartenait à ce peintre de figurer ce moment de crise où l'ancien atelier, sanctuaire ou salon, lieu public ou caché du travail, lieu de l'intimité, du labeur patient ou bien lieu de l'échange avec ses pairs, se voit livré à la fureur et au vacarme d'un monde qui semble avoir pris l'art en horreur sinon en haine, et qui n'a de cesse d'en traquer et d'en détruire le moindre souvenir.

Ces ateliers pris sous la nuée sombre de l'orage sont l'image saisissante de ce naufrage où le dehors, le monde neutre, homogène, indifférencié, est venu envahir, subvertir et profaner le dedans, le monde spirituel de l'intériorité.

Les rafales de pluie, griffant les vitres et inondant les meubles à plan, sont autant de traits rageurs rayant la surface du tableau comme on raie une plaque gravée. Et les flocons de neige, venus du *Paysage d'hiver* de Bruegel que Szafran a pu voir dans la collection Reinhart de Winterthur, annoncent plus un nouveau *Massacre des Innocents* qu'une sereine *Adoration des Mages*. Peintre, il s'est claquemuré dans son atelier d'autant plus fortement que ses contemporains allaient au désert. L'atelier a été son premier et son dernier refuge, le lien précaire où nul n'est admis à pénétrer s'il n'est un ami, et d'autant plus inexpugnable qu'avant d'être une possession, il est devenu une clôture.

Les Grecs appelaient *sciagraphie* la peinture en trompe-l'œil, le « dessin ombré ». On ne sait trop d'ailleurs si ce terme désignait la transcription des ombres, la silhouette sur le support, ou bien l'utilisation du clair-obscur à des fins de modelé, offrant alors l'illusion du relief. La peinture de Szafran, dans sa fascination pour les jeux d'ombres, participe de cette ambiguïté.

On la rencontre dans l'ombre portée des marches d'escalier scandant la descente ou la montée, dans les éclairages diurnes et nocturnes des verrières, dans les éclats ou les ombres rasantes des ateliers. Elle se manifeste surtout dans la découpe précise des végétaux. La façon dont les silhouettes des feuilles sont comme appliquées sur le papier, superposées et composées, évoque les origines antiques du dessin, le profil sur un mur qu'à l'aide d'un morceau de charbon la jeune fille de Corinthe dont nous entretient Pline, trace du visage de son aimé.

Quand on voit Szafran manipuler les découpages en zinc des feuilles puis en appliquer la forme au papier, en tracer les contours sur les calques en papier bleu, on songe aux stratagèmes des montreurs d'ombres chinoises et des marionnettes javanaises. C'est tout un apologue qui est mené de feuille en feuille sur l'abus des sens, sur l'illusion et sur la vacuité essentielle des apparences.

Le modelé d'un objet lui donne corps. C'est son ombre portée qui nous assure qu'il n'est pas un fantôme mais une réalité pleine. L'homme qui a perdu son ombre, dans le récit de Chamisso, nous renvoie à la peur archaïque de glisser hors du monde réel. À cette hantise très moderne avait répondu la réflexion première de Platon quand, dans

La République, il dénonçait l'illusion des ombres projetées en ce monde par des réalités d'un ordre supérieur et inconnaissables à jamais des hommes.

La magie du cinéma, aujourd'hui, semble nous tendre en miroir la version moderne de ce mythe. Mais elle nous est offerte en négatif. Ce ne sont pas des ombres qui courent sur les murs de la caverne, mais des lumières animées sur l'écran. Et ce sont les spectateurs, dévorés par ces lumières mouvantes, qui sont réduits en revanche à des ombres, silhouettés et privés de leur poids. Ce n'est pas par hasard si Szafran, dès ses premiers dessins, a illustré ce thème.

Plus tard, quand par un savant jeu de découpes et de décalques, il fera foisonner des feuillages, il offrira encore au regard une version sensible de ces jeux subtils entre l'apparence et la réalité. Ces feuillages dont l'image varie au fil des heures et des éclairages, dans lesquels se mêlent le vert du printemps, le bleu de l'été et le jaune de la fane, ne seraient-ils que les ombres portées d'un arbre immuable et premier ? Les papiers qu'il utilise pour opérer ces proliférations ne sont-ils pas eux-mêmes appelés des « bleus » — teints de cette couleur ou plutôt de cette absence de couleur — *cyanos* — qui, aux yeux des Grecs, renvoyait à l'ombre, à l'absence, à la nuit, à l'indistinct, à la pensée confuse ?

Même, Szafran va plus loin quand, sur la surface du tableau une fois achevé, avec tous ses feuillages déjà peints, il projette, comme un codicille inattendu à un texte terminé, l'ombre portée des feuillages réels de son atelier. Cette ombre seconde et qui évoque un objet situé hors de l'espace représenté, ce rappel d'un hors-champ de l'œil, signale au spectateur distrait et séduit — comme la mention « danger » portée sur le paquet de cigarettes invite le fumeur impénitent à la modération — qu'il existe extérieurement à l'œuvre un monde matériel que le tableau n'est pas.

Ce que Szafran réalise sur le plan même du tableau, en l'ouvrant à une vision panoramique ou circulaire dans laquelle l'angle de vision atteint ou excède les 280°, c'est-à-dire à une perspective que le tableau d'ordinaire ne comprend pas, limité qu'il est classiquement à un angle de 30 à 40°, il en parachève l'effet dans le sens de la profondeur en faisant dialoguer le plan du tableau même avec le monde réel dans lequel il s'inscrit.

L'effet produit par cette ombre accolée est de même nature que la vieille ressource d'atelier qui consistait, à la fin du Moyen Âge, à figurer dans la prunelle du modèle le reflet de l'atelier réel, ou bien, un peu plus tard, à la Renaissance — commentaire ironique sur les pouvoirs d'illusion de la peinture —, à figurer le *cartellino* qui portait la signature du peintre, la fausse étiquette qui venait se coller sur le tableau fini, ou encore, dans la feintise de la *musca depicta*, à figurer *in extremis*, venue d'un monde autrement plus réel que le monde dépeint sur le plan du tableau, une mouche posée en trompe l'œil sur la joue du modèle, pour dénoncer là encore, comme un *memento mori*, cette vanité que la peinture offre à nos yeux.

Mais il y a plus, dans cette inquiétude d'après-coup qui transforme la vertu d'illusion du tableau en mise en garde de ses jeux trompeurs. Szafran est depuis longtemps un amoureux de la peinture orientale. Or ni la Chine ni le Japon à sa suite ne connaissent en art d'ombres portées. C'est peut-être que leur peinture est elle-même déjà tout entière une ombre, fruit d'une philosophie qui ne croit guère à la réalité matérielle du monde mais pour qui le visible ne serait plutôt qu'un flux incessant d'illusions derrière lequel demeure une Unité. Quand le grand peintre japonais Ogata Korin, sur un éventail ou sur un paravent, peint des bambous, les feuilles sont toutes peintes à plat sur le papier comme des taches sans épaisseur, ni modelé. L'œuvre se déroule au regard comme un graphisme sans profondeur. Et sans doute est-ce cette élégance suprême du pinceau qui entraîne le naturalisme initial de l'artiste vers un jeu tout simplement décoratif.

C'est cet écueil du décoratif, cette menace du décor qu'on peut déceler aussi bien dans ces aquarelles ou dans ces pastels dont les frondaisons emplissent toute la surface, sans point de fuite et que, seules, des courbes élégantes, à la limite de l'abstraction, semblent organiser.

Mais ce serait là aller contre tout l'effort du peintre qui est de demeurer fidèlement tenace aux apparences. Le jeu de l'ombre projetée, comme illusion, et de l'ombre accolée, comme dénonciation de l'illusion, ce rappel à l'ordre, c'est cet acte de foi envers le réel que la peinture n'a cessé de prononcer. Jeu d'équilibre entre l'ombre et la matière, entre le réel et l'illusion du réel, entre la multiplicité et l'unité, l'art de Szafran oscille aussi entre l'Orient et l'Occident.

En Chine, quand le moine Shi Tao peint des bambous, c'est « l'Unique trait du pinceau » qui, sans repentir, trace à l'encre noire sur la feuille la délicate silhouette des tiges et des feuilles. Ce que le moine Citrouille-Amère trouvait dans le bambou, une incarnation du parfait équilibre des contraires, le plein et le vide, la souplesse et la rectitude, la rupture et la continuité, Szafran semble l'avoir trouvé dans le philodendron, fragilité et robustesse, unité et complexité, différence et répétition, croissance et mort. Un principe de vulnérabilité habite ces serres touffues sous leur incessante floraison, la précarité les menace sous la poussée continue de la vie qui leur donne forme.

Il a longtemps rêvé lui aussi, dans la solitude de l'atelier, au mouvement ascensionnel qui soulève vers la lumière ces sombres frondaisons et du sommet desquelles retombent en faisceaux des cascades de lianes, pressées de s'enraciner de nouveau. Dans ce cycle infini dont il a détaillé les instants, il a trouvé un exercice spirituel guère éloigné de celui du moine chinois qui, d'un simple brin dont il observait la croissance, a aperçu quelque chose du dynamisme du monde.

Dispersées dans l'atelier, comme autant d'emblèmes de cette *Scala Naturae* dont le peintre s'est fait l'illustrateur, des formes inventées et façonnées par l'homme sont là pour confirmer ces intuitions. Il y a le banc de Gaudí, gaufré, nervuré et ciré comme une feuille de nénuphar. Il y a un escalier en colimaçon, comme le développement d'une conque marine, ou comme un fragment d'ADN. Il y a le haut cylindre du poêle à charbon, fait d'écailles précisément imbriquées comme la carapace d'un tatou. Autant d'exemples d'un foisonnement animal, végétal ou d'une cristallisation minérale dont l'œil du peintre aurait deviné les lois de croissance et, derrière elles, la profonde unité biologique.

Les boîtes de pastel enfin, dans la déclinaison réglée de leurs bâtonnets, du pourpre à l'indigo, alignés les uns à côté des autres comme les touches d'un double ou d'un triple clavier d'orgue, disent assez la nature en réalité musicale de cet univers.

Très tôt, dès ses premiers dessins, Szafran se prend aux séductions de la ligne serpentine. Extraordinairement élégante, par exemple dans la série des *Rocking-chairs*, celle-ci claque sur le papier, se déroule avec ampleur, délimite impérative la frontière entre la lumière et la nuit. Qu'importe qu'elle s'appuie sur un objet réel pour inscrire sa course, le bois courbe d'un fauteuil Thonet, les enroulements d'un banc de Gaudí ou la rampe sinueuse d'un escalier. Ce ne sont là que prétextes à un jeu abstrait, d'une parfaite maîtrise, qui donne, dans la vibration du flagelle, la puissance de la vie à l'inerte.

C'est cette même ligne souple, dynamique, élastique, qu'on voit encore, s'appliquant à l'humain cette fois, circonscrire le volume d'un visage, la silhouette d'un corps en marche.

Szafran se montre là le parfait disciple de William Hogarth qui, en 1753, dans son *Analysis of Beauty*, avait fait de la ligne souple l'indice de la beauté. Ou plutôt, disait-il, si la ligne ondulée est signe de la beauté, la ligne serpentine, qui offre encore plus de variété que la courbe simple, est le signe de la grâce. Si la ligne ondulée appelle au beau traditionnel, comme on le voit dans les Vénus antiques aux courbes délicates, il y a dans la ligne serpentine, de surcroît, un élément d'imprévu, d'inattendu, de surprise, qui est d'un degré supérieur, parce qu'il s'approche encore plus de l'énigme de la vie. Hogarth posait là les bases, plus que d'une science du Beau, d'une science de la vie, une biologie, non plus les affèteries du rococo finissant, mais l'amorce d'une morphologie romantique et moderne, à l'affût des lois qui organisent, par exemple, les traits toujours mouvants d'un visage. Ainsi, disait-il, la force des lignes serpentines dans un visage, le roulis des muscles sous la peau, la tension des surfaces, nous indiquent-ils le chemin vers l'âme.

C'est cette inquiétude dont témoigne l'œuvre de Szafran. Si l'être humain s'y voit si souvent mêlé, naturellement confondu à des feuillages ou à des élévations de marches, c'est que le principe vital qui donne forme à sa stature et à ses traits est de même nature que les principes de croissance que le peintre a observés dans l'enveloppement d'une crosse de fougère ou dans le développement d'un escalier.

On Growth and Form, forme et croissance, c'est de cela, comme chez D'Arcy Thompson, le savant héritier de Hogarth, que cette œuvre nous entretient. Les collections d'insectes, l'observation patiente des plantes et de leurs lois d'organisation, la réflexion menée sur le regard binoculaire et la façon dont il balaie l'étendue en se déployant à son gré, tout cela participe d'une quête infinie de cette grâce qui permet au monde d'exister à nos yeux.

Dans les dernières aquarelles, le coup de fouet auquel se ramène l'élévation de l'escalier devient comme le diagramme, le schéma, le squelette d'un organisme vivant, radiolaire, ramure débarrassée de sa chair, et dont on a fini par extraire le mystère.

On comprend mieux combien le traitement de l'espace chez Szafran, qui courbe l'étendue, qui la plie et la martèle comme un forgeron aplatit son métal et qui l'ouvre pour en faire enfin tout entière une surface plane, n'est pas un jeu arbitraire ni un maniérisme, mais qu'il est la nécessaire conséquence de cette rêverie sur la vie des formes, sur l'unité d'un *bios* dont les feuillages, les insectes, les pierres, du côté des *naturalia*, mais aussi les livres rares, les meubles

Art nouveau ou bien encore les chefs-d'œuvre de menuiserie que sont les escaliers à vis, du côté des *artificialia*, ne seraient jamais que les attributs passagers, et précieux.

Si l'on a jamais compris ce mystère qui fait que l'œil humain est le fruit d'une fantastique évolution qui, depuis l'ocelle primitif ouvert dans l'épaisseur du derme sous l'action de la lumière, comme une peau rougit et s'ouvre sous l'action d'un frottement continu, a conduit à cette merveille d'optique qu'est notre vision binoculaire et orientée qui nous permet non seulement de nous diriger mais aussi de réagir à une gamme de fréquences lumineuses qui nous ouvrent à la joie des couleurs, de l'infrarouge à l'ultraviolet — le pourpre et l'indigo aux deux bornes de la gamme des pastels —, on peut aussi comprendre que la tâche du peintre, c'est d'échapper finalement à cet anthropomorphisme triomphant mais étouffant qui fut celui de la perspective à la Renaissance, et en allant au-delà de cette évolution naturelle, de s'ouvrir à des formes de vision non humaines, extra-humaines, de sorte à parcourir non seulement l'étendue que nous connaissons, mais aussi des formes de l'étendue que notre œil ne distingue pas.

Ainsi l'œil de l'artiste, parachevant la longue histoire naturelle de l'œil, par un effort de suprême artifice que son art lui permet, se fait-il œil de poisson, *fish eye* ouvert à 200°, mais aussi œil d'insecte facetté, à vision circulaire, œil mobile d'une araignée parcourant le long de son fil de haut en bas la cage d'un escalier, œil d'un chien au regard achromatique et myope, comme le voulait Giacometti tentant de sculpter la forme de cet animal lorsqu'il fuit dans les rues en frôlant les murs, ou encore, disait-il, ce que percevrait l'œil d'un saurien primitif.

Sans doute, du Cubisme à certaines formes de l'art

contemporain, cette tentation d'échapper à la grille de la perspective artificielle, mieux : à la cage de notre corps et à ses conditionnements physiologiques, s'est-elle maintes fois manifestée. Mais Szafran lui a donné une tournure fort singulière, dans cette extrême inhumanité qui le porte hors de lui-même, pour rejoindre, par-delà la diversité des apparences, l'unité essentielle qui en est la source : se faire feuille, se faire bleu ou rouge, se faire vitre et orage, se faire rythme et gradation, se faire insecte, se faire silence, se faire musique…

Pythagore déclarait que trois choses étaient communes aux dieux et aux hommes : la science, la musique et la peinture. À quoi Michel-Ange a répondu que c'était trop compter : la bonne peinture est une musique, une mélodie dont seul l'intellect peut percevoir l'extrême complexité.

ANTOINE TERRASSE

(1928-2013)

Pierre Bonnard et les voitures

Il était le sosie de son grand-père, Claude Terrasse, l'auteur d'*Ubu Roi*[1], dont il avait hérité de la chevelure rousse. Il aurait pu ne pas s'éloigner de ce cercle singulier de musiciens, de lettrés, de peintres et de femmes séduisantes qui, autour de la *Revue blanche* et du Mercure de France, de Fénéon, Jarry, Misia Sert, Offenbach, Mirbeau, les nabis, entre anarchisme politique et douceur de fin de siècle, fut l'un des plus brillants que la France ait connus. Il y aurait vécu heureux. Mais il choisit l'autre partie de la famille : les Bonnard, Pierre le peintre, dont la sœur avait épousé le musicien. Il consacra sa vie à cette œuvre. C'était choisir un autre milieu, héritier du précédent, la NRF cette fois, avec pour amis Marcel Arland, Malraux, Paulhan, Jean Grenier… C'était surtout livrer une bataille : faire connaître et reconnaître l'œuvre d'un peintre méconnu.

Par suite d'une sombre histoire de testament, l'atelier avait été mis sous scellés après sa mort. Pendant près de deux décennies, l'œuvre cessa d'être visible. Pareille

1. Claude Terrasse a composé en 1897 la musique pour une adaptation d'*Ubu Roi*, en collaboration avec Alfred Jarry.

occultation, au moment où les contemporains du peintre rencontraient la gloire, est souvent fatale à la fortune critique. C'est en 1967, vingt ans après sa mort, que commença la résurrection, avec une première exposition à l'Orangerie, dont Antoine Terrasse fut le maître d'œuvre. Toute une génération put enfin découvrir les paysages de Paris, de la vallée de la Seine, de la Normandie, de la Côte d'Azur, les intérieurs, les scènes de déjeuner, les portraits jusqu'à *L'Atelier au mimosa* et à *L'Amandier en fleur*. Mais c'était un an avant 1968, en pleine effervescence avant-gardiste : de cet art que l'on découvrait enfin, on ne retint que l'apparente douceur, les valeurs « bourgeoises », la quiétude apparente…

Le vrai travail restait à faire. Montrer que Bonnard n'était pas le postimpressionniste qu'on voulait voir en lui, pas même un héritier tardif des nabis, mais au contraire qu'il proposait des approches du visible que nul peintre encore n'avait osé avancer. Il fallait démontrer, disait volontiers Antoine Terrasse, que Bonnard n'était pas le contemporain de Monet, mais qu'il était le contemporain de Matisse. Ainsi avons-nous publié la correspondance de ces deux peintres.

Terrasse s'attacha à montrer que l'art de Bonnard, loin d'être une peinture de bonheur, était souvent une peinture de l'inquiétude et du déchirement, et s'employa à briser la légende d'un Bonnard trop gentil, trop timide, vivant jour après jour auprès de son modèle, Marthe, plongée sans fin dans l'eau d'un bain névrotique. De plus en plus souvent apparaît près de lui le profil d'une autre jeune femme, à l'éclatante chevelure d'or, Renée Monchaty, qui eut une fin tragique et dont il s'attacha à retracer la secrète existence.

La vie de Bonnard n'avait en rien été une idylle entre la Seine et Golfe Juan.

Montrer cet autre peintre, en même temps que la publication de l'œuvre gravé mais aussi des carnets de dessin et des notes d'atelier qui révélaient un lettré de haute tenue, fut la préoccupation des dernières années d'Antoine, jusqu'à l'exposition en 1984 du Bonnard des années 1930, au Centre Pompidou, qui le révéla comme l'un des très grands maîtres du XXe siècle.

Antoine Terrasse avait aussi les curiosités de l'enfant qu'il était demeuré jusque dans sa vieillesse. Ainsi pour le monde des moteurs. Il adorait aller voir les locomotives en gare de Fontainebleau. Il avait constitué une collection de vieilles voitures dont il connaissait tout. Il s'intéressait à la photographie comme un instrument étonnant pour saisir le visuel. Il avait été le premier à sauver, classer et étudier les photos prises par Bonnard, dont il fit don à Orsay.

Cette curiosité pour le réel et la mécanique, il l'avait exercée aussi quand il avait commencé sa carrière en proposant des modèles pour l'industrie textile, pour Balenciaga, Lanvin et Balmain. Il dessinera la robe que porte Grace Kelly en 1955 quand elle rencontre Rainier de Monaco. Son approche si personnelle et si fructueuse de l'œuvre d'art ne savait pas être autre que fondée sur une sensibilité exceptionnelle, un œil sensuel et curieux qui avait été celui du maître dont il avait choisi d'éclairer l'œuvre.

IVAN THEIMER

(1944-)

Notes pour un parcours

L'art a longtemps été le lieu où s'unissaient tous les savoirs. Anatomie, optique, dioptrique, mathématiques, chimie, botanique, minéralogie, zoologie, mais encore histoire et astronomie, connaissance du temps et de l'espace. Longtemps, l'artiste, plus qu'un simple *artifex*, a été le *polymathes* et le *polytechnes* dont le métier, dans l'ordre des formes plastiques, était égal à celui de l'humanisme dans les lettres. Dürer à Nuremberg, Pontormo à Florence étaient les équivalents, dans le domaine du visible, de ce que furent Érasme à Bâle, Coménius à Prague…

Puis l'art a perdu peu à peu de ses prérogatives, et l'artiste a abandonné ses pouvoirs. Au XVIIIe, à peine l'astronomie se survit-elle : sans doute continue-t-on à l'enseigner dans les Académies, autant que dans les amphithéâtres de médecine, mais ce sont désormais des physiologistes comme William Hunter à Londres qui occupent les chaires et les artistes ne sont plus ici que de simples exécutants à leurs ordres. Et déjà, la science de la perspective, après les querelles d'Abraham Bosse et de l'Académie, n'est plus de mise non plus. Le XXe siècle aura connu le désert qui gagnait — dans les arts comme dans les lettres et dans l'ordre du savoir. Après la Seconde Guerre, le *territorium artis* s'est rétréci comme peau de chagrin. À l'Ouest, ce que le psittacisme des critiques continuait de nommer « l'avant-garde », tentait de camoufler cette perte de sens et de métier par une pratique erratique où dominaient les bricolages, les expédients et les idiotismes. À l'Est, sous la dictature, un académisme exsangue prétendait continuer le passé, comme si rien n'avait eu lieu. La position singulière d'un artiste comme Theimer est qu'à jamais dégoûté des formules académisantes du pays qu'il quittait, il ne choisit pas pour autant, venant en France, la voie facile qu'eût été de se couler dans la tradition avant-gardiste qui s'y était installée, et qui recevait, elle aussi, l'appui et les subsides de l'État. Pressentait-il que cette doxa avant-gardiste, en cette fin des années 1960, allait bientôt entrer en crise ? Sans exemple, sans modèle, c'est en homme seul qu'il eut en tout cas à trouver sa voie singulière.

À son arrivée à Paris, en 1968, Ivan Theimer, fuyant sa Tchécoslovaquie natale, façonnait des trous. Des trous, des fossés, des cavités, des creux. On pouvait voir en eux des tombeaux et des déplorations, mais aussi des réserves, et leurs promesses. Des niches où garder un trésor, comme en creusent les enfants. Des fentes où conserver un feu, comme en font les tribus. Ce furent en fait des matrices, des failles, des fentes, des ventres, des outres, des bourses, couturées parfois comme au sortir d'une opération, des organes ou des poches de peau, qui n'étaient pas sans rappeler ce beau dessin de Jindrich Styrsky, le *Rêve de la Terre-Mère*, de 1940, cette autre méditation sur la fécondité et sur la mort.

Dans ces trous, qui étaient indifféremment des urnes funéraires ou des matrices, Theimer conserva et serra, à défaut des productions d'un savoir global et cohérent qu'il savait à jamais disparu, les collectes les plus imprévues que lui dictait une curiosité intacte : coquillages, minéraux, plantes, arbres, coraux, volumes platoniciens, fragments d'anatomie, des écorchés, des visages, des corps entiers enfin qui, de leur rigidité première et de leur gaucherie, finiraient par acquérir la souplesse et la *morbidezza* de la vie. Autrefois, le monument était un aimant sur lequel venaient se coller, s'agglomérer, mais toujours en un ordre parfait, selon une hiérarchie savante, tous les *emblemata*, les médailles, les trophées, les reliques qui reflétaient la gloire d'un Prince, d'un État, d'un gouvernement. À défaut de ce pouvoir d'ordonnancement, ne restait à préserver, dans les plis de la terre, que le fouillis d'une collecte sauvage, d'une herborisation aventureuse, d'une glane anarchique, les trésors incertains d'un cabinet des merveilles. De la Chasse d'Atalante, à la Déclaration des Droits de l'Homme, de l'obélisque à la tortue, du cristal au mollusque, tous les motifs, les allégories, les rêveries qui ont façonné l'imaginaire européen, c'est dans ces tout premiers tombeaux, qui furent aussi le noyau fécond de l'œuvre future, qu'ils reprirent forme, vie et signification.

Les premiers fruits qui en sortirent, tels des bourgeons, grossiers d'abord, tout bosselés et déformés par un accouchement difficile, furent de petites têtes de bronze, à la cire perdue.

Ce n'est sans doute pas un hasard si l'art du petit bronze a connu son plus grand essor à des époques que travaillait sourdement, comme apparemment la nôtre aujourd'hui, le concept de culture, à entendre par là le rapport devenu soudain problématique à un héritage qu'il s'agit de retrouver ou de récuser, que l'on conteste ou que l'on revendique,

que l'on rejette ou que l'on veut recouvrer. Une première fois il s'épanouit à l'époque hellénistique et romaine, une seconde fois à la Renaissance. Et chaque fois, l'invention ou la réinvention du petit bronze aura partie liée, de la manière la plus étroite, avec le goût des lettres anciennes, comme s'il s'était agi, ici et là, d'un seul et même patrimoine à sauver. C'est dans cette complicité ancienne et continue avec l'univers lettré que le bronze trouvera son lieu d'être : sa place est parmi les rayons de la bibliothèque ou sur le bureau de l'érudit. Les *studiolos* d'Urbino et de Ferrare nous ont gardé l'image de ces hautes figurines, droites et convulsées, disposées parmi les tableaux et les instruments d'étude. Et rien n'illustre mieux le statut si particulier de ces objets précieux que le portrait de saint Augustin de Carpaccio, à Saint-Georges des Esclavons à Venise où, dans la salle d'étude du savant, de petits bronzes se dressent sur les étagères, mêlés aux volumes, aux astrolabes et aux outils mathématiques, participant d'un même savoir et d'une même délectation. Familiers, la main les peut saisir comme elle s'empare autrement d'un livre pour le feuilleter, d'un encrier pour écrire, d'un compas pour mesurer, mais aussi le manier et palper avec attention ou distraction, comme les reposoirs provisoires d'une érudition inquiète ou d'un rêve apaisé. Car leur intimité, leur domesticité même, si pareille à celle du petit griffon qui regarde travailler son maître, leur impose d'être uniques : leur nature en quelque sorte larique, entraîne une possession jalouse d'elle-même. Et c'est la fonte à cire que l'on dit « perdue » qui assurera cette unicité, comme s'il fallait, en effet, qu'il y eût la perte du prototype de cire, et partant de la possibilité d'une réduplication, pour assurer la survie de l'effigie définitive. On sait que c'est l'abandon même de cette régie, qui engageait ainsi une morale et une métaphysique — au plus proche qu'elle se voulait d'une certaine énigme de la création — autant qu'elle engageait une esthétique et une technique, au profit de la fonte au sable puis de la fonte industrielle qui, au XIXe siècle, devait entraîner le déclin puis la disparition du petit bronze. Il semble en revanche que cet art, en raison peut-être de ce gage de survie accordé au prix de la destruction du modèle de cire, ait eu le privilège d'échapper aux aléas et aux modes du temps historique : le petit bronze semble souvent n'être d'aucun temps : même à un œil exercé, il sera difficile de distinguer un bronze antique d'un bronze « à l'antique », un original hellénistique d'une copie faite à la Renaissance.

*

Il n'est donc pas étonnant, en un sens, qu'à un moment comme aujourd'hui où l'on s'interroge sur le sens de la modernité et du nouveau en art, il renaisse timidement, lui qui affirme des principes tout opposés de permanence et de répétition. À cet égard, l'une des inventions les plus heureuses de Theimer me paraît être cette petite tête dans la chevelure de laquelle est venue se prendre une grande libellule : trouvaille au charme anacréontique, qu'on pourrait aussi bien attribuer à un bronzier pompéien qu'à un ornementiste rococo. Indifférence au temps, mais indifférence aussi aux limitations de la géographie : s'agit-il là d'un trait venu du fond de l'humanisme européen, ou bien a-t-il été imaginé par quelque sculpteur japonais du XIXe siècle qui, dans la tradition de l'*ukiyo-e*, se plaisait à ces fantaisies naturalistes ? Bien sûr, à l'historien des formes, ces bronzes apparaîtront néanmoins « situés » : leur aspect aigu et déchiqueté, leur morphologie maigre et saccadée, leur mélancolie sournoise, leur goût d'un certain fantastique les placent dans l'ombre des grands.

Et regardant les premières têtes de Theimer, tout imprégnées encore de ce surréalisme d'Europe centrale dont elles allaient bientôt se délivrer, il me vient à l'esprit que leurs déchirures et leurs accidents, que ces coutures, ces balafres, ces écorchures qui les déforment, les écartèlent et les démultiplient, loin d'être des jeux formels, furent sans doute comme des tentatives, mais naïves encore et tout extérieures, d'aller sonder les assises du réel, vérifier l'anatomie qui sous-tend la peau du visible. Mais, plus encore : à considérer ces prothèses étranges dont ces visages étaient alors les supports malheureux, ces micros, ces tubes, ces canules, ces mèches qui les hérissent ou qui les recouvrent, j'y vois comme autant de métaphores des jets et des évents par lesquels un moule se hérisse et se troue pour livrer passage au bronze en fusion : autant de tubes nourriciers et de fontanelles primitives. Comme s'il avait été en réalité nécessaire, dans ce projet encore une fois capital, de restaurer et l'art du portrait et la technique du petit bronze, qu'une telle symbiose, et du sujet et de la technique se fît, comme s'il s'était agi, ici et là, d'une seule et même renaissance.

Une fois le visage, une fois les têtes retrouvés, il fallait encore édifier des corps capables de les porter, des organismes susceptibles de les nourrir. Il fallait les faire entrer dans de vastes compositions, les faire dialoguer, inventer pour eux des *istorie*, aussi significatives à notre époque que celles des temps passés. Ce furent d'abord les obélisques, puis les monuments commémoratifs. Qui prend encore le temps de construire des monuments ? Qui règne assez longtemps pour prendre le risque d'en passer commande ?

Quel architecte ou quel artiste est assez présomptueux pour entreprendre de les faire revivre ?

Manque de temps, du côté des maîtres d'ouvrage, du côté des artistes, du côté du public aussi. Le monument s'accorde mal à la culture automobile. On construit des édifices de toutes sortes, mairies, écoles, hôpitaux, ministères, musées d'art contemporain, mais on n'élève pas de monuments. C'est ici qu'il sera utile, puisque le monument tire à sa fin, d'en questionner les origines. « Monument » apparaît dans la langue du XIIe siècle, c'est-à-dire au moment que les historiens d'art appellent une proto-Renaissance, lorsque pour la première fois, en Occident, l'héritage de la tradition classique se trouva réévalué et servit de modèles aux premiers sculpteurs et architectes du gothique.

Monumentum lui-même couvre un champ sémantique assez riche : il a affaire au souvenir : *monumenti causa* dit Cicéron, « pour garder un souvenir ». Il a donc affaire avec la culture en tant qu'elle est née du culte des dieux : *monumentum sepulcri*, c'est le tombeau. Mais ce culte des morts peut s'étendre à la conversation et à l'exaltation de ce que l'homme a laissé derrière lui de mémorable, écrits, mémoires, documents, annales : *Monumentum rerum gestarum*, dit encore Cicéron. Rousseau, que Theimer cite volontiers, appellera cette entreprise des « mémoratifs ». D'une œuvre considérable par ses dimensions ou par son érudition, ne serait-elle faite que de mots, le dictionnaire de Littré par exemple, on dira communément que c'est un monument. Bien plus tard, chez Tertullien, le terme de *monumentum* finira par désigner l'amulette, le médaillon qu'on attache au cou des enfants. De l'œuvre d'architecte, de la somme de l'écrivain, on est passé au rang du bibelot et du fétiche.

Soulignons plutôt l'urgence qui préside à l'érection du monument : monument vient de *moneo*, se rappeler, se souvenir, porter témoignage, mais d'abord avertir. Un monument est une *admonestation.* Il nous rappelle par sa présence ce que nous avions par trop tendance à oublier : *Ea quae a natura monemur* : les avertissements que la nature nous donne, dit toujours Cicéron, la culture, elle aussi, les prodigue à travers ses monuments. Rappel de la loi, surrection du passé en ce qu'il a de significatif, le monument aussi prépare l'avenir, il informe, il prédit, il annonce, il inspire. Quand Virgile dit de la Muse qu'elle doit inspirer le poète, c'est le verbe *monere* qu'il emploie. Un monument est une *prémonition.*

Le monument a donc affaire avec la mémoire, mais non pas comme on le croit, avec sa part la plus socialisée, la plus déchiffrable, la plus officielle, la plus établie dirons-nous, mais au contraire avec sa part la plus obscure, la plus sauvage, la moins domestiquée, avec les mécanismes de refoulement, de censure ou de résurrection qui font que l'homme est l'être, non seulement de l'instant présent, comme l'est l'animal, mais aussi du souvenir et du présage. Animal historique, il participe à l'occasion au festin des dieux à qui le futur appartient. Dans cette stratégie cosmogonique, le monument est là pour aider à lever les interdits que le présent fait peser sur nous pour nous livrer la maîtrise de ce qui a été refoulé, et la divination de ce qui va venir.

Freud, natif de Moravie, comme l'est Theimer, fut un des derniers humanistes de notre temps à être impressionné par les monuments et à en distinguer le sens vrai sous tant d'artifices. On élève des monuments que l'on se plaît à croire immortels, pour lever en nous la peur, moins de la mort que de l'oubli, l'embarras du lapsus, la crainte de ne pas savoir déchiffrer les signes, l'appréhension des lendemains. La grandeur d'une culture se mesure ainsi à l'importance qu'elle accorde à ses monuments, les seuls de ses édifices qui ne servent à rien. C'est dans la mesure où elles se savent mortelles qu'elles dédient à l'immortalité ces blocs que le temps à son tour détruira. Remontons plus avant : dans *moneo*, il y a *mens*, l'âme en tant qu'activité de l'esprit, faculté de raisonner, manifestation des caractères et des passions. Le terme est indirectement issu du grec μένος qui signifie la même chose. Il serait aventureux et sans doute illicite de rapprocher ce terme de *temenos* qui veut dire la section du temps consacrée au dieu — l'enclos sacré dont on retrouve le sens dans le verbe latin *contemplari*, le fait d'entrer visuellement dans le champ occupé par le temple, tel qu'il se découpe dans le ciel.

La sculpture de Mathias Braun occupe une place privilégiée dans l'œuvre de Theimer. Peut-être parce qu'elle fut, comme son œuvre, conçue en une époque de doute et de désagrégation. Un ordre se disloquait, un autre tardait à prendre forme. Comme les statues de Bomarzo, les statues de Kuks trahissent un trouble profond, un déséquilibre. Les formes déchiquetées, le fantastique des personnages, la monstruosité à fleur de peau, à la fois fascinante et repoussante, partout dans le rapport des proportions humaines, éclatent les signes de cet hybris de la modernité qui marquent l'inquiétude, le malaise, la perte de l'assiette.

Mais il y a autre chose peut-être, une promesse de renouveau, comme au sortir des pestes, des désastres et des calamités de toutes sortes, les grandes colonnes votives qui fumaient de leurs nuages pommelés et toutes bruissantes d'angelots, annonçaient un temps de paix retrouvée. Flaubert, dans son *Conte*, a merveilleusement évoqué le sens de la légende de Julien l'Hospitalier, que Mathias Braun avait déjà gravée, et à laquelle Theimer a consacré un cycle de peintures. Julien, le fils merveilleux sur qui pèse une double et contradictoire prédiction, est d'abord le chasseur, le guerrier, l'homme de sang et de gloire, qui, par la force de ses armes, épuise le monde de ses formes, de ses couleurs, de ses bruits. Prédateur, destructeur, il réduit la nature à sa loi, la vide de son pouvoir vital, la dessèche, la décolore, la rend gaste et désolée. La rencontre avec le prodigieux cerf noir est cependant la rencontre avec une autre Loi. Manifestation d'un principe érotique, elle est plus ancienne et plus impérieuse que la domination du pouvoir technique dont Julien s'est fait l'exécutant. À partir d'elle, du dénuement le plus entier, refleurira la vie, la splendeur des formes et l'arc-en-ciel des couleurs.

IVAN THEIMER

(1944-)

Dieulefit

Les noms de Dieulefit et de Poët-Laval m'étaient familiers bien longtemps avant qu'Ivan Theimer ne m'en montrât le chemin et ne me fît découvrir leur réalité.

C'était en 1953, j'avais treize ans. Mon professeur de lettres au lycée Jacques Decour, en quatrième, nous parla un jour d'un village nommé Dieulefit. Il s'appelait Samuel Abramovitsch. Il s'était réfugié là, au début de la guerre et, pour vivre, avait donné des cours de littérature aux résidents. Il y avait rencontré des poètes, des écrivains, des peintres. C'est pour cela sans doute qu'il nous en parlait, à nous jeunes Parisiens des années d'après-guerre, qui savions si peu de l'Occupation, des déportations, des victimes. Il nous parla de Pierre Jean Jouve, de Pierre Emmanuel, de poètes chrétiens dont, lui, Juif exilé, partageait la spiritualité. Abramovitsch, à la fin de sa vie, à quatre-vingt-dix ans, donnait encore, sur France Culture, des causeries vespérales sur Rachi et les foires de Champagne. Il était par ailleurs le grand-père du cinéaste Cedric Klapisch.

Dix ans plus tard, étudiant à Bruxelles, je rencontrai un autre homme qui se mit inopinément à me parler de

Dieulefit. C'était René Micha, critique et historiographe de Jouve. Connaissant mon amour pour l'auteur de *Paulina 1880*, il se mit à me parler de son séjour là-haut, en 1942, où il l'accompagnait dans ses promenades. C'est aussi chez René Micha, à Bruxelles, que je rencontrai Pierre Emmanuel, le disciple de Jouve et son voisin à Dieulefit.

Dieulefit ne devait pas me quitter : dix ans encore, puis, occupé à préparer l'exposition inaugurale du Centre Pompidou, consacrée à l'œuvre de Marcel Duchamp, je tombai sur un homme étrange et fascinant, le romancier de *Jules et Jim* mais aussi le confident et l'intime de Marcel Duchamp, Henri-Pierre Roché. Dans les papiers de Roché qui venait de mourir, je trouvai un manuscrit qui était l'ébauche d'un roman qu'il avait entrepris d'écrire sur le personnage de Marcel Duchamp, *Victor*, que je devais éditer dans le catalogue qui accompagna l'exposition, en 1977. Henri-Pierre Roché, HPR, avait aussi été un habitant de Dieulefit.

Plus tard encore, devenu conservateur des Musées de France, je fis la connaissance de François Lachenal, mon confrère, un discret et merveilleux poète aussi, qui me parla de Dieulefit et de la Résistance en Vercors. Enfin, dernière apparition dans cette étrange nomenclature d'un village perdu de la Drôme, alors que je travaillais sur une exposition de l'œuvre de Balthus, celle de Pierre Leyris, son ami, le meilleur traducteur de l'anglais. Entre-temps, j'avais, à Paris, fait la connaissance de Robert Lapoujade et d'Étienne-Martin, à qui je devais consacrer des essais.

Ainsi quelques-unes de mes amitiés les plus fortes et les plus décisives, furent celles de personnes et de personnalités qui s'étaient toutes trouvées et croisées et, au même moment, avaient habité dans un lieu inconnu du monde, étrange et distant, dont j'ignorais tout.

Dieulefit était devenu pour moi une sorte de nom mythique, un haut lieu de la pensée, caché et perché comme il se doit, et comme il se doit, à cheval entre deux pays, deux cultures, deux langues, deux ciels pour qu'on pût aisément, si le danger venait, franchir la frontière… J'ai toujours aimé ces pays aux deux visages, en équilibre délicat entre deux saisons de l'esprit, l'un tourné vers le nord et l'autre vers le sud, à la frontière entre deux terres, deux végétations et deux lumières, comme une parenthèse de tranquillité et de réflexion avant le tumulte et la violence du choix, toujours injuste, quand il n'est plus possible de balancer.

Dieulefit c'était dans mon esprit, en petit, et en temps de guerre, ce qu'avaient été, à la fin de l'autre siècle, mais dans leur opulence et leur tranquillité, ces lieux de création intellectuelle et cosmopolite qu'avaient été le Monte Verità à Ascona ou Sils-Maria en Engadine…

Comment ne pas comprendre mon impatience et ma fébrilité lorsque Ivan Theimer me proposa, l'été 1995, de m'emmener à Dieulefit et à Poët-Laval, pour l'occasion d'une exposition dont je devais écrire la préface ?

Après tous ces noms de poètes, d'écrivains, de peintres, celui d'Ivan Theimer me paraissait l'un de ceux qui méritaient de continuer la marche, lui aussi émigrant, émigré, de passage entre deux frontières, entre la Bohême et un Midi qui hésite entre France et Italie, le créateur solitaire d'un art qui ne ressemblait à rien de l'art d'une avant-garde de bon ton. Quel meilleur messager et gardien, dans ce retour en arrière, plus d'un demi-siècle après la fin de la guerre, vers ce royaume de l'esprit que j'avais tant imaginé, que ce sculpteur de la *Mitteleuropa*, habile à parler les langues et à saisir les nuances des cultures de l'Europe, armé pour cette initiation d'un obélisque pour donner l'heure du jour et d'un bouclier gorgonéen pour nous protéger des périls ?

PAOLO VALLORZ

(1931-2017)

Speculum mundi

Un homme regarde une femme. Son regard se fixe au point où les lignes du tableau se rejoignent et s'évanouissent. Un buisson noir donne consistance, matière, texture, chaleur et couleur à cette idéalité mathématique. Le corps de la femme est une oblique, jetée de l'angle inférieur droit à la moitié de l'autre bord. La femme repose sur un piédestal en forme de cube. Boule de chair immobilisée, *sedes rotunda* de la Fortune, elle est ainsi juchée sur la *sedes quadrata* immuable qui supporte toutes les vicissitudes de l'existence. Le tableau est presque un monochrome, une douce harmonie de gris avec ici et là des rehauts de rose, comme un épiderme qui, en telle ou telle de ses parties, se voit flatté ou excité.

Le regard du spectateur va et vient, sans repos, entre l'œil du peintre et la touffe noire du modèle. *Vultus aut vulva.* Il est bien sûr là où le peintre se trouvait être, puisque le tableau n'est autre qu'un miroir. Une impérieuse triangulation, non seulement du point de distance au point de fuite, mais du modèle endormi et comme évanoui au visage représenté du peintre et à celui virtuel du spectateur, ordonne la représentation.

Paolo Vallorz m'a raconté l'anecdote de la jeune fille, modèle d'occasion, qu'il avait rencontrée à la terrasse d'un café. Une fois mise devant l'imposant chevalet, frappée de terreur car elle se voyait guillotinée, elle s'enfuit de l'atelier en demandant qu'on ne la touche pas. Elle n'était pas si Bécassine. Le *cavalletto* de bois recouvert de sa toile est bien une fenêtre-guillotine, un miroir tranchant, une lame de rasoir. Il coupe au vif des apparences. Le tableau peint garde les souvenirs de ces massacres : toisons, poils, cheveux, ongles, carnations, les roses et les bruns, textures, les lisses et les grenues, tous les attributs de ces victimes pantelantes et encore chaudes, le tout en un certain ordre apposé.

La Jeune Fille et la Mort. Le tableau est cette flaque immuable dans laquelle Narcisse plonge la main et se désire sans jamais se rejoindre. Le peintre est l'ordonnateur plus ou moins caché de ces sacrifices et de ces rituels. Averti du châtiment d'Actéon découvrant Diane au bain, il a préféré chasser des Ariane dans le labyrinthe des rues parisiennes autour de Montparnasse. Il choisit celles dont il devine que la pesanteur de chair les fera bientôt basculer dans le sommeil et qu'il pourra donc impunément observer et froidement exécuter.

Lovées sur elles-mêmes, ces jeunes endormies ont moins cependant la pesanteur du marbre statuaire dans lequel on taillait la boule de la déesse Fortune que l'élasticité des végétaux. Ces enveloppements de chair ont la rondeur musculeuse des champignons, la luisance extérieure des pommes, l'humidité secrète des pêches. (Sait-on, à propos, que l'expression « faire feuille de pêche », selon ce très savant linguiste qu'était Guiraud, c'était user de la peau de ce fruit pour plus aisément pénétrer l'intimité d'une fille ou d'un garçon ? Le pinceau du peintre doit avoir de ces délicatesses s'il veut saisir un peu de la virginité du monde. Courbet fut l'un des rares à le démontrer.)

Surtout, il y a dans ces fruits que je nomme, ces merveilleux principes de symétrie dont la génétique moderne a découvert le secret dans le corps humain et que Vladimir Nabokov, dans *Lolita*, appelait *la scissure*.

Un banal chou lui-même, explosion de cellulose et de chlorophylle, bourgeonnement symétrique et généreux, dans les replis violets et les nervures de ses feuilles, appelle, dépli après dépli, à la caresse et à la pénétration. Les guirlandes de fruits de Giovanni da Udine aux Loges de Raphaël au Vatican, nous avaient déjà renseignés sur ces correspondances et ces synesthésies.

Le peintre, dans le travail de feuilletage de son pinceau, couche sur couche, et plus évidemment encore dans ses dessins, faits de fragmentations et de segmentations d'où s'engendrent des corps, des muscles et des tendons, poursuit le travail immense de la Nature. Un feuillet, un tableau s'imposent et se détachent.

Le monde entier, de proche en proche, de règne en règne, est ainsi convoqué. Jusqu'aux rochers eux-mêmes, sortis de leur inertie et de leur opacité. La *Rocca bianca* dresse, devant l'œil, les deux fûts gémellés de ses cristaux, cuisses ou séant, trône d'albâtre et de quartz, d'un géant débonnaire. *Speculum mundi*, *Teatrum Natura mirandum*, la peinture a-t-elle jamais eu plus haute ambition ?

XAVIER VALLS

(1923-2006)

Les vies silencieuses

Nous n'entrons dans le XXIe siècle que pour constater, à regret ou avec joie, que l'histoire de l'art du XXe siècle reste à écrire.

Cette histoire canonique, élaborée dans les années d'après 1940, dominée par New York et l'école américaine, caractérisée par les audaces réelles ou supposées des avant-gardes, le formalisme ou le laisser-aller, des déconstructions à l'objet trouvé, le refus obstiné de représenter la réalité, cette histoire-là, du cubisme à l'*action painting*, et de dada aux pitreries de Jeff Koons est en train de se défaire.

Alors apparaissent ou réapparaissent des noms dont on commencera d'interroger l'œuvre et souvent de s'émerveiller. Xavier Valls est de ceux-là.

Sans doute sa peinture n'est-elle pas née de rien, n'est-elle pas sans racine, sortir tout armée du cerveau de l'artiste, si silencieux, si réservé, si taciturne au demeurant, qu'on ne pouvait guère de son vivant lui faire dire ce qu'elle voulait dire…

Il grandit dans son pays natal, la Catalogne, nourri par un mouvement qu'on ne connaît guère en France, le *Noucentisme*, dont le nom fut créé par Eugenio d'Ors. Mouvement littéraire, donc, mais où les peintres eurent aussi bientôt leur rôle à jouer, très semblable à celui que jouèrent, en Italie, les peintres du *Novecento*, encouragés par Margherita Sarfatti, la muse du *Duce*. Deux pays latins, tournés vers la Méditerranée et qui, de la Méditerranée, prétendent, au début du XXe siècle, sauver et renouveler leur culture propre. Maillol en France sera l'un de leurs héros. Fidélité aux origines, aux sources d'un lieu, d'une lumière, d'une tradition formelle. Un certain classicisme à opposer aux dérèglements expressionnistes des gens du Nord, et aux fantaisies des Anglo-Saxons. À cette esthétique, qui est aussi une morale et une politique, Valls restera fidèle, lors même qu'il a quitté la Catalogne et qu'il s'est établi à Paris.

En France cependant la situation est moins nette. L'art moderne continue d'être tributaire des diktats avant-gardistes, et d'une histoire supposée qui courrait du cubisme à l'École de New York. Pourtant, à Paris même, en dehors des lieux officiels et publics, et des coteries du petit milieu institué, il y a des marginaux, des exclus, des singuliers, qui se reconnaissent, dans certains cafés et certains lieux, où les émigrés se retrouvent, Luis Fernandez, Giacometti, mais aussi des écrivains comme le poète Théo Léger, qui influence aussi un marginal inconnu, Philippe Roman, proche d'un autre grand poète, Pierre Jean Jouve, certaines galeries elles aussi ouvertes en aparté. Ce sont les concerts du Domaine Musical qu'organise Suzanne Tézenas, où se rencontrent ces quelques solitaires raffinés, au nombre desquels le frère de Balthus, Pierre Klossowski, qui deviendra un ami proche de Valls. Il y aura plus tard Szafran, et d'autres « sauvages » qui, loin de la furie parisienne, élaborent une œuvre secrète et précieuse.

Et c'est bien sûr, et avant tout, la galerie d'Henriette

Gomès, où Balthus expose, et qui montrera Valls régulièrement, de longues années, entre 1967 et 1985.

Autant de lieux cultivés, raffinés souvent, précieux parfois, où ces étrangers se retrouvent.

Une autre histoire s'écrit ici en secret, dans les années 1960, en silence, en marge de l'histoire officielle écrite par les critiques et les musées, une histoire méconnue sinon méprisée par l'institution parisienne et par les officiels, car elle ne s'inscrit pas dans les canons. Peinture figurative, méditative, silencieuse, appliquée au *Nomos* classique, savante, entée sur une identité nationale ou culturelle, et les deux à la fois, une tradition… Jean Cassou, comme d'habitude, ne s'y était pas trompé, qui acquiert pour l'État, dès 1963, une toile de Xavier Valls. Son ascendance espagnole n'explique pas tout de ce discernement. Esprit libre et courageux, écrivain lui-même et poète lui aussi, il devine dans Valls l'un des représentants de ce courant souterrain, ignoré, et qui demain peut-être…

Demain est arrivé.

Comment parler cependant de cet art si réservé, si silencieux, sans rompre le silence qui le constitue comme tel ? Deux, trois indices peut-être, pour nous mettre sur la voie. Des objets domestiques, communs, quotidiens. Nature morte, dit-on en français. *Stilleben* dit-on plus judicieusement en allemand, des vies silencieuses, des existences tranquilles et perpétuées de jour en jour, des fruits, des tissus, des vases, ce qui enveloppe et ce qui contient, ce qui garde et protège, pour assurer de fleurir encore. Une géométrie simple et sévère, des orthogonales dont la rigueur nécessaire est confirmée par le reflet d'un miroir. Parfois, la note presque humoristique du dérisoire acculée à la plus haute géométrie : un rouleau de tissu précieux qui, déroulé, montre une volute savante, que définirait une formule mathématique.

Ailleurs encore, des échafauds de pots, de bouteilles, de fruits, élèvent des architectures tout à la fois savantes et cocasses. La règle du jour. La lumière du quotidien.

Combien curieuse en effet cette lumière, uniforme et tamisée, et cependant vibrante, vibratoire pourrait-on dire ? Quelque chose comme un pointillisme, une nature corpusculaire, un bombardement de photons, pour animer la flaque trop grise ou rompre l'éclat trop tendu.

Et ce mystère : pourquoi Valls est-il de ces peintres qui, comme Vermeer et Seurat, ont fondé leur art sur la combinaison étroite d'une géométrisation des formes du sensible, et d'une lumière faite d'une vibration de petites touches colorées ? Hasard ? Non, plutôt une nécessité qui se retrouvera encore dans la domesticité, la simplicité des sujets, leur humilité : une femme qui lit une lettre, une autre qui s'apprête dans l'embrasure d'une porte, ou (chez Seurat) une autre qui noue son chignon… Simplicité des gestes, qui s'ouvre soudain à une nécessité d'éternité. Ou bien encore, à la limite du jeu, une aiguille traversant une pelote de laine et qui acquiert du coup la gravité d'une démonstration géométrique dans un manuel savant. Le quotidien et sa gravité, allégée par les lois de la géométrie, et sa grisaille éclairée par le soleil, le trésor des humbles, dans la lumière sourdement scintillante et comme pulvérisée, d'un quotidien s'écoulant d'un sablier sans fin.

RETOUR À MILAN

L'inauguration du Museo del Novecento, dans le Palazzo dell'Arengario à Milan, en ce mois de décembre 2010, m'a ramené d'un coup plus de trente ans en arrière.

C'était en 1978. Je découvrais Milan, la ville, ses collections, ses collectionneurs. Conservateur au Centre Pompidou, je souhaitais montrer à mes compatriotes un art qui demeurait, en France, à peu près inconnu. On connaissait un peu les Futuristes sans trop savoir leur antériorité sur l'avant-garde parisienne, on connaissait un peu De Chirico, mais on l'avait noyé dans le surréalisme d'André Breton. On connaissait un peu Morandi mais on n'en voyait guère que la sensibilité rêveuse. Et puis… rien.

La réalité était autre. De 1915, année de son entrée en guerre et jusqu'à la Seconde, l'Italie avait été le lieu d'un art à tout point de vue extraordinaire, de haute qualité, de grande culture, de superbe facture, et il était temps, pour la vérité de l'historiographie contemporaine, de le faire entrer dans les chapitres de l'art dit moderne.

Mais envisager cet art autre, c'était vouloir bousculer toute son histoire, telle que la *doxa* parisienne l'avait imposée par une suite d'expositions retentissantes à Beaubourg. *Paris-Moscou*, *Paris-Berlin* et *Paris-New York* : une histoire qui courait d'est en ouest sur le continent européen, qui avait une origine, Moscou, les cercles révolutionnaires et les utopies sociales, selon une idéologie qui faisait alors de l'avant-garde esthétique l'avant-coureur du progressisme social et qui avait une destination finale, New York, qui recueillerait l'héritage, avec pour étapes Berlin et Paris, devenue « capitale des arts ». De Cézanne à Picasso, de Malevitch à Mondrian, de Max Ernst à Pollock et de Matisse à Rothko enfin, une lecture unilinéaire, dont les chapitres se disaient « fauvisme », « cubisme », « expressionnisme », « constructivisme », « purisme », « minimalisme », déroulait un texte canonique qu'on lisait de droite à gauche et qui constituait l'évangile de la modernité.

Cependant, en Italie, et hors d'Italie, bien d'autres mouvements étaient nés dans la même période qui ne relevaient pas de cette logique. De Chirico, par exemple, s'il avait influencé le Surréalisme, avait surtout été à l'origine d'un mouvement classique et figuratif, à l'imagerie subtile et cultivée, qui s'épanouirait dans les *Valori Plastici* et le *Novecento*, et dont les sources iconographiques n'étaient en rien venues de Paris, mais d'une autre métropole, Munich, surnommée la Nouvelle Athènes et où le jeune Duchamp avait séjourné en 1912. La Nouvelle Objectivité en Allemagne, aux Pays-Bas, en Suisse, les courants néo-classiques des Forces Nouvelles en France, suggéraient aussi une autre histoire. Le cheminement spirituel ne se faisait plus alors d'est en ouest, mais avançait cette fois du sud au nord, selon une emprise qui restait proche de la *Mitteleuropa*. Ses pôles seraient Rome, Milan, Munich, Vienne, le nord de l'Europe, Berlin. Une sorte de Lotharingie spirituelle, ou plutôt de Saint Empire romain germanique dont le rideau de fer, en 1945, en détachant ses régions orientales, rendrait impossible à saisir l'unité culturelle qui l'avait rassemblée pendant des siècles.

C'est Luigi Carluccio (1911-1981), le grand critique de *La Stampa*, le premier, qui m'avait fait aimer la beauté austère de la peinture de Felice Casorati à Turin et de Fausto Pirandello, le fils de l'écrivain, à Rome, par exemple. C'est Emilio Bertonati (1931-1981), tragiquement disparu, qui m'avait montré le lien qui unissait Edita et Mario Broglio aux principaux représentants de la *Neue Sachlichkeit* de Berlin ou de Vienne[1]... C'est Ettore Gian Ferrari qui m'avait parlé d'Arturo Martini et de Mario Sironi à Milan[2]. De tout cela, la France et les Américains n'avaient guère pris conscience.

Ce qui éclatait aussi dans cette peinture autre, c'était une recherche du contenu, un impératif iconographique, une inquiétude du sujet, un malaise figuratif, tout à l'inverse du formalisme et de l'abstraction, qui dominaient l'autre peinture européenne et qui trouveraient aux États-Unis leur triomphe.

1. Son livre essentiel, *Il Realismo in Germania. Nuova Oggettività. Realismo Magico*, Milan, Fratelli Fabbri, paraît dès 1962. On ne lui pardonnera guère d'avoir été simultanément un grand marchand (Galleria del Levante, Milan et Munich), révélant ce courant, et un historien d'art visionnaire. Son suicide ne sera pas étranger à l'isolement dans lequel le monde officiel le tiendrait.

2. Ettore Gian Ferrari (1908-1982) : dans sa galerie de la Via Gesù, 19, à Milan, il montrera, de 1959 à sa mort, tous les artistes de ce courant, De Chirico, Sironi, Martini, Carrà, etc. Avant cela il avait été associé à la revue progressiste *Corrente*, opposée, dès 1938, au fascisme. Il fut aussi Directeur de l'Office des Ventes à la Biennale de Venise jusqu'en 1968. Il créa le Syndicat National des marchands d'Art moderne dans le but de garantir le sérieux professionnel et surtout de lutter contre la prolifération des faux.

Cette peinture n'était pas un art du bonheur, de la quiétude à la Matisse ou à la Bonnard, ni des dissertations autoritaires sur la société à venir à la façon de Rodtchenko ou de Lissitzky. C'était une peinture qui, à l'occasion, dépeignait la guerre et la violence, vantait la puissance technique du nouveau monde, mais c'était surtout un art que dominaient les formes de l'inquiétude, du songe, du regret, du désespoir, souvent aussi de la déréliction et de la maladie, comme dans *La Convalescente* de Martini ou comme son *Amante morta*, peut-être son œuvre la plus significative — et la plus belle.

L'Italie, je le découvrais alors, n'était pas le pays du soleil, du rire et de la mer que charrient les poncifs, c'était le pays de la mélancolie, de la nostalgie, d'un lyrisme à la Leopardi qui n'avait rien de comparable ailleurs. Rien de l'hédonisme à la française, mais rien non plus de l'*epos* soviétique, et moins encore des boursouflures de l'art officiel du Troisième Reich.

Car le problème était là, bien sûr : comment cet art du songe, de la mélancolie et du regret avait-il pu se développer sous un régime autoritaire, sans lui être soumis ?

Sironi était le cas le plus exemplaire. Comment ce peintre puissant avait-il pu être le chantre officiel du régime, alors que sa peinture était si sombre, si désespérée ? J'avais confié mon trouble à Mario de Micheli, l'ami de Paul Éluard, le critique de *L'Unità*[1]. Il fut le premier à m'expliquer que cette peinture idéologiquement liée au fascisme était aussi celle qui avait donné de ces années sinistres l'image la

1. Mario de Micheli (1914-2004). Professeur au Politecnico de Milan, membre de la revue antifasciste *Corrente*. Critique d'art du quotidien communiste *L'Unità*, il accueille Éluard à Milan en 1947 et fait connaître Picasso et l'avant-garde française par de nombreux ouvrages et expositions.

plus fidèle et tracé du monde ouvrier un portrait qu'aucune peinture, fût-elle de gauche, n'avait encore osé tracer. Sironi, tragiquement, avait été le témoin le plus sûr de la barbarie.

Cette analyse étonnante, généreuse et lucide, menée par un homme de gauche, ne fut pas partagée par mes compatriotes : ouverte à Paris en décembre 1980, l'exposition *Les Réalismes. 1919-1939*, où l'art italien des années 1920 et 1930 tenait la place centrale, fut accueillie avec incompréhension, des injures et des insultes. Cet art « fasciste », dit la presse — *Le Monde* en particulier —, n'aurait jamais dû être montré dans l'enceinte du Centre Pompidou, par essence progressiste et moderniste… Et comble de honte, dois-je le rappeler ?, une sculpture de Martini avait été, à la fin de l'exposition, proposée en don. Elle ne fut pas acceptée. De même, la famille de Marino Marini avait proposé le don de sculptures : elles furent refusées. La seule œuvre que je pus faire admettre, une donation là encore, fut un tableau de Pirandello…

En 1978, à ce premier voyage, les œuvres du *Novecento* étaient encore souvent dispersées : pour les voir, les découvrir, en obtenir le prêt, il me fallut visiter beaucoup de collections, pousser beaucoup de portes, rencontrer bien des gens.

La plupart sont morts depuis. Outre Carluccio, De Micheli et Bertonati, je veux citer ici, en premier lieu, Ettore Gian Ferrari et sa fille Claudia[1], deux sources qui se mon-

1. Claudia Gian Ferrari (1945-2010). À la mort de son père en 1982, elle reprit la galerie qui était devenue la plus importante pour l'art italien du XXe siècle ; elle y adjoignit en 1996 un Atelier de consultation sur les archives du *Novecento* italien. En 1990, elle devait aussi ouvrir une galerie

trèrent inépuisables, de savoir et de gentillesse, de courage et d'érudition. Il y avait eu aussi le Dr. Olcese, via dell'Orso et, au fond de la galerie Cavour, au premier étage de sa librairie, le vieil Aldrovandi qui recevait en fin d'après-midi artistes, poètes et écrivains, comme dans une sorte de salon informel. Il y aurait aussi la famille Mattioli[1], l'architecte Mario Bellini[2], Gabriele Mazzotta[3], l'éditeur, la Dottoressa Mercedes Garberi qui me permit d'approcher les collections encore dispersées entre Brera et le futur PAC[4]. Tous ces gens ont incarné à mes yeux ce qu'il peut y avoir de plus attachant dans une certaine bourgeoisie milanaise cultivée, raffinée et généreuse.

Et leurs ombres, il m'a semblé les croiser le soir de décembre 2010 quand s'inaugurait le musée du *Novecento*, avec une nostalgie certaine et beaucoup de joie à voir enfin rassemblés ces chefs-d'œuvre.

Sans doute, on comptera après coup les absences, par-

---

d'art contemporain, consacrée à la *Transavanguardia*, de Cucchi à Paladino, mais aussi ouverte à d'autres courants, de Claudio Parmiggiani à David Salle et Julian Schnabel. Elle a légué sa collection personnelle, riche de chefs-d'œuvre de Carrà, Martini, Sironi, De Chirico, à Rome et à la Villa Necchi de Milan (FAI).

1. Gianni Mattioli (1903-1977) a été l'un des plus grands collectionneurs de la période, en particulier de Boccioni et de Carrà. L'essentiel de la collection est en prêt permanent à la Fondation Peggy Guggenheim à Venise depuis 1997.

2. Mario Bellini (né en 1935) : architecte et *designer*, consultant pour Olivetti, Fiat, Renault. Réalisation des *Deutsches Bank Twin Towers* de Francfort et de gratte-ciel à Dubaï. Rédacteur en chef de la revue *Domus* (1986-1991), scénographe de nombreuses expositions d'art dont les *Trésors de Saint-Marc* au Grand Palais en 1984.

3. Gabriele Mazzotta, collectionneur (Symbolisme et Surréalisme), éditeur depuis 1966, directeur de la Fondation Mazzotta créée en 1988 où seront montrées d'importantes expositions sur l'art moderne et contemporain. Nommé Président de Brera en 2007.

4. Padiglione d'Arte Contemporanea, ouvert à Milan en 1979.

fois inexplicables. Pourquoi aucune œuvre d'Adolfo Wildt, sans lequel toute une sculpture contemporaine ne se peut comprendre ? Aucun Savinio, dont l'œuvre des années 1920 est égale et souvent supérieure à celle de son frère ? Aucun Gino Rossi ? Et même, illustrant cette italianité ou mieux cette milanésité qui m'enchantent, pourquoi n'avoir pas montré Leonardo Dudreville, Anselmo Bucci, Ubaldo Oppi ? Comme si la ville et son musée n'avaient pas eu l'audace d'aller au bout de leurs intentions ? Comme s'il avait fallu rester dans des limites ?

Le courage cependant, je le vois s'afficher dans le titre même : Museo del Novecento. Au moment où toutes les institutions culturelles se font appeler par des acronymes, MACBA, MOCA, MACRO, comme on dit ailleurs NATO, AIDS ou KGB, pour afficher dirait-on une sorte d'efficacité technologique qui n'était jusqu'alors revendiquée que par les administrations, il est courageux d'appeler « Musée », comme autrefois, un lieu destiné à retrouver la mémoire et à conserver un patrimoine.

Plus courageux encore le fait que ce patrimoine, au lieu de se revendiquer « sans frontière », c'est-à-dire amorphe, confus et démesuré, alignant toujours la même liste d'œuvres en tout lieu, à Paris comme à New York ou bien Amsterdam, se renferme ici — un lieu clos, c'est-à-dire sacré, consacré — sur un art singulier, création d'un lieu singulier, et d'une histoire à nulle autre identique. Cet art est d'autant plus remarquable qu'il s'enracinait dans un *locus*, la tradition d'une ville, un pays, une région, mais en rien ne supposait cette espèce de prétention à l'universalité dont se réclament les mouvements de l'avant-garde internationale : on dit Casorati de Turin, Pirandello de Rome et Sironi de Milan, comme on avait dit jadis Jacopo Pontormo, Melozzo da Forli ou Jacopo Bassano.

Sans doute aussi la part accordée à l'art italien et milanais de l'après-guerre est-elle démesurée. Comme s'il avait fallu se faire pardonner. Mais pardonner quoi ? Et pourquoi cet abandon aux diktats des avant-gardes internationales, c'est-à-dire de l'avant-garde américaine ?

À l'entrée de l'exposition, on découvre, amusé, la couverture d'un livret de Marinetti, *Scatola d'amore in conserva*, publié en 1927 aux éditions Fauno, de Rome, ornée par Carlo Petrucci d'une boîte d'*Estratto d'amore concentrato nel vuoto*.

Mais, dans une des dernières salles, c'est la *Merda d'artista* de Piero Manzoni, de 1961, qu'on retrouve, enfermée dans une boîte de conserve... Qu'on me permette de préférer la première et d'avoir espéré une autre fin à l'histoire, qui fut en effet une histoire d'amour, désormais conservée dans un musée.

SOURCES

Pierre Alechinsky, « La brûlure de l'encre » : *Autoportrait au visage absent. Écrits sur l'art (1981-2007)*, Gallimard, 2008.

Avigdor Arikha, « La canne d'Avigdor » : mai 2010. Une version abrégée de ce texte a été publiée dans la revue *Passages*, 24 juin 2018.

Avigdor Arikha, « Les asperges d'Arikha » : *Le Monde de l'Art*, n° 1, 2010.

Francis Bacon, « Deux rencontres avec Francis Bacon, 1971-1991 » : L'Échoppe, 2019.

Balthus, « Balthus et Rilke : une enfance » : *Autoportrait au visage absent. Écrits sur l'art (1981-2007)*, Gallimard, 2008.

Balthus, « Les métamorphoses d'Éros » : Réunion des musées nationaux, 1996.

Balthus, « L'enterrement de Balthus » : texte publié en 2001 par L'Échoppe dans une édition hors commerce réservée aux amis ; repris dans *Autoportrait au visage absent. Écrits sur l'art (1981-2007)*, Gallimard, 2008.

Claude Bernard, éloge funèbre publié en italien dans *Il Giornale dell'Arte*, décembre 2022.

Louise Bourgeois, « Cinq notes sur l'œuvre de Louise Bourgeois » : L'Échoppe, 1999. Une première édition en anglais a été publiée à l'occasion de l'exposition *Francis Bacon, Louise Bourgeois, Franz Xaver Messerschmidt* à la galerie Cheim & Road de New York en novembre 1998.

Françoise Cachin, « Françoise Cachin, l'intransigeante » : texte prononcé aux obsèques de Françoise Cachin et publié dans *Causeur*, mars 2011.

Guido Cadorin, « La famille Cadorin » : une version augmentée de ce texte a été publiée en italien dans le catalogue *La Bottega Cadorin. Una dinastia di artisti veneziani*, Museo Fortuny, Venise, Antiga Edizioni, 2016.

Guido Cadorin, « Les somnambules » : catalogue de l'exposition « Guido Cadorin 1892-1976 », Marsilio (Venise), 2007.

Henri Cartier-Bresson, « Kairos. La notion du moment opportun dans l'œuvre de Cartier-Bresson » : *De qui s'agit-il ?*, rétrospective de l'œuvre complète de Henri Cartier-Bresson, Bibliothèque nationale de France, 2003 ; texte repris dans *Autoportrait au visage absent. Écrits sur l'art (1981-2007)*, Gallimard, 2008.

Henri Cartier-Bresson, « Petite métaphysique de la photographie » : *Cartier-Bresson*, Centre national de la photographie, Photo Poche, 1982 ; texte repris dans *Cartier-Bresson entre l'ordre et l'aventure*, L'Échoppe, 2003.

Joseph Erhardy, « Réflexions sur la sculpture à propos et en honneur du sculpteur Joseph Erhardy » : catalogue Joseph Erhardy, Galerie Beaubourg, 1981.

Lucian Freud, « Freud, biologiste » : catalogue de l'exposition *Lucian Freud. L'Atelier*, Éditions du Centre Pompidou, 2010.

Roseline Granet, « Équilibres et envols » : catalogue de l'exposition *Roseline Granet*, galerie Darthea Speyer, 1993.

David Hockney, « Perspectives dépravées » : catalogue de l'exposition *David Hockney, dialogue avec Picasso*, musée Picasso, Réunion des musées nationaux, 1999 ; texte repris dans *Autoportrait au visage absent. Écrits sur l'art (1981-2007)*, Gallimard, 2008.

Raymond Mason, « Un orage de passions » : catalogue de l'exposition *Raymond Mason*, Centre Pompidou, 1985 ; texte repris dans *Autoportrait au visage absent. Écrits sur l'art (1981-2007)*, Gallimard, 2008.

Zoran Music, « L'Ange à Dachau » : catalogue de l'exposition au Grand Palais, Réunion des musées nationaux, 1995.

Zoran Music, « Les derniers portraits » : catalogue de l'exposition à la Villa Medici, Electa, 1992.

Brice Parain, « Parain entre expressionnisme et communisme » : *Brice Parain, un homme de parole*, Gallimard, 2005.

J.B. Pontalis, « Art et psychanalyse » : « Pontalis l'inflexible », *Causeur*, 22 mars 2014.

Philippe Roman, « Philippe Roman en Engadine » : catalogue de l'exposition à Saint-Pétersbourg, 2011.

Sam Szafran, « Quatre thèmes dans l'œuvre de Szafran » : catalogue de l'exposition *Sam Szafran* à la Fondation Gianadda en 1999 ; texte repris dans *Autoportrait au visage absent. Écrits sur l'art (1981-2007)*, Gallimard, 2008.

Antoine Terrasse, « Pierre Bonnard et les voitures » : éloge funèbre publié dans *Le Figaro* du 5 janvier 2014.

Ivan Theimer, « Notes pour un parcours » : catalogue *Ivan Theimer, Schy a obrazy 1960-1995*, Prague, 1996.

Ivan Theimer, « Dieulefit » : catalogue de l'exposition *Ivan Theimer. Le Pays des deux lumières*, Le Poët-Laval, 2011.

Paolo Vallorz, « Speculum mundi » : catalogue de l'exposition à la Galerie de la Présidence, septembre 1992.

Xavier Valls, « Les vies silencieuses » : catalogue de l'exposition à l'Instituto Cervantes de Paris, décembre 2018.

Retour à Milan : L'Échoppe, 2011. Une première version de ce texte traduit en italien par Laura Bossi a paru dans *Il Giornale dell'Arte* en janvier 2011.

INDEX

REMERCIEMENTS

à Laura Bossi, qui m'a encouragé à publier ce recueil et qui a aidé à rassembler les textes

à Jean-Loup Champion et Arnaud Jamin, mes éditeurs chez Gallimard

à Patrice Cotensin, mon éditeur auprès de L'Échoppe

Œuvres de Jean Clair (suite)

PICASSO ET L'ABÎME. Éros, Nomos, Thanatos, L'Échoppe, 2001.

L'ENTERREMENT DE BALTHUS, L'Échoppe, 2001.

HENRI CARTIER-BRESSON. Entre l'ordre et l'aventure, L'Échoppe, 2003.

HENRI CARTIER-BRESSON, Centre national de la photographie, « Photo Poche », 2004.

L'AN 1895. D'une anatomie impossible, L'Échoppe, 2004.

UNE LEÇON D'ABÎME. Neuf approches de Picasso, Gallimard, « Art et Artistes », 2005.

BONNARD, *Hazan*, 2006.

AUTOPORTRAIT AU VISAGE ABSENT. Écrits sur l'art (1981-2007), Gallimard, 2008.

DE HUMBOLDT À HUBBLE. Le cosmos et l'art moderne, L'Échoppe, 2008.

BALTHUS, Flammarion, 2008.

Édition de Claudio Parmiggiani, APOCALYPSIS CUM FIGURIS, Allemandi, Turin, 2008

Préface à Arturo Martini, LA SCULPTURE LANGUE MORTE, L'Échoppe, 2009.

LE TEMPS DES AVANT-GARDES. Chroniques d'art, 1968-1978, La Différence, 2012.

LES VALEURS DE L'ART. Entretien avec André Malraux, L'Échoppe, 2013.

PICASSO ET LE CIRQUE. Parade et palingénésie, L'Échoppe, 2014.

BALTHUS ET RILKE, UNE ENFANCE, L'Échoppe, 2018.

DEUX RENCONTRES AVEC FRANCIS BACON, L'Échoppe, 2019.

SAM SZAFRAN, UN GAMIN DES HALLES. Conversation avec Jean Clair et Louis Deledicq, Flammarion, 2022.

Essais

CONSIDÉRATIONS SUR L'ÉTAT DES BEAUX-ARTS. Critique de la modernité, Gallimard, 1983 ; nouvelle édition, « NRF Essais », 1989 ; « Folio essais » n° 605.

PARADOXE SUR LE CONSERVATEUR. De la modernité conçue comme une religion, L'Échoppe, 1988.

MÉDUSE. Contribution à une anthologie des arts du visuel, Gallimard, 1989.

ÉLEVAGE DE POUSSIÈRE. Beaubourg vingt ans après, L'Échoppe, 1992.

ÉLOGE DU VISIBLE. Fondements imaginaires de la science, Gallimard, 1996.

LA RESPONSABILITÉ DE L'ARTISTE. Les avant-gardes entre terreur et raison, Gallimard, « Le Débat », 1997.

DU SURRÉALISME CONSIDÉRÉ DANS SES RAPPORTS AU TOTALITARISME ET AUX TABLES TOURNANTES, Fayard, 2003.

COURTE HISTOIRE DE L'ART MODERNE. Un entretien, L'Échoppe, 2004.

DE IMMUNDO. Apophatisme et apocatastase dans l'art aujourd'hui, Galilée, 2004.

MALAISE DANS LES MUSÉES, Flammarion, 2007.

DISCOURS DE RÉCEPTION À L'ACADÉMIE FRANÇAISE ET RÉPONSE DE MARC FUMAROLI, Gallimard, 2009.

L'HIVER DE LA CULTURE, Flammarion, 2011.

RETOUR À MILAN, L'Échoppe, 2011.

HUBRIS. La fabrique du monstre dans l'art moderne. Homoncules, géants et acéphales, Gallimard, 2012.

Écrits intimes

LES CHEMINS DÉTOURNÉS, Gallimard, 1962.

LE VOYAGEUR ÉGOÏSTE. Carnets de voyage, 1977-1978, Plon, 1989 ; Payot et Rivages, 1999 et 2010.

COURT TRAITÉ DES SENSATIONS, Gallimard, 2002.

JOURNAL ATRABILAIRE, Gallimard, « L'un et l'autre », 2006 ; « Folio » nº 4680.

LAIT NOIR DE L'AUBE. Journal, Gallimard, « L'un et l'autre », 2007.

LA TOURTERELLE ET LE CHAT-HUANT. Journal, 2007-2008, Gallimard, « L'un et l'autre », 2009.

DIALOGUE AVEC LES MORTS, Gallimard, 2011.

LES DERNIERS JOURS, Gallimard, 2013.

LA PART DE L'ANGE. Journal, 2012-2015, Gallimard, 2015.

TERRE NATALE. Exercices de piété, Gallimard, 2019.

Poésie

ONZE CHANSONS PUÉRILES, numérotées par Pierre Alechinsky sur une table de multiplication d'écolier, L'Échoppe, 1991.

Directeur d'ouvrages – Colloques

MARCEL DUCHAMP : TRADITION DE LA RUPTURE OU RUPTURE DE LA TRADITION ?, Colloque de Cerisy-la-Salle (1977), Union Générale d'Éditions (10/18), 1979.

DE LA MÉLANCOLIE. Les entretiens de la fondation des Treilles (en collaboration avec Robert Kopp), Gallimard, 2007.

Directeur d'ouvrages – Catalogues d'expositions (choix)

ALBERTO GIACOMETTI, musée de l'Orangerie, RMN, 1970 et Villa Médicis (Rome), 1972.

ART EN FRANCE. Une nouvelle génération, Éd. du Chêne, 1972.

NOUVELLE SUBJECTIVITÉ. Festival d'Automne, Paris, 1976.

LES MACHINES CÉLIBATAIRES, en collaboration avec Harald Szeemann, Alfieri (Venise), 1975.

MARCEL DUCHAMP. L'œuvre, Éd. du Centre Pompidou, 1977.

MARCEL DUCHAMP. Catalogue raisonné de l'œuvre, Éd. du Centre Pompidou, 1977.

MARCEL DUCHAMP. Abécédaire. Approches critiques, Éd. du Centre Pompidou, 1977.

Henri-Pierre Roché, VICTOR. Roman inachevé basé sur la vie de Marcel Duchamp, alias Victor, texte établi par Danielle Régnier-Bohler, préface et notes de Jean Clair, Éd. du Centre Pompidou, 1977.

RENÉ MAGRITTE, Éd. du Centre Pompidou, 1978.

NOUVELLE SUBJECTIVITÉ, Lebeer Hossmann, 1979.

LES RÉALISMES ENTRE RÉVOLUTION ET RÉACTION. 1919-1989, Éd. du Centre Pompidou et Prestel Verlag (Munich), 1981.

LÉON SPILLIAERT, 1881-1946, en collaboration avec Éliane Wauquiez, Grand Palais et Musées royaux de Belgique, 1981.

GIORGIO DE CHIRICO, Éd. du Centre Pompidou, 1982.

BONNARD, Éd. du Centre Pompidou et Thames & Hudson (Londres), 1984.

BALTHUS, Éd. du Centre Pompidou, 1984.

SIRONI. 1885-1961, en collaboration avec Giovanni Testori, Mazzotta (Milan), 1985.

VIENNE, 1880-1938. L'APOCALYPSE JOYEUSE, Éd. du Centre Pompidou, 1986.

BONNARD, Palazzo Reale (Milan) et Edizioni Mazzotta (Milan), 1988.

MUSIC. L'ŒUVRE GRAPHIQUE, Éd. du Centre Pompidou, 1988.

WUNDERBLOCK : EINE GESCHICHTE DER MODERNEN SEELE, en collaboration avec Cathrin Pichler et Wolfgang Pircher, Historisches Museum der Stadt Wien, Löcker (Vienne), 1989.

LES ANNÉES 20. L'ÂGE DES MÉTROPOLES, musée des Beaux-Arts de Montréal / Gallimard, 1991.

ARTURO MARTINI, 1889-1947. L'œuvre sculpté, Electa (Milan), 1991.

CORPS CRUCIFIÉS. De Pablo Picasso à Francis Bacon, RMN, 1992.

ZORAN MUSIC, Electa (Milan), 1992.

L'ÂME AU CORPS. Art et sciences, 1793-1993, RMN / Gallimard / Electa, 1993.

PARADIS PERDUS. L'EUROPE SYMBOLISTE, musée des Beaux-Arts de Montréal / Flammarion, 1995.

IDENTITA E ALTERITA. Figure del corpo, 1895-1995, Centenaire de la Biennale de Venise, Marsilio (Venise), 1995.

ZORAN MUSIC. Rétrospective, RMN & Electa (Milan), 1995.

PICASSO 1917-1924. Le voyage d'Italie, Gallimard / Bompiani (Milan), 1998.

COSMOS. Du romantisme à l'avant-garde, musée des Beaux-Arts de Montréal / Gallimard, 1999.

DAVID HOCKNEY. Dialogue avec Picasso, Musée Picasso, RMN, 1999.

SAM SZAFRAN, Fondation Pierre Gianadda (Martigny), 1999.

BALTHUS, Palazzo Grassi (Venise), Bompiani (Milan), Flammarion et Abrams (New York), 2001.

PICASSO SOUS LE SOLEIL DE MITHRA, Fondation Pierre Gianadda (Martigny) et musée national Picasso-Paris, 2001.

PICASSO ÉROTIQUE, Galeries nationales du Jeu de Paume, Paris, RMN, 2002.

LA GRANDE PARADE. Portrait de l'artiste en clown, Grand Palais, musée des beaux-arts du Canada, Gallimard, 2004.

MÉLANCOLIE. Génie et folie en Occident, RMN / Gallimard, 2005.

GUSTAV KLIMT. Papiers érotiques, en collaboration avec Werner Hofmann et Caroline Messensee, Gallimard / Fondation Dina Vierny — musée Maillol, 2005.

LES ANNÉES 1930. La fabrique de « l'Homme nouveau », musée des Beaux-Arts de Montréal, Gallimard, 2008.

BALTHUS. Une rétrospective, Fondation Pierre Gianadda (Martigny), 2008.

DELVAUX ET LE MONDE ANTIQUE, Fondation Basil et Elise Goulandris (Andros) et Musées royaux des Beaux-Arts de Belgique (Bruxelles), 2009.

CRIME ET CHÂTIMENT, musée d'Orsay, Gallimard, RMN, 2010.

LA BOTTEGA CADORIN. Una dinastia di artisti veneziani, Museo Fortuny, Venise, 2016.

FREUD. DU REGARD À L'ÉCOUTE, musée d'Art et d'Histoire du Judaïsme, Gallimard / MAHJ, 2018.

INFERNO, en collaboration avec Laura Bossi, Scuderie del Quirinale, Rome, Electa, 2021.

Catalogues raisonnés

DELVAUX, en collaboration avec Michel Butor, Société d'éditions internationales, Bruxelles, 1975.

MARCEL DUCHAMP (catalogue raisonné de l'œuvre), Éd. du Centre Pompidou, 1977.

BALTHUS (catalogue raisonné de l'œuvre complet), avec Virginie Monnier, Gallimard, 1999 (« Hors-série Beaux Livres »), réédition par Flammarion en 2008 à l'occasion du centenaire de la naissance de Balthus.

Composition : Nord Compo
Achevé d'imprimer
par Normandie Roto Impression s.a.s.,
en octobre 2023.
Dépôt légal : octobre 2023.
Numéro d'imprimeur : 2303649

ISBN 978-2-07-300644-8 / Imprimé en France.

554056